I0842550

Wladimir Iljitsch Lenin

Was tun?

e-artnow 2018

Niccolò Machiavelli
Mensch und Staat

Karl Marx
Der achtzehnte Brumaire des Louis Napoleon: Die Darstellung marxistischer Gesellschaftsanalyse und Geschichtstheorie

Karl Marx
Zur Kritik der Hegelschen Rechtsphilosophie

Johann Most
Kapital und Arbeit

Rosa Luxemburg
Sozialreform oder Revolution? - Miliz und Militarismus

Wladimir Iljitsch Lenin

Was tun?

Programmatische Schrift aus den Anfängen der russischen Sozialdemokratie - Die Theorie der Avantgarde des Proletariats

e-artnow, 2018
Kontakt: info@e-artnow.org
ISBN 978-80-268-6055-6

Inhaltsverzeichnis

Vorwort

Die vorliegende Broschüre sollte nach dem ursprünglichen Plan des Verfassers einer ausführlichen Entwicklung der Gedanken gewidmet sein, die im Artikel *Womit beginnen?* (**Iskra** Nr.4, Mai 1901) enthalten sind. Und wir müssen den Leser vor allem um Entschuldigung bitten, daß das dort gegebene (und in Beantwortung vieler privater Anfragen und Briefe wiederholte) Versprechen so spät eingelöst wird. Eine der Ursachen dieser Verspätung war der im Juni vergangenen Jahres (1901) unternommene Versuch zur Vereinigung aller sozialdemokratischen Auslandsorganisationen. Es war ganz natürlich, das Ergebnis dieses Versuchs abzuwarten, denn wäre er gelungen, so hätte man vielleicht die organisatorischen Ansichten der **Iskra** von einem etwas andern Gesichtspunkt aus darlegen müssen, und ein solches Gelingen hätte jedenfalls dem Bestehen zweier Strömungen in der russischen Sozialdemokratie sehr rasch ein Ende bereiten können. Wie dem Leser bekannt, endete der Versuch mit einem Mißerfolg und konnte auch, wie wir weiter unten nachweisen wollen, nicht anders enden, nachdem das **Rabotscheje Delo** in Nr.10 eine neue Schwenkung zum „Ökonomismus" gemacht hatte. Es erwies sich als unbedingt notwendig, gegen diese verschwommene und wenig bestimmte, dafür aber um so zähere Richtung, die die Fähigkeit besitzt, in verschiedenartigen Formen wiederaufzuerstehen, einen entschiedenen Kampf aufzunehmen. Dementsprechend ist der ursprüngliche Plan der Broschüre abgeändert und ganz beträchtlich erweitert worden.

Ihr Hauptthema sollten die drei Fragen sein, die im Artikel *Womit beginnen?* aufgeworfen worden sind. Und zwar: die Fragen nach dem Charakter und dem Hauptinhalt unserer politischen Agitation, nach unseren organisatorischen Aufgaben, nach dem Plan für den gleichzeitig und von verschiedenen Seiten in Angriff zu nehmenden Aufbau einer kampffähigen gesamtrussischen Organisation. Bereits seit langem interessieren diese Fragen den Verfasser, der es schon einmal unternommen hatte, sie in der **Rabotschaja Gaseta** bei einem mißlungenen Versuch zur Wiederherausgabe dieser Zeitung aufzuwerfen (siehe Kapitel V). Aber unsere ursprüngliche Absicht, uns in der Broschüre auf eine Analyse allein dieser drei Fragen zu beschränken und unsere Anschauungen nach Möglichkeit in positiver Form darzulegen, ohne oder fast ohne polemisch zu werden, erwies sich aus zwei Gründen als völlig undurchführbar. Einerseits stellte es sich heraus, daß der „Ökonomismus" viel zählebiger ist, als wie angenommen hatten (wie gebrauchen das Wort „Ökonomismus" im weiten Sinne, wie es in Nr.12 der **Iskra** [Dezember 1901] im Artikel *Eine Auseinandersetzung mit Verteidigern des Ökonomismus* erläutert worden ist, wo sozusagen ein Konspekt der dem Leser hier vorgelegten Broschüre entworfen wurde). Es wurde klar, daß die verschiedenen Ansichten über die Losung dieser drei Fragen in weitaus höherem Maße aus dein grundlegenden Gegensatz zwischen den beiden Richtungen in der russischen Sozialdemokratie zu erklären sind als aus Meinungsverschiedenheiten in Einzelfragen. Anderseits hat das Unverständnis, das die „Ökonomisten" angesichts der tatsächlichen Anwendung unserer Anschauungen in der **Iskra** an den Tag legen, klar gezeigt, daß wie oft buchstäblich verschiedene Sprachen sprechen, daß wie uns folglich *nicht* verständigen *können*, wenn wie nicht ab ovo beginnen, und daß es notwendig ist, den Versuch zu machen, eine möglichst populäre, durch sehr zahlreiche und konkrete Beispiele erläuterte, *systematische „Auseinandersetzung"* mit *allen* „Ökonomisten" über *alle* prinzipiellen Punkte unserer Meinungsverschiedenheiten herbeizuführen. Und so habe ich mich entschlossen, den Versuch einer solchen „Auseinandersetzung" zu unternehmen, wobei ich mit vollkommen bewußt war, daß dies den Umfang der Broschüre stark erweitern und ihr Erscheinen verzögern wird, doch sah ich zugleich keine *andere* Möglichkeit, mein im Artikel *Womit beginnen?* gegebenes Versprechen einzulösen. Der Entschuldigung wegen der Verspätung muß ich also noch die Entschuldigung wegen der riesigen Mängel in der literarischen Bearbeitung der Broschüre hinzufügen: ich mußte *in größter Hast* arbeiten und wurde überdies durch alle möglichen anderen Arbeiten aufgehalten.

Die Analyse der drei obengenannten Fragen stellt nach wie vor das Hauptthema der Broschüre dar, doch mußte ich mit zwei allgemeineren Fragen beginnen: Warum ist eine so „harmlose" und „natürliche" Losung wie „Freiheit der Kritik" für uns ein wahres Kampfsignal? Warum können wie uns nicht einmal über die Grundfrage, die Rolle der Sozialdemokratie hinsichtlich der spontanen Massenbewegung, verständigen? Ferner verwandelte sich die Darlegung der Auffassungen vom Charakter und Inhalt der politischen Agitation in eine Erläuterung des Unterschieds zwischen trade-unionistischer und sozialdemokratischer Politik und die Darlegung der Auffassungen von den organisatorischen Aufgaben in eine Erläuterung des Unterschieds zwischen der die „Ökonomisten" befriedigenden Handwerklerei und der, unseres Erachtens, notwendigen Organisation der Revolutionäre. Ferner bestehe ich um so mehr auf dem „Plan" einer gesamtrussischen politischen Zeitung, als die gegen diesen Plan erhobenen Einwände völlig unhaltbar waren und man mit auf die im Artikel *Womit beginnen?* gestellte Frage, wie wir den Aufbau der für uns notwendigen Organisation gleichzeitig von allen Seiten in Angriff nehmen könnten, Antworten gab, die am Wesen der Sache vorbeigehen. Endlich hoffe ich im Schlußteil der Broschüre nachzuweisen, daß wir alles, was von uns abhing, getan haben, um den entschiedenen Bruch mit den „Ökonomisten" zu vermeiden, der sich jedoch als unvermeidlich erwiesen hat; daß das **Rabotscheje Delo** eine besondere, wenn man will „historische", Bedeutung dadurch erlangt hat, daß es am vollkommensten, am prägnantesten nicht den konsequenten „Ökonomismus", sondern jene Zerfahrenheit und jene Schwankungen zum Ausdruck gebracht hat, die zum Merkmal einer *ganzen Periode* in der Geschichte der russischen Sozialdemokratie geworden sind; daß darum auch die auf den ersten Blick allzu eingehende Polemik gegen das **Rabotscheje Delo** Bedeutung gewinnt, denn wie können nicht vorwärtsschreiten, wenn wie diese Periode nicht endgültig liquidieren.

Februar 1902
N. Lenin

I
Dogmatismus und „Freiheit der Kritik"

a) Was heißt „Freiheit der Kritik"?

„Freiheit der Kritik" ist heutzutage entschieden das modernste Schlagwort, das in den Diskussionen zwischen den Sozialisten und den Demokraten aller Länder am häufigsten gebraucht wird. Auf den ersten Blick kann man sich kaum etwas Seltsameres vorstellen als diese feierlichen Berufungen einer der streitenden Parteien auf die Freiheit der Kritik. Sind denn wirklich aus der Mitte der fortschrittlichen Parteien Stimmen gegen das verfassungsmäßige Gesetz der meisten europäischen Länder laut geworden, das die Freiheit der Wissenschaft und der wissenschaftlichen Forschung garantiert? „Da stimmt etwas nicht!" – muß sich jeder Unbeteiligte sagen, der an allen Ecken und Enden das Modeschlagwort hört, aber in das Wesen der Meinungsverschiedenheiten zwischen den Streitenden noch nicht eingedrungen ist. „Dieses Schlagwort gehört offenbar zu jenen konventionellen Wörtchen, die sich wie Spitznamen durch den Gebrauch einbürgern und fast zu Gattungsnamen werden."

In der Tat, es ist für niemand ein Geheimnis, daß in der heutigen internationalen [A] (16) Sozialdemokratie zwei Richtungen entstanden sind, zwischen denen der Kampf bald entbrennt und in hellen Flammen auflodert, bald erlischt und unter der Asche eindrucksvoller „Waffenstillstands-Resolutionen" weiterglimmt. Worin die „neue" Richtung besteht, die dem „alten, dogmatischen" Marxismus „kritisch" gegenübersteht, das hat mit genügender Klarheit Bernstein *gesagt* und Millerand *gezeigt*.

Die Sozialdemokratie soll aus einer Partei der sozialen Revolution zu einer demokratischen Partei der sozialen Reformen werden. Diese politische Forderung hat Bernstein mit einer ganzen Batterie ziemlich gut aufeinander abgestimmter „neuer" Argumente und Betrachtungen umgeben. Geleugnet wurde die Möglichkeit, den Sozialismus wissenschaftlich zu begründen und vom Standpunkt der materialistischen Geschichtsauffassung seine Notwendigkeit und Unvermeidlichkeit zu beweisen; geleugnet wurde die zunehmende Verelendung, die Proletarisierung und die Zuspitzung der kapitalistischen Widersprüche; der Begriff *„Endziel„* selbst wurde für unhaltbar erklärt und die Idee der Diktatur des Proletariats völlig verworfen; geleugnet wurde der prinzipielle Gegensatz von Liberalismus und Sozialismus; geleugnet wurde die *Theorie des Klassenkampfes*, die auf eine streng demokratische, nach dem Willen der Mehrheit regierte Gesellschaft angeblich unanwendbar sei, usw.

Somit wurde die Forderung nach einer entschiedenen Schwenkung von der revolutionären Sozialdemokratie zum bürgerlichen Sozialreformismus von einer nicht minder entschiedenen Schwenkung zur bürgerlichen Kritik an allen Grundideen des Marxismus begleitet. Da aber diese Kritik am Marxismus schon seit langem sowohl von der politischen Tribüne wie vom Katheder der Universität, sowohl in einer Unmenge von Broschüren wie, in einer Reihe gelehrter Abhandlungen betrieben wurde, da die ganze heranwachsende Jugend der gebildeten Klassen jahrzehntelang systematisch im Geiste dieser Kritik erzogen wurde, ist es nicht verwunderlich, daß die „neue kritische" Richtung in der Sozialdemokratie mit einem Schlag als etwas völlig Fertiges hervortrat, so wie Minerva dem Haupte Jupiters entstieg. Ihrem Inhalt nach brauchte sich diese Richtung nicht zu entwickeln und herauszubilden: sie wurde direkt aus der bürgerlichen Literatur in die sozialistische übertragen.

Weiter. Wenn die theoretische Kritik Bernsteins und seine politischen Aspirationen noch für irgend jemand unklar geblieben waren, so sorgten die Franzosen für eine anschauliche Demonstration der „neuen Methode". Frankreich erwies sich auch diesmal, getreu seinem alten Ruf, als „das Land, wo die geschichtlichen Klassenkämpfe mehr als anderswo jedesmal bis zur Entscheidung durchgefochten wurden" (Engels in der Vorrede zu Marx' Schrift **Der achtzehnte Brumaire**). Die französischen Sozialisten theoretisierten nicht, sondern handelten einfach; die in demokratischer Hinsicht höher entwickelten politischen Verhältnisse Frankreichs gestatteten ihnen, sofort zum „praktischen Bernsteinianertum" mit allen seinen Konsequenzen überzugehen. Millerand hat ein ausgezeichnetes Beispiel dieses praktischen Bernsteinianertums geliefert – nicht umsonst waren sowohl Bernstein als auch Vollmar sofort dabei, Millerand so eifrig zu verteidigen und ihm Lob zu spenden! In der Tat: Wenn die Sozialdemokratie im Grunde genommen einfach eine Reformpartei ist und den Mut haben muß, dies offen zu bekennen, dann hat ein Sozialist nicht nur das Recht, sondern muß sogar stets danach streben, in ein bürgerliches Kabinett einzutreten. Wenn die Demokratie im Grunde genommen die Aufhebung der Klassenherrschaft bedeutet, warum sollte dann ein sozialistischer Minister nicht die ganze bürgerliche Welt mit Reden über Zusammenarbeit der Klassen entzücken? Warum sollte er nicht selbst dann noch in der Regierung bleiben, wenn die Niedermetzelung von Arbeitern durch Gendarmen zum hundertsten und tausendsten Male den wahren Charakter der demokratischen Klassenzusammenarbeit offenbart hat? Warum sollte er nicht persönlich an der Begrüßung des Zaren teilnehmen, den die französischen Sozialisten jetzt nur noch den Helden des Galgens, der Knute und der Verbannung (knouteur, pendeur et déportateur) nennen? Und als Entgelt für diese unsagbare Erniedrigung und Selbstbespeiung des Sozialismus vor der ganzen Welt, für die Korrumpierung des sozialistischen Bewußtseins der Arbeitermassen – das die einzige Grundlage ist, die uns den Sieg verbürgen kann –, als Entgelt dafür groß aufgemachte *Projekte* armseliger Reformen, armseliger noch als das, was unter bürgerlichen Regierungen schon errungen werden konnte!

Wer nicht absichtlich die Augen verschließt, der muß sehen, daß die neue „kritische" Richtung im Sozialismus nichts anderes ist als eine neue Spielart des *Opportunismus*. Beurteilt man die Menschen nicht nach der glänzenden Uniform, die sie sich selber angelegt, nicht nach dem effektvollen Namen, den sie sich selber beigelegt haben, sondern danach, wie sie handeln und was sie in Wirklichkeit propagieren, so wird es klar, daß die „Freiheit der Kritik" die Freiheit der opportunistischen Richtung in der Sozialdemokratie ist, die Freiheit, die Sozialdemokratie in eine demokratische Reformpartei zu verwandeln, die Freiheit, bürgerliche Ideen und bürgerliche Elemente in den Sozialismus hineinzutragen.

Freiheit ist ein großes Wort, aber unter dem Banner der Freiheit der Industrie wurden die räuberischsten Kriege geführt, unter dem Banner der Freiheit der Arbeit wurden die Werktätigen ausgeplündert. Dieselbe innere Verlogenheit steckt im heutigen Gebrauch des Wortes „Freiheit der Kritik". Leute, die tatsächlich davon überzeugt sind, daß sie die Wissenschaft vorwärtsgebracht haben, würden nicht Freiheit für die neuen Auffassungen neben den alten fordern, sondern eine Ersetzung der alten durch die neuen. Das jetzt laut gewordene Geschrei „Es lebe die Freiheit der Kritik !" erinnert allzusehr an die Fabel vom leeren Faß.

Wir schreiten als eng geschlossenes Häuflein, uns fest an den Händen haltend, auf steilem und mühevollem Wege dahin. Wir sind von allen Seiten von Feinden umgeben und müssen fast stets unter ihrem Feuer marschieren. Wir haben uns, nach frei gefaßtem Beschluß, eben zu dem Zweck zusammengetan, um gegen die Feinde zu kämpfen und nicht in den benachbarten Sumpf zu geraten, dessen Bewohner uns von Anfang an dafür schalten, daß wir uns zu einer besonderen Gruppe vereinigt und den Weg des Kampfes und nicht den der Versöhnung gewählt haben. Und nun beginnen einige von uns zu rufen: Gehen wir in diesen Sumpf! Will man ihnen ins Gewissen reden, so erwidern sie: Was seid ihr doch für rückständige Leute! und ihr schämt euch nicht, uns das freie Recht abzusprechen, euch auf einen besseren Weg zu rufen! – O ja, meine Herren, ihr habt die Freiheit, nicht nun zu rufen, sondern auch zu gehen, wohin ihr wollt, selbst in den Sumpf; wir sind sogar der Meinung, daß euer wahrer Platz gerade im Sumpf ist, und wir sind bereit, euch nach Kräften bei *eurer* Übersiedlung dorthin zu helfen. Aber laßt unsere Hände los, klammert euch nicht an uns und besudelt nicht das große Wort Freiheit, denn wir haben ja ebenfalls die „Freiheit", zu gehen, wohin wir wollen, die Freiheit, nicht nur gegen den Sumpf zu kämpfen, sondern auch gegen diejenigen, die sich dem Sumpfe zuwenden!

Fußnote von Lenin

A. (14) Beiläufig bemerkt: In der Geschichte des modernen Sozialismus ist es wohl eine einzig dastehende und in ihrer Art außerordentlich tröstliche Erscheinung, daß der Streit der verschiedenen Richtungen innerhalb des Sozialismus zum erstenmal aus einem nationalen zu einem internationalen geworden ist. In früheren Zeiten blieb der Streit zwischen den Lassalleanern und Eisenachern, zwischen den Guesdisten und Possibilisten, zwischen den Fabiern und Sozialdemokraten, zwischen den Narodowolzen und den Sozialdemokraten auf rein nationalen Rahmen beschränkt, spiegelte rein nationale Besonderheiten wider, spielte sich sozusagen auf verschiedenen Ebenen ab. Heute (jetzt ist das bereits deutlich zu erkennen) bilden die englischen Fabier, die französischen Ministerialisten, die deutschen Bernsteinianer und die russischen Kritiker eine einzige Familie, sie alle loben einander, lernen voneinander und ziehen gemeinsam gegen den „dogmatischen" Marxismus zu Felde. Vielleicht wird die internationale revolutionäre Sozialdemokratie in diesem ersten wirklich internationalen Ringen mit dem sozialistischen Opportunismus genügend erstarken, um der schon seit langem in Europa herrschenden politischen Reaktion ein Ende zu bereiten?

b) Die neuen Verteidiger der „Freiheit der Kritik"

Eben diese Losung („Freiheit der Kritik") wird in letzter Zeit vorn **Rabotscheje Delo** (Nr.10), dem Organ des „Auslandsbundes russischer Sozialdemokraten" feierlich verkündet, und zwar nicht als theoretisches Postulat, sondern als politische Forderung, als Antwort auf die Frage: „Ist die Vereinigung der im Ausland wirkenden sozialdemokratischen Organisationen möglich?" – „Für eine dauerhafte Vereinigung ist Freiheit der Kritik notwendig" (S.36).

Aus dieser Erklärung ergeben sich zwei ganz bestimmte Schlußfolgerungen: 1. Das **Rabotscheje Delo** verteidigt die opportunistische Richtung in der internationalen Sozialdemokratie überhaupt; 2. das **Rabotscheje Delo** fordert die Freiheit des Opportunismus in der russischen Sozialdemokratie. Prüfen wir diese Schlußfolgerungen.

Dem **Rabotscheje Delo** mißfällt „insbesondere" „die Neigung der **Iskra** und der **Sarja**, einen Bruch zwischen dem *Berg* und der *Gironde* in der internationalen Sozialdemokratie zu prophezeien". [B] (20)

> „Überhaupt scheinst uns", schreibt B. Kritschewski, der Redakteur des **Rabotscheje Delo**, „das Gerede vom *Berg* und von der *Gironde* in den Reihen der Sozialdemokratie eine oberflächliche historische Analogie zu sein, die sich bei einem Marxisten sehr merkwürdig ausnimmt: der Berg und die Gironde repräsentierten nicht verschiedene Temperamente oder geistige Strömungen, wie es den ideologischen Geschichtsschreibern scheinen mag, sondern verschiedene Klassen oder Schichten – die mittlere Bourgeoisie auf der einen und das Kleinbürgertum mit dem Proletariat auf der andern Seite. In der modernen sozialistischen Bewegung gibt es aber keinen Konflikt der Klasseninteressen, sie steht restlos in *allen,,* (hervorgehoben von B. Kr.) „ihren Spielarten, die ausgemachtesten Bernsteinianer mit inbegriffen, auf dem Boden der Klasseninteressen des Proletariats, seines Klassenkampfes für die politische und wirtschaftliche Befreiung." (S.32/33.)

Eine kühne Behauptung! Hat B. Kritschewski nichts von der längst festgestellten Tatsache gehört, daß gerade die starke Beteiligung der *Schicht* der „Akademiker" an der sozialistischen Bewegung der letzten Jahre dem Bernsteinianertum eine so rasche Verbreitung gesichert hat? Und von allem – worauf gründet unser Verfassen seine Meinung, daß auch „die ausgemachtesten Bernsteinianer" auf dem Boden des Klassenkampfes für die politische und wirtschaftliche Befreiung des Proletariats stehen? Das bleibt unbekannt. Diese entschiedene Verteidigung der ausgemachtesten Bersteinianer wird durch kein einziges Argument, keine einzige Erwägung gestützt. Der Verfasser glaubt anscheinend, daß seine Behauptung keiner Beweise bedürfe, wenn en das wiederholt, was die ausgemachtesten Bernsteinianer von sich selber sagen. Aber kann man sich etwas „Oberflächlicheres" denken als dieses Urteil über eine ganze Richtung, das sich darauf gründet, was die Vertreter dieser Richtung von sich selber sagen? Kann man sich etwas Oberflächlicheres denken als die danach folgende „Moral" von den zwei verschiedenen und sogar diametral entgegengesetzten Typen oder Wegen der Parteientwicklung (**Rabotscheje Delo**, S.34/35)? Die deutschen Sozialdemokraten, heißt es, erkennen die volle Freiheit der Kritik an, die Franzosen aber nicht, und gerade ihr Beispiel zeige die ganze „Schädlichkeit der Intoleranz".

Gerade das Beispiel B. Kritschewskis, antworten wir darauf, zeigt, daß sich manchmal Leute Marxisten nennen, die die Geschichte buchstäblich „nach Ilowaiski" auffassen. Um die Einheitlichkeit der deutschen und die Zersplitterung der französischen sozialistischen Partei zu erklären, brauche man gar nicht die Besonderheiten der Geschichte des einen und des anderen Landes zu erforschen, die Verhältnisse des militärischen Halbabsolutismus und des republikanischen Parlamentarismus einander gegenüberzustellen, die Folgen der Kommune und des Ausnahmegesetzes gegen die Sozialisten zu analysieren, das wirtschaftliche Leben und die wirtschaftliche Entwicklung zu vergleichen, sieh von Augen zu halten, wie „das beispiellose Anwachsen der deutschen Sozialdemokratie" begleitet war von einer in der Geschichte des Sozialismus einzig dastehenden Energie im Kampf nicht nun gegen die theoretischen Verirrungen (Mülberger, Dühring [C] (20), die Kathedersozialisten), sondern auch gegen die taktischen (Lassalle) usw. usf. All das sei überflüssig! Die Franzosen zanken sich, weil sie intolerant, die Deutschen sind einig, weil sie artige Knaben sind.

Man beachte, daß mit Hilfe dieses beispiellosen Tiefsinns eine Tatsache „bestritten" wird, die die Verteidigung der Bernsteinianer völlig zunichte macht. Ob sie auf dem Boden des proletarischen Klassenkampfes *stehen* – diese Frage kann endgültig und unwiderruflich nun durch die historische Erfahrung entschieden wenden. Folglich hat in dieser Beziehung gerade das Beispiel Frankreichs die größte Bedeutung, da Frankreich das einzige Land ist, in dem die Bernsteinianer – unter stürmischem Beifall ihrer deutschen Kollegen (und zum Teil auch der russischen Opportunisten: vgl. **Rabotscheje Delo** Nr.2/3, S.83/84) – den Versuch gemacht haben, sich auf eigene Füße zu *stellen*. Die Berufung auf die „Intoleranz" der Franzosen erweist sich – abgesehen von ihrer (im Nosdrjowschen Sinne) „geschichtlichen" Bedeutung – einfach als Versuch, durch zornige Worte sehr unangenehme Tatsachen zu vertuschen.

Doch sind wir durchaus noch nicht gewillt, B. Kritschewski und den übrigen zahlreichen Verteidigern der „Freiheit der Kritik" die Deutschen zu schenken. Wenn die „ausgemachtesten Bernsteinianer" in den Reihen der deutschen Partei noch geduldet wenden können, so nun insofern, als sie sich sowohl der Hannoverschen Resolution *fügen*, die die „Zusatzanträge" Bernsteins entschieden verworfen hat, als auch der Lübecker Resolution, die (ungeachtet allen Diplomatie) eine direkte Warnung an Bernstein enthält. Man mag vom Standpunkt der Interessen der deutschen Partei darüber streiten, inwieweit diese Diplomatie angebracht war, ob in diesem Fall ein magerer Vergleich besser ist als ein tüchtigen Streit; mit einem Wort, man mag in der Beurteilung der Zweckmäßigkeit dieser oder jener *Art* der Ablehnung des Bernsteinianertums verschiedener Meinung rein, doch darf die Tatsache nicht übersehen werden, daß die deutsche Partei das Bernsteinianertum zweimal *abgelehnt* hat. Darum heißt es absolut nicht begreifen, was von allen Augen von sich geht, wenn man glaubt, das Beispiel der Deutschen bestätige die These: „Die ausgemachtesten Bernsteinianer stehen auf dem Boden des Klassenkampfes des Proletariats für seine wirtschaftliche und politische Befreiung." [D] (20)

Nicht genug damit. Das **Rabotscheje Delo** tritt, wie wir bereits bemerkt haben, von die *russische* Sozialdemokratie mit der Forderung nach „Freiheit der Kritik" und mit einer Verteidigung des Bernsteinianertums. Offenbar hat es sich davon überzeugen müssen, daß man unsere „Kritiker" und Bernsteinianer zu Unrecht gekränkt habe. Aber wen eigentlich? wer? wo? wann? worin bestand eigentlich diese Ungerechtigkeit? Darüber schweigt sich das **Rabotscheje Delo** aus, es erwähnt kein einziges Mal einen russischen Kritiker und Bernsteinianer! Es bleibt uns also nun eine von zwei möglichen Annahmen übrig. *Entweder* ist es niemand anders als das **Rabotscheje Delo** selbst, das zu Unrecht gekränkt worden ist (das wird dadurch bestätigt, daß in den beiden Artikeln der Nr.10 nun von Kränkungen die Rede ist, die die **Sarja** und die **Iskra** dem **Rabotscheje Delo** zugefügt hätten). Wie soll man dann aber die merkwürdige Tatsache erklären, daß das **Rabotscheje Delo**, das stets so hartnäckig in Abrede gestellt hat, mit dem Bernsteinianertum solidarisch zu rein, nichts zur eigenen Verteidigung vorzubringen vermochte, ohne für die „ausgemachtesten Bernsteinianer" und für die Freiheit der Kritik ein Wort einzulegen? *Oder* es sind irgendwelche dritte Personen zu Unrecht gekränkt worden. Welches können dann die Gründe sein, über sie zu schweigen?

So sehen wir, daß das **Rabotscheje Delo** dasselbe Versteckspiel fortsetzt, das es (wie wir weiter unten zeigen werden) getrieben hat, solange es besteht. Und ferner beachte man diese *erste* tatsächliche Anwendung der gepriesenen „Freiheit der Kritik". In Wirklichkeit reduzierte sich diese sofort nicht nur auf das Fehlen jeder Kritik, sondern auch auf das Fehlen jedes selbständigen Urteils überhaupt. Dasselbe **Rabotscheje Delo**, das das russische Bernsteinianertum (nach dem treffenden Ausdruck Starowers) wie eine heimliche Krankheit verschweigt, schlägt von, zur Heilung diesen Krankheit das letzte deutsche Rezept gegen die deutsche Abart der Krankheit *ganz einfach abzuschreiben!* Anstatt Freiheit der Kritik sklavische,…schlimmer: äffische Nachahmung! Der gleiche soziale und politische Inhalt des heutigen internationalen Opportunismus äußert sich in diesen oder jenen Abarten entsprechend den nationalen Besonderheiten. In dem einen Lande trat die Gruppe der Opportunisten seit jeher unter einer besonderen Flagge auf, in dem anderen vernachlässigten die Opportunisten die Theorie und betrieben praktisch die Politik der Radikalsozialisten, in dem dritten sind einige Mitglieder der revolutionären Partei ins Lager des Opportunismus übergelaufen und sind bestrebt, nicht in offenem Kampf um die Prinzipien und um eine neue Taktik ihre Ziele zu erreichen, sondern durch eine allmähliche, unmerkliche und, wenn man so ragen darf, straflose Demoralisierung ihrer Partei; in dem vierten wenden ebensolche Überläufer die gleichen Methoden im Halbdunkel der politischen Sklaverei und bei einer völlig originellen Wechselbeziehung von „legaler“ und „illegaler“ Tätigkeit an usw. Von Freiheit der Kritik und des Bernsteinianertums als Vorbedingung für die Vereinigung der *russischen* Sozialdemokraten reden zu wollen und dabei nicht zu analysieren, worin gerade das *russische* Bernsteinianertum zutage getreten ist und welche besonderen Früchte er gezeitigt hat, das heißt dar Wort ergreifen, um nichts zu sagen.

Versuchen wir also selber, wenn auch nun in wenigen Worten, das zu sagen, was das **Rabotscheje Delo** nicht zu sagen wünschte (oder vielleicht nicht einmal zu begreifen vermochte).

B. (17) Der Vergleich der beiden Strömungen im revolutionären Proletariat (der revolutionären und der opportunistischen) mit den beiden Strömungen in der revolutionären Bourgeoisie des 18. Jahrhunderts (der jakobinischen, dem „Berg", und der girondistischen) ist im Leitartikel der **Iskra** Nr.2 (Februar 1901) angestellt worden. Der Verfasser dieses Artikels ist Plechanow. Bis zum heutigen Tage lieben es die Kadetten, die „Bessaglawzen" und die Menschewiki, vom „Jakobinertum" in der russischen Sozialdemokratie zu sprechen. Aber daß Plechanow zum erstenmal diesen Begriff gegen den rechten Flügel der Sozialdemokratie gebraucht hat, das wird heute lieber verschwiegen oder … vergessen. (Anmerkung des Verfassers zur Ausgabe von 1907. *Die Red.*)

C. (18) Als Engels gegen Dühring vom Leder zog, da neigten ziemlich viele Vertreter der deutschen Sozialdemokratie zu den Ansichten Dührings, und Engels wurde sogar öffentlich, auf dem Parteitag, mit Vorwürfen überschüttet, zu scharf, zu intolerant, zu unkameradschaftlich in der Polemik vorgegangen zu rein usw. Most und Genossen beantragten (auf dem Parteitag von 1877), die Veröffentlichung der Engelsschen Artikel im **Vorwärts** einzustellen, da sie „für die weitaus größte Mehrheit der Leser … völlig ohne Interesse … sind". Vahlteich erklärte, daß die Aufnahme dieser Artikel der Partei großen Schaden bringe, daß auch Dühring der Sozialdemokratie viel genützt habe: „Wir haben alle im Interesse der Partei zu benützen, aber wenn sich die Professoren streiten, ist der **Vorwärts** nicht das Forum, von dem dieser Streit ausgefochten werden darf" (**Vorwärts** Nr.65 vom 6. Juni 1877). Man sieht, auch das ist ein Beispiel, wie die „Freiheit der Kritik" verteidigt wird, und es würde nichts schaden, wenn unsere legalen Kritiker und illegalen Opportunisten, die sich so gern auf die Deutschen berufen, über dieses Beispiel nachdenken wollten!

D. (18) Es muß bemerkt werden, daß sich das **Rabotscheje Delo** in der Frage des Bernsteinianertums in der deutschen Partei stets auf die nackte Wiedergabe von Tatsachen beschränkt und jedem eigenen Beurteilung völlig „enthalten" hat. Siehe z.B. Nr.2/3, S.66: über den Stuttgarter Parteitag; alle Meinungsverschiedenheiten werden auf die „Taktik" reduziert, und es wird lediglich festgestellt, daß die übergroße Mehrheit der alten revolutionären Taktik treu geblieben ist. Oder Nr.4/5, S.25ff.: eine einfache Wiedergabe der Reden auf dem Hannoverschen Parteitag mit Anführung der Resolution Bebels; die Darstellung und die Kritik der Ansichten Bernsteins werden wiederum (wie in Nr.2/3) einem „besondern Artikel" vorbehalten. Kurios ist es daß wir auf S.33 der Nr.4/5 lesen: die von Bebel dargelegten Ansichten haben die übergroße Mehrheit des Parteitages hinter sich", und etwas weiter unten: David verteidigte die Ansichten Bernsteins … Von allem bemühte en sich nachzuweisen, daß … Bernstein und seine Freunde immerhin (sic!) auf dem Boden des Klassenkampfes stehen …" So schrieb man im Dezember 1899, im September 1901 aber scheint das **Rabotscheje Delo** nicht mehr zu glauben, daß Bebel recht hat, und wiederholt die Ansichten Davids als seine eigenen!

c) Die Kritik in Rußland

Die wichtigste Besonderheit Rußlands in der Frage, die hier zu behandeln ist, besteht dann, daß schon der *eigentliche Beginn* der spontanen Arbeiterbewegung einerseits und der Wendung der fortgeschrittenen öffentlichen Meinung zum Marxismus anderseits gekennzeichnet war durch eine Vereinigung offenkundig heterogenen Elemente unten gemeinsamen Flagge und zum Kampf gegen den gemeinsamen Gegner (die veraltete soziale und politische Weltanschauung). Wir sprechen vom Honigmond des „legalen Marxismus". Das war überhaupt eine außerordentlich originelle Erscheinung, die in den achtziger oder zu Beginn der neunziger Jahre niemand auch nun für möglich gehalten hätte. In einem absolutistischen Lande, wo die Presse völlig versklavt ist, in der Epoche einer wüsten politischen Reaktion, die die geringsten Anzeichen von politischer Unzufriedenheit oder Protest verfolgt, bricht sich plötzlich in der *unter Zensur stehenden* Literatur die Theorie des revolutionären Marxismus Bahn, dargelegt in einer äsopischen, aber für alle „Interessierten" verständlichen Sprache. Die Regierung war gewohnt, nun die Theorie des (revolutionären) Narodowolzentums als gefährlich anzusehen, ohne, wie üblich, ihre innere Evolution zu bemerken, und freute sich über *jede* gegen diese Theorie gerichtete Kritik. Bis die Regierung dahinterkam, bis die schwerfällige Armee der Zensoren und Gendarmen den neuen Feind ausfindig machte und über ihn herfiel, verging (mit unserem russischen Maß gemessen) recht viel Zeit. In dieser Zeit aber erschien ein marxistisches Buch nach dem andern, marxistische Zeitschriften und Zeitungen wurden gegründet, jeder wurde Marxist, den Marxisten wurde geschmeichelt, der Hof gemacht, die Verleger waren über den außergewöhnlich guten Absatz marxistischer Bücher entzückt. Es ist durchaus begreiflich, daß unter den Marxisten, die in diesem Taumel ihre ersten Schritte taten, mehr als ein „Schriftsteller überheblich wurde"...

Heute kann von dieser Zeit ganz ruhig wie von etwas Vergangenem gesprochen werden. Es ist für niemand ein Geheimnis, daß die kurze Blüte des Marxismus an der Oberfläche unserer Literatur durch das Bündnis extrem-radikaler mit sehr gemäßigten Leuten hervorgerufen wunde. Im Grunde genommen waren die Letztgenannten bürgerliche Demokraten, und dieser Schluß (der durch ihre weitere „kritische" Entwicklung offenkundig bestätigt worden ist, drängte sich manch einem schon zu einer Zeit auf, als das „Bündnis" noch intakt war. [E] (25)

Wenn dem aber so ist, fällt dann nicht die größte Verantwortung für die spätere „Verwirrung" gerade auf die revolutionären Sozialdemokraten, die dieses Bündnis mit den zukünftigen „Kritikern" eingingen? Diese Frage und die bejahende Antwort darauf bekommt man manchmal von Leuten zu hören, die die Sache allzu gradlinig betrachten. Doch haben diese Leute absolut unrecht. Nur wer zu sich selbst kein Vertrauen hat, kann sich von vorübergehenden Bündnissen, und sei es auch mit unzuverlässigen Leuten, fürchten, und keine einzige politische Partei könnte ohne solche Bündnisse existieren. Das Zusammengehen mit den legalen Marxisten war in seiner Art das erste wirklich politische Bündnis der russischen Sozialdemokratie. Dank diesem Bündnis ist ein erstaunlich raschen Sieg über die Volkstümlenrichtung und eine außerordentlich weite Verbreitung der Ideen des Marxismus (wenn auch in vulgarisierter Form) erzielt worden. Dabei war das Bündnis nicht ganz ohne „Bedingungen" abgeschlossen worden. Ein Beweis dafür ist der im Jahre 1895 von der Zensur verbrannte marxistische Sammelband **Materialien zur Frage der wirtschaftlichen Entwicklung Rußlands.** Wenn das literarische Übereinkommen mit den legalen Marxisten mit einem politischen Bündnis verglichen werden kann, so kann dieses Buch mit einem politischen Vertrag verglichen werden.

Der Bruch ist natürlich nicht dadurch hervorgerufen worden, daß sich die „Bundesgenossen" als bürgerliche Demokraten entpuppten. Im Gegenteil, die Repräsentanten dieser letzten Richtung sind die natürlichen und willkommenen Bundesgenossen der Sozialdemokratie, soweit er sich um die demokratischen Aufgaben der Sozialdemokratie handelt, die durch die gegenwärtige Lage Rußlands in den Vordergrund gerückt werden. Die notwendige Voraussetzung eines solchen Bündnisses ist aber, daß die Sozialisten die volle Möglichkeit haben, von dem Proletariat den feindlichen Gegensatz seiner Interessen zu den Interessen der Bourgeoisie zu enthüllen.

Das Bernsteinianertum aber und die „kritische" Richtung, zu der sich die Mehrheit der legalen Marxisten samt und sonders bekehrt hatte, machten diese Möglichkeit zunichte und demoralisierten das sozialistische Bewußtsein, indem sie den Marxismus vulgarisierten, die Theorie der Abstumpfung der sozialen Gegensätze predigten, die Idee der sozialen Revolution und der Diktaten des Proletariats für ein Unding erklärten, die Arbeiterbewegung und den Klassenkampf auf engen Trade-Unionismus und „realistischen" Kampf um kleine, allmähliche Reformen beschränkten. Das war völlig gleichbedeutend mit der Haltung der bürgerlichen Demokratie, die das Recht des Sozialismus auf Selbständigkeit und folglich auch seine Existenzberechtigung verneint; das bedeutete in der Praxis das Bestreben, die aufkommende Arbeiterbewegung in ein Anhangsei der Liberalen zu verwandeln.

Natürlich war unten diesen Umständen der Bruch notwendig. Aber die „originelle" Besonderheit Rußlands kam dann zum Ausdruck, daß dieser Bruch einfach die Entfernung der Sozialdemokraten aus der allen am besten zugänglichen und weitverbreiteten „legalen" Literatur bedeutete. In ihn setzten sich „ehemalige Marxisten" fest, die „im Zeichen der Kritik" auftraten und fast ein Monopol darauf erhielten, den Marxismus „herunterzureißen". Die Rufe „Gegen die Orthodoxie!" und „Es lebe die Freiheit der Kritik!" (die das **Rabotscheje Delo** jetzt wiederholt) wurden auf einmal Modewörter, und wie wenig selbst die Zensoren und Gendarmen dieser Mode widerstehen konnten, geht daraus hervor, daß das Buch des berühmten (herostratisch berühmten) Bernstein in *drei* russischen Ausgaben erschienen ist oder daß Subatow die Bücher Bernsteins, des Herrn Prokopowitsch u.a. empfohlen hat (**Iskra** Nr.10). Den Sozialdemokraten fiel nun die an sich schon schwierige und durch rein äußere Hindernisse noch unglaublich erschwerte Aufgabe zu, gegen die neue Richtung zu kämpfen. Diese Richtung aber beschränkte sich nicht auf das Gebiet der Literatur. Die Wendung zur „Kritik" traf sich hierbei mit der Neigung der sozialdemokratischen Praktiker zum „Ökonomismus".

Wie die Verbindung und die gegenseitige Abhängigkeit zwischen der legalen Kritik und dem illegalen „Ökonomismus" entstanden und sich entwickelten, diese interessante Frage könnte Gegenstand eines besonderen Artikels rein. Uns genügt es hier, das unzweifelhafte Bestehen dieser Verbindung festzustellen. Das berüchtigte *Credo* hat eben darum eine so verdiente Berühmtheit erlangt, weil es diese Verbindung offen formuliert und die politische Grundtendenz des „Ökonomismus" ausgeplaudert hat: die Arbeiter sollen den ökonomischen Kampf (genauer müßte man sagen: den trade-unionistischen Kampf, denn dieser umfaßt auch die spezifische Arbeiterpolitik) führen, die marxistische Intelligenz aber soll sich mit den Liberalen zum politischen „Kampf" verschmelzen. Die trade-unionistische Arbeit „im Volk" sollte die Verwirklichung der ersten, die legale Kritik die der zweiten Hälfte dieser Aufgabe rein. Diese Erklärung war eine so ausgezeichnete Waffe gegen den „Ökonomismus" , daß man, gäbe es nicht das *Credo*, dieses hätte erfinden müssen.

Dar *Credo* war nicht erfunden, aber es wurde ohne und vielleicht sogar gegen den Willen seiner Verfasser veröffentlicht. Wenigstens hat der Schreiber dieser Zeilen, der sich daran beteiligte, das neue „Programm" [F] (25) ans Tageslicht zu bringen, Vorwürfe und Klagen darüber hören müssen, daß man das von den Rednern entworfene Resümee ihren Ansichten in Abschriften verbreitet, ihm das Etikett *Credo* angehängt und es sogar mitsamt dem Protest in der Presse veröffentlicht hat! Wir erwähnen diese Episode, denn sie deckt einen sehr interessanten Zug unseres „Ökonomismus" auf: die Angst von der Publizität. Das ist eben ein Merkmal des „Ökonomismus" überhaupt, und nicht allein der Verfasser des *Credo*: diese Angst zeigten sowohl die **Rabotschaja Mysl**, die aufrichtigste und ehrlichste Anhängerin des „Ökonomismus", als auch das **Rabotscheje Delo** (das sich über die Veröffentlichung der „ökonomistischen" Dokumente im **Vademecum** empört) und das Kiewer Komitee, das von zwei Jahren seine Einwilligung zur Veröffentlichung seiner „Profession de foi" samt einer dazu geschriebenen Widerlegung verweigerte [G] (25), und viele, viele einzelne Vertreter des „Ökonomismus".

Diese Furcht vor Kritik, die Anhänger der freien Kritik bekunden, kann nicht allein als List erklärt werden (obgleich er zweifellos dann und wann nicht ohne List abgeht: es wäre unvernünftig, die noch schwachen Keime einer neuen Richtung dem Ansturm der Gegner auszusetzen!). Nein, der größte Teil der „Ökonomisten" blickt mit ehrlichem Widerwillen (und dem Wesen des „Ökonomismus" nach müssen sie das tun) auf alle theoretischen Streitigkeiten, fraktionellen Meinungsverschiedenheiten, großen politischen Fragen, Pläne zur Organisierung der Revolutionäre usw. „Man sollte das alles dem Ausland überlassen!" sagte einst ein ziemlich konsequenter „Ökonomist" zu mm, und er sprach damit eine sehr verbreitete (und wiederum rein trade-unionistische) Ansicht aus; unsere Sache ist die Arbeiterbewegung, sind die Arbeiterorganisationen hier, an dem Ort, wo wir leben, alles übrige sind Hirngespinste von Doktrinären, ist eine „Überschätzung der Ideologie", wie sich die Verfassen des Briefes in Nr.12 der **Iskra** im Einklang mit Nr.10 des **Rabotscheje Delo** ausdrückten.

Nun fragt es sich: Worin mußte, angesichts dieser Besonderheiten der russischen „Kritik" und des russischen Bernsteinianertums, die Aufgabe derjenigen bestehen, die in der Tat und nicht nur in Worten Gegner des Opportunismus sein wollten? Erstens hätte man für die Wiederaufnahme der theoretischen Arbeit sorgen müssen, die mit der Epoche des legalen Marxismus kaum erst begonnen hatte und die jetzt wieder den illegalen Genossen zufiel; ohne eine solche Arbeit war eine erfolgreiche Entwicklung der Bewegung unmöglich. Zweitens hätte man den aktiven Kampf gegen die legale „Kritik" aufnehmen müssen, die eine tiefgreifende Demoralisierung in die Köpfe hineingetragen hatte. Drittens hatte man aktiv gegen die Zerfahrenheit und die Schwankungen in der praktischen Bewegung auftreten müssen, wobei alle Versuche, bewußt oder unbewußt unser Programm und unsere Taktik zu degradieren, entlarvt und widerlegt wenden maßten.

Daß das **Rabotscheje Delo** weder das eine noch das andere oder das dritte getan hat, ist bekannt, und weiter unten werden wir diese bekannte Tatsache von den verschiedensten Seiten eingehend klarlegen müssen. Jetzt aber wollen wir nur zeigen, in welch schreiendem Widerspruch zu den Besonderheiten unserer russischen Kritik und des russischen „Ökonomismus" die Forderung nach „Freiheit der Kritik" steht. In der Tat, man sehe sich die Resolution im Wortlaut an, mit der der „Auslandsbund russischer Sozialdemokraten" den Standpunkt des **Rabotscheje Delo** gebilligt hat:

> Im Interesse einer weiteren ideologischen Entwicklung der Sozialdemokratie betrachten wir die Freiheit der Kritik an der sozialdemokratischen Theorie in der Parteiliteratur als unbedingt notwendig, soweit die Kritik dem revolutionären und Klassencharakter dieser Theorie nicht zuwiderläuft. (**Zwei Konferenzen**, S.10.)

Und die Motivierung: Die Resolution „stimmt in ihrem ersten Teil mit der Resolution des Lübecker Parteitages betreffs Bernstein überein..." In ihrer Einfalt merken die „Bundesgenossen" nicht, welch testimonium paupertatis (Armutszeugnis) sie sich mit diesem Kopieren ausstellen!... „aber... in zweiten Teil beschränkt sie die Freiheit der Kritik auf engere Grenzen, als es der Lübecker Parteitag getan hat".

Die Resolution des „Auslandsbundes" ist also gegen die russischen Bernsteinianer gerichtet? Sonst wäre es ein absoluter Nonsens, sich auf Lübeck zu berufen! Es ist aber nicht wahr, daß sie „die Freiheit der Kritik auf enge Grenzen beschränkt". Die Deutschen haben durch ihre Hannoversche Resolution *gerade diejenigen* Abänderungen, die Bernstein einbrachte, Punkt für Punkt abgelehnt, und in der Lübecker Resolution haben sie *Bernstein persönlich* verwarnt, indem sie in der Resolution seiner Namen nannten. Unsere „freien" Nachahmer hingegen erwähnen *mit keinem Wort auch nur eine einzige* Erscheinung der speziell russischen „Kritik" und des russischen „Ökonomismus" bei diesem Verschweigen läßt der bloße Hinweis auf den revolutionären und Klassencharakter der Theorie weitaus mehr Spielraum für falsche Auslegungen, besonders wenn der „Auslandsbund" es ablehnt, den „sogenannten Ökonomismus" zum Opportunismus zu rechnen (**Zwei Konferenzen**, S.8, Punkt I). Das aber nun nebenbei. Die Hauptsache jedoch ist, daß die Positionen der Opportunisten in ihrem Verhältnis zu den revolutionären Sozialdemokraten in Deutschland und in Rußland diametral entgegengesetzt sind. In Deutschland sind bekanntlich die revolutionären Sozialdemokraten für die Aufrechterhaltung dessen, was ist: für das alte Programm und für die Taktik, die alle kennen und die durch die Erfahrung vielen Jahrzehnte in allen Einzelheiten erhellt worden ist. Die „Kritiker" aber wollen Änderungen vornehmen, und da diese Kritiker nur eine verschwindende Minderheit sind und ihre revisionistischen Bestrebungen sehn schüchtern hervortreten, so kann man die Beweggründe verstehen, die die Mehrheit veranlassen, sich auf eine kühle Ablehnung der „Neuerungen" zu beschränken. Bei uns in Rußland hingegen sind es die Kritiker und „Ökonomisten", die für die Aufrechterhaltung dessen eintreten, was ist: die „Kritiker" wollen, daß man sie auch weiterhin als Marxisten betrachte und ihnen die „Freiheit der Kritik" gewähre, von der sie in jeder Weise Gebrauch machten (denn irgendeine *Partei*bindung haben sie eigentlich nie anerkannt [H] (25), außerdem besaßen wir gar kein allgemein anerkanntes Parteiorgan, das die Freiheit der Kritik, sei es auch nur durch einen Ratschlag, hätte „beschränken" können); die „Ökonomisten" wollen, daß die Revolutionäre die „Vollberechtigung der Bewegung in der Gegenwart" anerkennen (**Rabotscheje Delo** Nr.10, S.25), d.h. die „Legitimität" der Existenz dessen, was existiert; sie wollen, daß die „Ideologen" keinen Versuch unternehmen, die Bewegung von dem Weg „abzubringen", der „bestimmt wird durch die Wechselwirkung der materiellen Elemente und des materiellen Milieus" (*Brief* in Nr.12 der **Iskra**); daß man er als wünschenswert anerkenne, den Kampf zu führen, „der für die Arbeiten unter den gegebenen Bedingungen allein möglich ist", als möglich anerkannten sie aber den Kampf, „den sie in Wirklichkeit um gegebenen Moment führen" (**Sonderbeilage zur Rabotschaja Mysl**, S.14). Wir revolutionären Sozialdemokraten dagegen sind nicht zufrieden mit einer solchen Anbetung der Spontaneität, d.h. dessen, was „im gegebenen Moment" da ist; wir verlangen die Änderung der in den letzten Jahren herrschenden Taktik, wir erklären: „Bevor man sich vereinigt und um sich zu vereinigen, muß man sich zuerst entschieden und bestimmt voneinander abgrenzen" (aus der Ankündigung über das Erscheinen der **Iskra**). Mit einem Wort, die Deutschen bleiben bei dem Vorhandenen und lehnen Änderungen ab; wir verlangen eine Änderung des Vorhandenen und lehnen die Anbetung dieses Vorhandenen und die Aussöhnung mit ihm ab.

Diesen „kleinen" Unterschied haben unsere „freien" Abschreiber der deutschen Resolutionen nicht bemerkt!

Fußnoten von Lenin

E. (21) Hier ist der Artikel von K. Tulin gegen Struve gemeint, der aus einem Referat entstand, das den Titel trug: *Die Widerspiegelung des Marxismus in der bürgerlichen Literatur.* Siehe Vorwort. (Anmerkung des Verfassers zum Ausgabe von 1907. *Die Red.*)

F. (22) Es handelt. sich hier um *den Protest der 17* gegen das *Credo*. Der Schreiber dieser Zeilen hat an der Abfassung dieses Protestes (Ende 1899) teilgenommen. Der Protest ist zusammen mit dem *Credo* im Frühjahr 1900 im Ausland veröffentlicht worden. Jetzt ist aus einem Artikel der Frau Kuskowa (ich glaube, im **Byloje**) bereits bekannt geworden, daß sie die Verfasserin des *Credo* ist, aber unter den im Ausland lebenden „Ökonomisten" jener Zeit spielte Herr Prokopowitsch eine sehr hervorragende Rolle. (Anmerkung des Verfassers zur Ausgabe von 1907. *Die Red.*)

G. (22) Soweit uns bekannt, hat sich seitdem die Zusammensetzung des Kiewer Komitees verändert.

H. (24) Schon dieses Fehlen einer offenen Parteibindung und einer Parteitradition bildet einen so kardinalen Unterschied zwischen Rußland und Deutschland, daß jedem vernünftige Sozialist von einer blinden Nachahmung gewarnt sein müßte. Hier aber ein Beispiel dafür, wie weit die „Freiheit der Kritik" in Rußland geht. Herr Bulgakow, ein russischer Kritiker, erteilt dem österreichischen Kritiker Hertz folgende Rüge: „Bei aller Unabhängigkeit seiner Schlußfolgerungen bleibt Hertz in diesem Punkte" (in der Genossenschaftsfrage) „offensichtlich doch zu sehr gebunden an die Meinungen seiner Partei, und en wagt es nicht, sich vom allgemeinen Prinzip loszusagen, obgleich ein in Einzelheiten anderer Ansicht ist" (**Kapitalismus und Landwirtschaft**, Bd.II, S.287). Dem Untertan eines politisch versklavten Staates, in dem 999 von 1000 der Bevölkerung bis ins innerste Mark demoralisiert sind durch politische Knechtseligkeit und durch einen absoluten Mangel an Verständnis für Parteilehre und Parteibindung, rügt hochmütig den Bürger eines konstitutionellen Staates, weil diesen sich zu sehr „an die Meinungen der Partei gebunden" fühle! Unseren illegalen Organisationen bleibt scheinbar nichts anderes übrig, als sich an die Abfassung von Resolutionen über die Freiheit dem Kritik zu machen...

d) Engels über die Bedeutung des theoretischen Kampfes

„Dogmatismus, Doktrinarismus", „Verknöcherung der Partei als unvermeidliche Strafe für die gewaltsame Abschnürung des Denkens" – das seien die Feinde, gegen die die Verfechter der „Freiheit der Kritik" um **Rabotscheje Delo** so kühn zu Felde ziehen. Wir freuen uns sehr, daß diese Frage auf die Tagesordnung gesetzt wird, und möchten nur noch vorschlagen, sie durch eine andere Frage zu ergänzen:

Und wer sind die Richter?

Zwei Ankündigungen literarischer Ausgaben liegen von uns. Die eine ist das „Programm des periodisch erscheinenden Organs des Auslandsbundes russischer Sozialdemokraten, **Rabotscheje Delo**„ (*Abdruck aus Nr. 1 des* **Rabotscheje Delo**). Die andere ist die *Mitteilung der Gruppe* **Befreiung der Arbeit** *über die Wiederaufnahme ihrer Publikationstätigkeit.* Beide sind von Jahre 1899 datiert, als die „Krise des Marxismus" schon seit langem auf der Tagesordnung stand. Und was sehen wir? In der ersten Schrift würde man vergeblich nach einem Hinweis auf diese Erscheinung und eine bestimmte Darlegung der Position suchen, die das neue Organ in dieser Frage einzunehmen gedenkt. Über die theoretische Arbeit und ihre dringendsten Aufgaben in der gegebenen Zeit ist weder in diesem Programm noch in jenen Ergänzungen zu ihm, die die dritte Konferenz des „Auslandsbundes" um Jahre 1901 angenommen hat, auch nur ein Wort zu finden (**Zwei Konferenzen**, S.15-18). In dieser ganzen Zeit ließ die Redaktion des **Rabotscheje Delo** die theoretischen Fragen unbeachtet, obwohl diese Fragen die Sozialdemokraten der ganzen Welt bewegten.

Die zweite Ankündigung weist dagegen von allem auf das in den letzten Jahren wahrzunehmende Nachlassen des Interesses für die Theorie hin, sie verlangt dringend „aufmerksame Beachtung der theoretischen Seite der revolutionären Bewegung des Proletariats" und fordert zur „schonungslosen Kritik an den Bernsteinschen und anderen antirevolutionären Tendenzen" in unserer Bewegung auf. Die erschienenen Nummern der **Sarja** zeigen, wie dieses Programm erfüllt worden ist.

Wir sehen also, daß mit den tönenden Phrasen gegen die Verknöcherung des Denkens usw. nur Sorglosigkeit und Hilflosigkeit in der Entwicklung des theoretischen Denkens bemäntelt werden. Das Beispiel der russischen Sozialdemokraten illustriert besonders anschaulich die allgemeine europäische Erscheinung (die auch von den deutschen Marxisten schon seit langem festgestellt worden ist), daß die vielgerühmte Freiheit der Kritik nicht das Ablösen einer Theorie durch eine andere bedeutet, sondern das Freisein von jeder geschlossenen und durchdachten Theorie, daß sie Eklektizismus und Prinzipienlosigkeit bedeutet. Wer den tatsächlichen Zustand unserer Bewegung einigermaßen kennt, der kann nicht umhin zu sehen, daß die weite Verbreitung des Marxismus von einem gewissen Absinken des theoretischen Niveaus begleitet war. Der Bewegung schlossen sich, angezogen von ihrer praktischen Bedeutung und ihren praktischen Erfolgen, viele Leute an, die sehr wenig oder gar keine theoretischen Kenntnisse hatten. Man kann danach beurteilen, welchen Mangel an Takt das **Rabotscheje Delo** zeigt, wenn es mit triumphierender Miene Marx' Ausspruch ins Treffen führt: „Jeder Schritt wirklicher Bewegung ist wichtiger als ein Dutzend Programme." Diese Worte in einer Zeit der theoretischen Zerfahrenheit wiederholen ist dasselbe, als wolle man beim Anblick eines Leichenbegängnisses ausrufen: „Mögen euch immer so glückliche Tage beschieden sein!" Zudem sind die Worte von Marx seinem Brief über das Gothaer Programm entnommen, in dem er den bei der Formulierung der Prinzipien zugelassenen Eklektizismus *scharf verurteilt*: Wenn man sich schon vereinigen mußte, schrieb Marx an die Parteiführer, so hätte man einfach eine Übereinkunft abschließen sollen, um praktische Ziele der Bewegung zu befriedigen, sich aber auf keinen Prinzipienschacher einlassen, keine theoretischen „Zugeständnisse" machen dürfen. Das war Marx' Gedanke, bei uns aber finden sich Leute, die in seinem Namen die Bedeutung der Theorie herabzusetzen suchen!

Ohne revolutionäre Theorie kann er auch keine revolutionäre Bewegung geben. Dieser Gedanke kann nicht genügend betont werden in einer Zeit, in der die zur Mode gewordene Predigt des Opportunismus sich mit der Begeisterung für die engsten Formen der praktischen Tätigkeit paart. Für die russische Sozialdemokratie aber wird die Bedeutung der Theorie noch durch drei Umstände erhöht, die man oft vergißt, nämlich: Erstens dadurch, daß sich unsere Partei eben erst herausbildet, erst ihr eigenes Gesicht herausarbeitet und die Auseinandersetzung mit den anderen Richtungen des revolutionären Denkens, die die Bewegung vom richtigen Wege abzulenken drohen, noch lange nicht abgeschlossen hat. In Gegenteil, gerade die allerletzte Zeit war durch eine Belebung der nichtsozialdemokratischen revolutionären Richtungen gekennzeichnet (wie das Axelrod den „Ökonomisten“ seit langem prophezeit hatte). Unter solchen Umständen kann ein auf den ersten Blick „belangloser“ Fehler die traurigsten Folgen haben, und nur Kurzsichtige können die fraktionellen Streitigkeiten und das strenge Auseinanderhalten von Schattierungen für unzeitgemäß oder überflüssig halten. Von der Konsolidierung dieser oder jener „Schattierung“ kann die Zukunft der russischen Sozialdemokratie für viele, viele Jahre abhängen.

Zweitens ist die sozialdemokratische Bewegung ihrem ureigensten Wesen nach international. Das bedeutet nicht nur, daß wir den nationalen Chauvinismus zu bekämpfen haben. Das bedeutet auch, daß die in einem jungen Lande einsetzende Bewegung nur erfolgreich sein kann, wenn sie die Erfahrungen der anderen Länder verarbeitet. Für ein solches Verarbeiten aber genügt die einfache Kenntnis diesen Erfahrungen oder das einfache Abschreiben der jüngsten Resolutionen nicht. Dazu ist notwendig, daß man es versteht, diesen Erfahrungen kritisch gegenüberzutreten und sie selbständig zu überprüfen. Wer sich vergegenwärtigt, wie gewaltig die moderne Arbeiterbewegung gewachsen ist und sich verzweigt hat, der wird begreifen, welche Fülle an theoretischen Kräften und politischen (und auch revolutionären) Erfahrungen zur Bewältigung dieser Aufgabe erforderlich ist.

Drittens hat die russische Sozialdemokratie nationale Aufgaben, von denen noch keine sozialistische Partei der Welt gestanden hat. Wir werden weiter unten auf die politischen und organisatorischen Pflichten zu sprechen kommen, die uns durch die Aufgabe, das ganze Volk von Joch der Selbstherrschaft zu befreien, auferlegt werden. Jetzt möchten wir nur darauf hinweisen, daß *die Rolle des Vorkämpfers nur eine Partei erfüllen kann, die von einer fortgeschrittenen Theorie geleitet wird.* Um sich auch nur einigermaßen konkret vorzustellen, was das bedeutet, möge sich der Leser an solche Vorläufer der russischen Sozialdemokratie erinnern wie Herzen, Belinski, Tschernyschewski und die glanzvolle Plejade der Revolutionäre der siebziger Jahre; möge er an die Weltbedeutung denken, die gegenwärtig die russische Literatur gewinnt, möge er…aber auch das genügt schon!

Wir wollen Engels' Bemerkungen über die Bedeutung der Theorie in der sozialdemokratischen Bewegung anführen, die aus dem Jahre 1874 stammen. Engels spricht *nicht von zwei* Formen des großen Kampfes der Sozialdemokratie (dem politischen und dem ökonomischen) – wie das bei uns üblich ist –, *sondern von drei, indem er neben diese auch den theoretischen Kampf stellt.* Die Worte, die er der praktisch und politisch erstarkten deutschen Arbeiterbewegung mit auf den Weg gibt, sind unter dem Gesichtspunkt der heutigen Probleme und Auseinandersetzungen so lehrreich, daß der Leser uns hoffentlich dar lange Zitat aus der Vorbemerkung zur Broschüre **Der deutsche Bauernkrieg** [I] (30) nicht verübeln wird, die seit langem eine der größten bibliographischen Seltenheiten geworden ist:

> Die deutschen Arbeiter haben von denen des übrigen Europas zwei wesentliche Vorteile voraus. Erstens, daß sie dem theoretischsten Volk Europas angehören und daß sie sich den theoretischen Sinn bewahrt haben, der der sogenannten „Gebildeten“ Deutschlands so gänzlich abhanden gekommen ist. Ohne Vorausgang der deutschen Philosophie, namentlich Hegels, wäre der deutsche wissenschaftliche Sozialismus – der einzige wissenschaftliche Sozialismus, der je existiert hat – nie zustande gekommen. Ohne theoretischen Sinn unter den Arbeitern wäre dieser wissenschaftliche Sozialismus nie so sehr in ihr Fleisch und Blut übergegangen, wie dies der Fall ist. Und welch ein unermeßlicher Vorzug dies ist, zeigt sich einerseits an der Gleichgültigkeit gegen alle Theorie, die eine der Hauptursachen ist, weshalb die englische Arbeiterbewegung, trotz aller ausgezeichneten Organisation der einzelnen Gewerke, so langsam vom Flecke

kommt, und andererseits an dem Unfug und der Verwirrung, die der Proudhonismus in seiner ursprünglichen Gestalt bei Franzosen und Belgiern, in seiner durch Bakunin weiter karikierten Form bei Spaniern und Italienern angerichtet hat.

Der zweite Vorteil ist den, daß die Deutschen in der Arbeiterbewegung der Zeit nach ziemlich zuletzt gekommen sind. Wie der deutsche theoretische Sozialismus nie vergessen wird, daß er auf den Schultern Saint-Simons, Fouriers und Owens steht, dreier Männer, die bei aller Phantasterei und bei allem Utopismus zu den bedeutendsten Köpfen aller Zeiten gehören und zahllose Dinge genial antizipierten, deren Richtigkeit wir jetzt wissenschaftlich nachweisen – so darf die deutsche praktische Arbeiterbewegung nie vergessen, daß sie auf den Schultern der englischen und französischen Bewegung sich entwickelt bat, ihre teuer erkauften Erfahrungen sich einfach zunutze machen, ihre damals meist unvermeidlichen Fehler jetzt vermeiden konnte. Ohne den Vorgang der englischen Trade-Unions und der französischen politischen Arbeiterkämpfe, ohne den riesenhaften Anstoß, den namentlich die Pariser Kommune gegeben, wo wären wir jetzt?

Man muß den deutschen Arbeitern nachsagen, daß sie die Vorteile ihrer Lage mit seltnem Verständnis ausgebeutet haben. Zum erstenmal, seit eine Arbeiterbewegung besteht, wird der Kampf nach seiner drei Seiten hin – nach der theoretischen, der politischen und der praktisch-ökonomischen (Widerstand gegen die Kapitalisten) – im Einklang und Zusammenhang und planmäßig geführt. In diesem sozusagen konzentrischen Angriffe liegt gerade die Stärke und Unbesiegbarkeit der deutschen Bewegung.

Einerseits durch diese ihre vorteilhafte Stellung, andererseits durch die insularen Eigentümlichkeiten der englischen und die gewaltsame Niederhaltung der französischen Bewegung sind die deutschen Arbeiter für den Augenblick in die Vorhut des proletarischen Kampfes gestellt worden. Wie lange die Ereignisse ihnen diesen Ehrenposten lassen werden, läßt sich nicht vorhersagen. Aber solange sie ihn einnehmen, werden sie ihn hoffentlich so ausfüllen, wie es sich gebührt. Dazu gehören verdoppelte Anstrengungen auf jedem Gebiet des Kampfes und der Agitation. Es wird namentlich die Pflicht der Führer rein, sich über alle theoretischen Fragen mehr und mehr aufzuklären, sich mehr und mehr von dem Einfluß überkommener, der alten Weltanschauung angehörigen Phrasen zu befreien und stets in Auge zu behalten, daß der Sozialismus, seitdem er eine Wissenschaft geworden, auch wie eine Wissenschaft betrieben, d.h. studiert werden will. Es wird darauf ankommen, die so gewonnene, immer mehr geklärte Einsicht unter den Arbeitermassen mit gesteigertem Eifer zu verbreiten, die Organisation der Partei wie der Gewerksgenossenschaften immer fester zusammenzuschließen.

...Wenn die deutschen Arbeiter so vorangehen, so werden sie nicht gerade an der Spitze der Bewegung marschieren – er ist gar nicht in Interesse dieser Bewegung, daß die Arbeiter irgendeiner einzelnen Nation an ihrer Spitze marschieren –, aber doch einen ehrenvollen Platz in der Schlachtlinie einnehmen; und sie werden gerüstet dastehen, wenn entweder unerwartet schwere Prüfungen oder gewaltige Ereignisse von ihnen erhöhten Mut, erhöhte Entschlossenheit und Tatkraft erheischen.

Engels' Worte haben sich als prophetisch erwiesen. Wenige Jahre später wurden die deutschen Arbeiter unerwartet von einer schweren Prüfung, dem Sozialistengesetz, betroffen. Die deutschen Arbeiter sind diesen Prüfung tatsächlich gerüstet entgegengetreten und haben er verstanden, aus ihn siegreich hervorzugehen.

Dem russischen Proletariat stehen noch unermeßlich härtere Prüfungen bevor, ihm steht der Kampf gegen ein Ungeheuer bevor, mit dem verglichen das Sozialistengesetz in einem konstitutionellen Lande als wahren Zwerg erscheint. Die Geschichte hat uns jetzt die nächste Aufgabe gestellt, welche die *revolutionärste* von allen *nächsten* Aufgaben des Proletariats irgendeines anderen Länder ist. Die Verwirklichung diesen Aufgabe, die Zerstörung des mächtigsten Bollwerks nicht nur der europäischen, sondern (wir können jetzt sagen) auch der asiatischen Reaktion, würde das russische Proletariat zur Avantgarde des internationalen revolutionären Proletariats machen. Und wir haben das Recht anzunehmen, daß wir uns diesen Ehrennamen, den sich schon unsere Vorgänger, die Revolutionäre der siebziger Jahre, verdient haben, erwerben werden, wenn wir es verstehen, unsere tausendmal mehr in die Tiefe und in die Breite gehende Bewegung mit ebenso rückhaltloser Entschlossenheit und Tatkraft zu erfüllen.

Fußnote von Lenin

I. (27) Dritter Abdruck, Leipzig 1875, Verlag der Genossenschaftsbuchdruckerei.

II

Spontaneität der Massen und Bewußtheit der Sozialdemokratie

Wir sagten, daß unsere Bewegung, die viel breiter und tiefer ist als die der siebziger Jahre, mit der gleichen rückhaltlosen Entschlossenheit und Tatkraft wie damals erfüllt werden muß. Und wirklich, bisher scheint niemand daran gezweifelt zu haben, daß die Stärke der heutigen Bewegung im Erwachen der Massen (und von allen des Industrieproletariats) besteht, ihre Schwäche aber in Mangel an Bewußtheit und Initiative bei den revolutionären Führern.

In der allerletzten Zeit wurde jedoch eine sensationelle Entdeckung gemacht, die alle bisher herrschenden Ansichten in dieser Frage auf den Kopf zu stellen droht. Diese Entdeckung hat das **Rabotscheje Delo** gemacht, das in seiner Polemik gegen die **Iskra** und die **Sarja** sich nicht allein auf einzelne Einwände beschränkte, sondern den Versuch unternahm, die „allgemeine Meinungsverschiedenheit" auf eine tieferliegende Wurzel zurückzuführen, und zwar auf die „verschiedene Bewertung der *relativen* Bedeutung des spontanen und des bewußt ‚planmäßigen' Elements". Die Anklagethese des **Rabotscheje Delo** lautet: *„Unterschätzung des objektiven oder spontanen Elements der Entwicklung."* [A] (34) Darauf wollen wir erwidern: Hätte die Polemik der **Iskra** und der **Sarja** absolut kein anderes Resultat gezeitigt, als das **Rabotscheje Delo** zu bewegen, diese „allgemeine Meinungsverschiedenheit" zu entdecken, so würde uns schon allein dieses Resultat große Befriedigung gewähren: so vielbedeutend ist diese These, ein so grelles Licht wirft sie auf das ganze Wesen der heutigen theoretischen und politischen Meinungsverschiedenheiten zwischen den russischen Sozialdemokraten.

Das ist der Grund, warum die Frage, in welchem Verhältnis die Bewußtheit zur Spontaneität steht, von gewaltigem allgemeinem Interesse ist, und diese Frage müssen wir sehr eingehend behandeln.

a) Der Beginn des spontanen Aufschwungs

Wir haben im vorhergehenden Kapitel hervorgehoben, daß die gebildete russische Jugend um die Mitte der neunziger Jahre von einer *allgemeinen* Begeisterung für die Theorie des Marxismus erfaßt war. Einen ebenso allgemeinen Charakter hatten um ungefähr dieselbe Zeit, nach dem berühmten Petersburger Industriekrieg von 1896, die Arbeiterstreiks angenommen. Ihre Ausbreitung über ganz Rußland zeugte deutlich von der Tiefe der neu einsetzenden Volksbewegung, und wenn man schon vom „spontanen Element" reden will, so wird man natürlich vor allem gerade diese Streikbewegung als spontan kennzeichnen müssen. Aber es gibt Spontaneität und Spontaneität. Streiks gab es in Rußland auch in den siebziger und in den sechziger Jahren (ja sogar in der ersten Hälfte des 19. Jahrhunderts), und sie waren begleitet von „spontaner" Maschinenstürmerei u.dgl. Verglichen mit diesen „Rebellionen" kann man die Streiks der neunziger Jahre sogar als „bewußt" bezeichnen – so bedeutend ist der Schritt vorwärts, den die Arbeiterbewegung in dieser Zeit getan hat. Dies zeigt uns, daß das „spontane Element" eigentlich nichts anderes darstellt als die *Keimform* der Bewußtheit. Auch die primitiven Rebellionen brachten schon ein gewisses Erwachen des Bewußtseins zum Ausdruck: die Arbeiter verloren den uralten Glauben an die Unerschütterlichkeit der sie unterdrückenden Ordnung, sie begannen die Notwendigkeit einer kollektiven Abwehr...ich will nicht sagen zu verstehen, so doch zu empfinden, und brachen entschieden mit der sklavischen Unterwürfigkeit vor der Obrigkeit. Aber das war dennoch viel eher Ausdruck der Verzweiflung und Rache als *Kampf.* Die Streiks der neunziger Jahre zeigen schon viel mehr Symptome der Bewußtheit: es werden bestimmte Forderungen aufgestellt, es wird im voraus erwogen, welcher Zeitpunkt der beste ist, es werden bestimmte Fälle und Beispiele aus anderen Orten erörtert usw. Waren die Rebellionen lediglich eine Auflehnung unterdrückter Menschen, so stellten die systematischen Streiks bereits Keimformen des Klassenkampfes dar, aber eben nur Keimformen. An und für sich waren diese Streiks ein trade-unionistischer und noch kein sozialdemokratischer Kampf; sie kennzeichneten das Erwachen

des Antagonismus zwischen den Arbeitern und den Unternehmern, aber den Arbeitern fehlte –
und mußte auch fehlen – die Erkenntnis der unversöhnlichen Gegensätzlichkeit ihrer Interessen
zu dem gesamten gegenwärtigen politischen und sozialen System, das heißt, es fehlte ihnen das
sozialdemokratische Bewußtsein. In diesem Sinne blieben die Streiks der neunziger Jahre, trotz
ihres gewaltigen Fortschritts im Vergleich zu den „Rebellionen", eine rein spontane Bewegung.

Wir haben gesagt, daß die Arbeiter ein sozialdemokratisches Bewußtsein *gar nicht haben konnten.* Dieses konnte ihnen nur von außen gebracht werden. Die Geschichte aller Länder zeugt
davon, daß die Arbeiterklasse ausschließlich aus eigener Kraft. nur ein trade-unionistisches Bewußtsein hervorzubringen vermag, d.h. die Überzeugung von der Notwendigkeit, sich in Verbänden zusammenzuschließen, einen Kampf gegen die Unternehmer zu führen, der Regierung
diese oder jene für die Arbeit notwendigen Gesetze abzutrotzen u.a.m. [B] (34) Die Lehre
des Sozialismus ist hingegen aus den philosophischen, historischen und ökonomischen Theori-
en hervorgegangen, die von den gebildeten Vertretern der besitzenden Klassen, der Intelligenz,
ausgearbeitet wurden. Auch die Begründer des modernen wissenschaftlichen Sozialismus, Marx
und Engels, gehörten ihrer sozialen Stellung nach der bürgerlichen Intelligenz an. Ebenso entstand auch in Rußland die theoretische Lehre der Sozialdemokratie ganz unabhängig von dem
spontanen Anwachsen der Arbeiterbewegung, entstand als natürliches und unvermeidliches Ergebnis der ideologischen Entwicklung der revolutionären sozialistischen Intelligenz. Zu der Zeit,
von der wir sprechen, d.h. um die Mitte der neunziger Jahre, war diese Lehre nicht nur das
bereits völlig ausgereifte Programm der Gruppe „Befreiung der Arbeit", sondern sie hatte auch
die Mehrheit der revolutionären Jugend in Rußland für sich gewonnen.

Es gab also sowohl ein spontanes Erwachen der Arbeitermassen, ein Erwachen zu bewußtem
Leben und bewußtem Kampf, als auch eine mit der sozialdemokratischen Theorie gewappnete
revolutionäre Jugend, die es stürmisch zu den Arbeitern hinzog. Dabei ist es besonders wichtig, die oft vergessene (und verhältnismäßig wenig bekannte) Tatsache festzuhalten, daß die
ersten Sozialdemokraten dieser Periode, die sich *eifrig mit ökonomischer Agitation befaßten* (und
in dieser Hinsicht den wirklich nützlichen Weisungen der damals erst als Manuskript vorliegen-
den Broschüre **Über Agitation** durchaus Rechnung trugen), keineswegs diese Agitation als ihre
einzige Aufgabe betrachteten, sondern, im Gegenteil, *von Anfang an* auch die weitestgehenden
geschichtlichen Aufgaben der russischen Sozialdemokratie überhaupt und im besonderen die
Aufgabe, die Selbstherrschaft zu stürzen, in den Vordergrund stellten. So wurde zum Beispiel
von der Gruppe der Petersburger Sozialdemokraten, die den „Kampfbund zur Befreiung der
Arbeiterklasse" gründete, schon Ende 1895 die erste Nummer einer Zeitung mit dem Titel
Rabotscheje Delo zusammengestellt. Die bereits druckreife Nummer wurde in der Nacht vom
8. zum 9. Dezember 1895 während einer Haussuchung bei einem der Mitglieder der Gruppe, Anat. Alex. Wanejew [C] (34), von Gendarmen beschlagnahmt, und das **Rabotscheje Delo**
erster Fassung sollte nie das Licht der Welt erblicken. Der Leitartikel dieses Blattes (den in
dreißig Jahren vielleicht irgendeine **Russkaja Starina** aus den Archiven des Polizeidepartements
ausgraben wird) umriß die historischen Aufgaben der Arbeiterklasse in Rußland und stellte die
Eroberung der politischen Freiheit an die Spitze dieser Aufgaben. Ferner standen in dieser Nummer ein Artikel, „Woran denken unsere Minister?", der sich mit der Zerschlagung der Komitees
für Elementarbildung durch die Polizei befaßte, sowie eine Reihe von Zuschriften nicht allein
aus Petersburg, sondern auch aus anderen Gegenden Rußlands (z.B. über das Blutbad unter den
Arbeitern im Gouvernement Jaroslawl). Dieser, wenn wir nicht irren, „erste Versuch" der russischen Sozialdemokraten der neunziger Jahre war somit eine Zeitung, die keinen eng lokalen und
noch weniger einen „ökonomischen" Charakter trug, sondern bestrebt war, die Streikkämpfe
mit der revolutionären Bewegung gegen die Selbstherrschaft zu vereinigen und alle durch die
Politik der reaktionären Dunkelmänner Unterdrückten für die Unterstützung der Sozialdemokratie zu gewinnen. Niemand, der den Zustand der Bewegung in jener Zeit auch nur einigermaßen kennt, wird daran zweifeln, daß eine solche Zeitung sowohl die ungeteilte Sympathie der
Arbeiter der Hauptstadt und der revolutionären Intelligenz als auch weiteste Verbreitung gefunden hätte. Der Mißerfolg des Unternehmens bewies nur, daß die damaligen Sozialdemokraten

nicht imstande waren, den dringenden Erfordernissen des Augenblicks gerecht zu werden, da es ihnen an revolutionärer Erfahrung und praktischer Schulung gebrach. Das gleiche ist von dem **S.-Peterburgski Rabotschi Listok** und insbesondere von der **Rabotschaja Gaseta** und dem **Manifest** der im Frühjahr 1898 gegründeten Sozialdemokratischen Arbeiterpartei Rußlands zu sagen. Selbstverständlich fällt es uns nicht ein, diese mangelnde Schulung den damaligen Führern zum Vorwurf zu machen. Um aber die Erfahrungen der Bewegung auszunutzen und aus diesen Erfahrungen praktische Lehren zu ziehen, muß man sich über die Ursachen und die Bedeutung dieses oder jenes Mangels volle Rechenschaft geben. Darum ist es außerordentlich wichtig, festzustellen, daß ein Teil (vielleicht sogar die Mehrheit) der in den Jahren 1895 bis 1898 wirkenden Sozialdemokraten schon damals, ganz zu Beginn der „spontanen" Bewegung, es durchaus mit Recht für möglich hielt, ein Programm und eine Kampftaktik mit weitgesteckten Zielen zu vertreten. [D] (34) Die mangelnde Schulung der meisten Revolutionäre konnte, da sie eine durchaus natürliche Erscheinung war, keine besonderen Befürchtungen erregen. Waren einmal die Aufgaben richtig gestellt, war die Tatkraft vorhanden, um die Versuche, diese Aufgaben zu erfüllen, zu wiederholen, so konnten vorübergehende Mißerfolge nur ein halbes Übel sein. Revolutionäre Erfahrung und organisatorische Geschicklichkeit sind Dinge, die man erwerben kann. Man muß nur den Willen haben, die erforderlichen Eigenschaften in sich zu entwickeln! Man muß die Fehler nur einsehen, diese Einsicht ist in revolutionären Dingen schon mehr als die halbe Besserung!

Aber das halbe Übel wurde zu einem ganzen, als diese Einsicht zu schwinden begann (bei den Mitgliedern der obengenannten Gruppen war sie sehr lebendig gewesen), als Leute – und sogar sozialdemokratische Organe – auftauchten, die bereit waren, aus der Not eine Tugend zu machen, die versuchten, ihre *sklavische Anbetung der Spontaneität* sogar *theoretisch* zu begründen. Es ist jetzt an der Zeit, das Fazit aus dem Wirken dieser Richtung zu ziehen, deren Inhalt sehr ungenau mit dem für sie zu engen Begriff „Ökonomismus" gekennzeichnet wird.

Fußnoten von Lenin

A. (31) **Rabotscheje Delo** Nr.10, September 1901, S.17 und 18. Hervorgehoben vom **Rabotscheje Delo.**

B. (32) Der Trade-Unionismus schließt keineswegs, wie man manchmal glaubt, jede „Politik" aus. Die Trade-Unions haben stets eine gewisse (aber nicht sozialdemokratische) politische Agitation und einen gewissen politischen Kampf geführt. Vom Unterschied zwischen trade-unionistischer und sozialdemokratischer Politik sprechen wir im nächsten Kapitel.

C. (32) A.A. Wanejew starb im Jahre 1899 in Ostsibirien an der Schwindsucht, die er sich in der Einzelhaft im Untersuchungsgefängnis geholt hatte. Wir hielten es deshalb für möglich, die hier angeführten Tatsachen zu veröffentlichen; für ihre Richtigkeit leisten wir Gewähr, denn sie stammen von Personen, die A.A. Wanejew unmittelbar gekannt und ihm sehr nahegestanden haben.

D. (33) „Zur Tätigkeit der Sozialdemokraten Ende der neunziger Jahre verhält sich die **Iskra** ablehnend und ignoriert, daß damals die Bedingungen für eine andere Arbeit als den Kampf für kleine Forderungen nicht gegeben waren", erklären die „Ökonomisten" in ihrem *Brief an die russischen sozialdemokratischen Organe* (**Iskra** Nr.12). Die im Text angeführten Tatsachen beweisen, daß diese Behauptung, es waren nicht die Bedingungen gegeben", *im diametralen Gegensatz zur Wahrheit steht.* Nicht nur am Ende, sondern auch um die Mitte der neunziger Jahre waren durchaus alle Bedingungen für eine *andere* Tätigkeit, nicht nur für den Kampf um kleine Forderungen vorhanden, alle Bedingungen mit Ausnahme der ausreichenden Schulung der Führer. Aber anstatt nun offen einzugestehen, daß es uns, den Ideologen, den Führern, an Schulung mangelte, suchen die „Ökonomisten" alles auf das „Fehlen der Bedingungen" abzuwälzen, auf den Einfluß des materiellen Milieus, das den Weg bestimme, von dem kein Ideologe die Bewegung abbringen könne. Was ist das anderes als sklavische Kriecherei vor der Spontaneität? als ein Verliebtsein der „Ideologen" in ihre Mängel?

b) Die Anbetung der Spontaneität
Die *Rabotschaja Mysl*

Bevor wir zu der literarischen Äußerungen dieser Anbetung der Spontaneität übergehen, wollen wir folgende (von uns obengenannter Quelle mitgeteilte) charakteristische Tatsache feststellen, die ein gewisses Licht darauf wirft, wie unter der in Petersburg arbeitender Genossen der Zwiespalt zwischen der beider künftigen Richtungen der russischen Sozialdemokratie entstanden ist und sich entwickelt hat. Bevor A.A. Wanejew und einige seiner Genossen in die Verbannung geschickt wurden, hatten sie Anfang 1897 an einer privaten Versammlung teilgenommen, in der die „alten" und die „jungen" Mitglieder des „Kampfbundes zur Befreiung der Arbeiterklasse" zusammengekommen waren. Es wurde hauptsächlich über die Organisation und insbesondere über dasselbe *Statut einer Arbeiterkasse* gesprochen, das in seiner endgültigen Fassung in Nr.9/10 des **Listok Rabotnika** (S.46) veröffentlicht worden ist. Zwischen der „Alten" (der „Dekabristen", wie sie damals im Scherz von der Petersburger Sozialdemokraten genannt wurden) und einigen „Jungen" (die später an der **Rabotschaja Mysl** eng mitarbeiteten) traten sofort scharfe Meinungsverschiedenheiten zutage, und es entbrannte eine heftige Polemik. Die „Jungen" verteidigten die Hauptgrundsätze des Statuts in der Form, in der es veröffentlicht wurde. Die „Alten" meinten, daß wir in erster Linie gar nicht das brauchten, sondern die Konsolidierung des „Kampfbundes" als Organisation der Revolutionäre, der die verschiedenen Arbeiterkassen, die Propagandazirkel der studierenden Jugend u.dgl. untergeordnet sein müßten. Selbstverständlich waren die Streitenden weit entfernt von dem Gedanken, in diesem Streit den Beginn einer tiefgehenden Meinungsverschiedenheit zu sehen, sie betrachteten ihn, im Gegenteil, als etwas Vereinzeltes und Zufälliges. Aber diese Tatsache zeigt, daß auch in Rußland die Entstehung und Verbreitung des „Ökonomismus" durchaus nicht ohne Kampf gegen die „alten" Sozialdemokraten vor sich ging (das vergessen die heutigen „Ökonomisten" oft). Und wenn dieser Kampf zum größten Teil keine „dokumentarischen" Spuren hinterlassen hat, so liegt der Grund *einzig und allein* darin, daß die Teilnehmer der arbeitenden Zirkel unglaublich oft wechselten, daß keine Kontinuität zustande kam und darum auch die Meinungsverschiedenheiten in keinerlei Dokumenten festgehalten worden sind.

Die Gründung der **Rabotschaja Mysl** brachte den „Ökonomismus" ans Licht, aber das geschah auch nicht auf einmal.

Man muß sich die Arbeitsbedingungen und die kurze Lebensdauer der meisten russischen Zirkel konkret vorstellen (konkret vorstellen kann sich dieses aber nur, wer es selbst miterlebt hat), um zu verstehen, von wieviel Zufälligkeiten der Erfolg oder Mißerfolg der neuen Richtung in den verschiedenen Städten abhing und wie lange weder die Anhänger noch die Gegner dieses „Neue" feststellen konnten, wie sie buchstäblich keine Möglichkeit hatten, festzustellen, ob es sich tatsächlich um eine besondere Richtung oder nur um den Ausdruck der mangelnden Schulung einzelner Personen handelte. Die ersten hektographierten Nummern der **Rabotschaja Mysl** zum Beispiel sind der übergroßen Mehrheit der Sozialdemokraten sogar gänzlich unbekannt geblieben, und wenn wir uns jetzt auf den Leitartikel ihrer ersten Nummer beziehen können, dann nur dank dem Umstand, daß er im Artikel von W. I-n (**Listok Rabotnika** Nr.9/10, S.47ff.) nachgedruckt worden ist, der es natürlich nicht verabsäumt hat, der neuen Zeitung, die sich von den oben von uns erwähnten Zeitungen und Zeitungsprojekten so scharf abhob, sehr eifrig – mehr eifrig als klug – Lob zu spenden [E] (40). Und es lohnt sich, bei diesem Leitartikel zu verweilen, so prägnant ist in ihm der *ganze Geist* der **Rabotschaja Mysl** und des „Ökonomismus" überhaupt zum Ausdruck gebracht.

Im Leitartikel wird erklärt, daß es dem Arm mit dem blauen Ärmelaufschlag nicht gelingen wird, die Entwicklung der Arbeiterbewegung aufzuhalten, und dann heißt es weiter: „...Eine solche Zählebigkeit verdankt die Arbeiterbewegung dem Umstand, daß der Arbeiter jetzt endlich selbst sein Schicksal in die Hand nimmt, nachdem er es den Händen der Führer entrissen hat", und diese Grundthese wird dann weiter ausführlich entwickelt. In Wirklichkeit sind die Führer (d.h. die Sozialdemokraten, die Organisatoren des „Kampfbundes") von der Polizei sozusagen den Händen der Arbeiter entrissen worden [F] (40), die Sache wird aber so dargestellt, als hätten die Arbeiter gegen diese Führer einen Kampf geführt und sich von deren Joch befreit! Anstatt vorwärts zu rufen, zur Festigung der revolutionären Organisation und zur Erweiterung der politischen Tätigkeit, begann man *zurück* zu rufen, zum ausschließlich trade-unionistischen Kampf. Es wurde verkündet, daß „die ökonomische Grundlage der Bewegung verdunkelt werde durch das Bestreben, stets an das politische Ideal zu denken", daß der Wahlspruch der Arbeiterbewegung „Kampf um die wirtschaftliche Lage" (!) oder, noch besser, „Die Arbeiter für die Arbeiter" sein müßte; es wurde verkündet, daß die Streikkassen „für die Bewegung wertvoller sind als hundert andere Organisationen" (man vergleiche diese Behauptung, die im Oktober 1897 aufgestellt wurde, mit dem Streit zwischen den „Dekabristen" und den „Jungen" zu Beginn des Jahres 1897) usw. Äußerungen von der Art, daß nicht die „Elite" der Arbeiter, sondern der „Durchschnitts"arbeiter, der Arbeiter aus der Masse, die Hauptsache sei, daß „die Politik immer gehorsam der Wirtschaft folgt" [G] (40) usw. usw., wurden Mode und übten einen unwiderstehlichen Einfluß auf die Masse der der Bewegung zuströmenden Jugend aus, die in den meisten Fallen den Marxismus nur aus den Bruchstücken seiner legalen Darstellung kannte.

Das bedeutete die vollständige Unterdrückung der Bewußtheit durch die Spontaneität – durch die Spontaneität derjenigen „Sozialdemokraten", die die „Ideen" des Herrn W.W. wiederholten, durch die Spontaneität derjenigen Arbeitet, die dem Argument erlagen, daß eine Kopeke Zulage pro Rubel für sie nützlicher und wertvoller sei als aller Sozialismus und alle Politik, denn sie müßten „den Kampf führen im Bewußtsein, daß sie nicht für irgendwelche zukünftigen Generationen kämpfen, sondern für sich und ihre Kinder" (Leitartikel in Nr.1 der **Rabotschaja Mysl**). Solche Phrasen waren stets eine beliebte Waffe der westeuropäischen Bourgeois, die den Sozialismus hassen und selbst (wie der deutsche „Sozialpolitiker" Hirsch) bemüht waren, den englischen Trade-Unionismus auf den heimatlichen Boden zu verpflanzen, wobei sie den Arbeitern einzureden suchten, daß der nur-gewerkschaftliche Kampf [H] (40) eben der Kampf für sie selbst und für ihre Kinder sei, und nicht ein Kampf für irgendwelche zukünftigen Generationen mit irgendeinem zukünftigen Sozialismus. Und nun begannen „die W.W.s der russischen Sozialdemokratie" diese bürgerlichen Phrasen zu wiederholen. Es ist wichtig, hier auf drei Umstände hinzuweisen, die uns bei der weiteren Analyse der *heutigen* [I] (40) Meinungsverschiedenheiten sehr von Nutzen sein werden.

Erstens ist die Unterdrückung der Bewußtheit durch die Spontaneität, auf die wir hingewiesen haben, ebenfalls auf *spontanem Wege* vor sich gegangen. Das scheint ein Wortspiel zu sein, ist aber – leider! – bittere Wahrheit. sie erfolgte nicht dadurch, daß zwei völlig entgegengesetzte Anschauungen offen miteinander kämpften und die eine über die andere siegte, sondern dadurch, daß eine immer größere Zahl der revolutionären „Alten" von den Gendarmen „herausgerissen" wurde und immer mehr die „jungen" „W.W.s der russischen Sozialdemokratie" auf den Plan traten. Jeder, der an der *heutigen* russischen Bewegung, ich will nicht sagen teilgenommen, aber doch wenigstens eine Vorstellung von ihr hat, weiß sehr wohl, daß es sich so und. nicht anders verhält. Und wenn wir trotzdem besonders darauf bestehen, daß der Leser sich über diese allgemein bekannte Tatsache völlig klar wird, wenn wir sozusagen der Anschaulichkeit halber Material über das **Rabotscheje Delo** erster Fassung und über die Meinungsverschiedenheiten zwischen den „Alten" und den „Jungen" zu Beginn des Jahres 1897 anführen, so tun wir es, weil die Leute, die mit ihrem „Demokratismus" protzen, darauf spekulieren, daß das breite Publikum (oder die blutjunge Generation) diese Tatsache nicht kennt. Wir werden weiter unten noch darauf zurückkommen.

Zweitens können wir schon bei der ersten literarischen Äußerung des „Ökonomismus" die höchst eigentümliche und für das Verständnis aller Meinungsverschiedenheiten unter den heutigen Sozialdemokraten äußerst charakteristische Erscheinung beobachten, daß die Anhänger der „reinen Arbeiterbewegung", die Anbeter der engsten und (nach einem Ausdruck des **Rabotscheje Delo**) „organischsten" Verbindung mit dem proletarischen Kampf, die Gegner jeder nichtproletarischen Intelligenz (selbst wenn es sich um die sozialistische Intelligenz handelt) gezwungen sind, bei der Verteidigung ihrer Position zu den Argumenten der *bürgerlichen* „Nur-

Gewerkschaftler" Zuflucht zu nehmen. Das zeigt uns, daß die **Rabotschaja Mysl** von Anfang an – ohne sich selber dessen bewußt zu sein – das Programm des *Credo*verwirklicht. Das beweist (was das **Rabotscheje Delo** durchaus nicht begreifen kann), daß *jede* Anbetung der Spontaneität der Arbeiterbewegung, jede Herabminderung der Rolle des „bewußten Elements", der Rolle der Sozialdemokratie, zugleich – *ganz unabhängig davon, ob derjenige, der diese Rolle herabmindert, das wünscht oder nicht – die Stärkung des Einflusses der bürgerlichen Ideologie auf die Arbeiter bedeutet.*

Jeder, der von der „Überschätzung der Ideologie" [J] (40), von der Übertreibung der Rolle des bewußten Elements [K] (40) u.dgl.m. spricht, glaubt, die reine Arbeiterbewegung könne und werde sich von selbst eine selbständige Ideologie schaffen, wenn nur die Arbeiter „ihr Schicksal den Händen der Führer entreißen". Aber das ist ein schwerer Fehler. In Ergänzung zu dem oben Gesagten wollen wir noch folgende, sehr treffende und wertvolle Worte K. Kautskys über den Entwurf für das neue Programm der österreichischen Sozialdemokratischen Partei anführen [L] (40):

> Manche unserer revisionistischen Kritiker nehmen an, Marx hätte behauptet, die ökonomische Entwicklung und der Klassenkampf schüfen nicht bloß die Vorbedingungen sozialistischer Produktion, sondern auch direkt die *Erkenntnis* (hervorgehoben von K.K.) ihrer Notwendigkeit, und da sind die Kritiker gleich fertig mit dem Einwand, daß das Land der höchsten kapitalistischen Entwicklung, England, von allen modernen Ländern am freiesten von dieser Erkenntnis sei. Nach der neuen Fassung könnte man annehmen, daß auch die österreichische Programmkommission den auf diese Weise widerlegten angeblich „orthodox-marxistischen" Standpunkt teile. Denn es heißt da: „Je mehr die Entwicklung des Kapitalismus das Proletariat anschwellen macht, desto mehr wird es gezwungen und befähigt, den Kampf gegen ihn aufzunehmen. Es kommt zum Bewußtsein" der Möglichkeit und Notwendigkeit des Sozialismus etc. In diesem Zusammenhang erscheint das sozialistische Bewußtsein als das notwendige direkte Ergebnis des proletarischen Klassenkampf es. Das ist aber falsch. Der Sozialismus als Lehre wurzelt allerdings ebenso in den heutigen ökonomischen Verhältnissen wie der Klassenkampf des Proletariats, entspringt ebenso wie dieser aus dem Kampfe gegen die Massenarmut und das Massenelend, das der Kapitalismus erzeugt; aber beide entstehen nebeneinander, nicht auseinander, und unter verschiedenen Voraussetzungen. Das moderne sozialistische Bewußtsein kann nur erstehen auf Grund tiefer wissenschaftlicher Einsicht. In der Tat bildet die heutige ökonomische Wissenschaft ebenso eine Vorbedingung sozialistischer Produktion wie etwa die heutige Technik, nur kann das Proletariat beim besten Willen die eine ebensowenig schaffen wie die andere; sie entstehen beide aus dem heutigen gesellschaftlichen Prozeß. Der Träger der Wissenschaft ist aber nicht das Proletariat, sondern die *bürgerliche Intelligenz* (hervorgehoben von K.K.); in einzelnen Mitgliedern dieser Schicht ist denn auch der moderne Sozialismus entstanden und durch sie erst geistig hervorragenden Proletariern mitgeteilt worden, die ihn dann in den Klassenkampf des Proletariats hineintragen, wo die Verhältnisse es gestatten. Das sozialistische Bewußtsein ist also etwas in den Klassenkampf des Proletariats von außen Hineingetragenes, nicht etwas aus ihm urwüchsig Entstandenes. Dem entsprechend sagt auch das alte Hainfelder Programm ganz richtig, daß es zu den Aufgaben der Sozialdemokratie gehöre, das Proletariat mit dem B *ewußtsein* (hervorgehoben von K.K.) seiner Lage und seiner Aufgabe zu erfüllen. Das wäre nicht notwendig, wenn dies Bewußtsein von selbst aus dem Klassenkampf entspränge. Die neue Fassung hat diesen Satz von dem alten Programm übernommen und dem eben besprochenen angehängt. Dadurch ist aber der Gedankengang völlig zerrissen worden...

Kann nun von einer selbständigen, von den Arbeitermassen im Verlauf ihrer Bewegung selbst ausgearbeiteten Ideologie keine Rede sein [M] (40), so kann die Frage *nur so* stehen: bürgerliche oder sozialistische Ideologie. ein Mittelding gibt Es hier nicht (denn eine „dritte" Ideologie hat die Menschheit nicht geschaffen, wie es überhaupt in einer Gesellschaft, die von Klassengegensätzen zerfleischt wird, niemals eine außerhalb der Klassen oder über den Klassen stehende Ideologie geben kann). Datum bedeutet *jede* Herabminderung der sozialistischen Ideologie, *jedes Abschwenken* von ihr zugleich eine Stärkung der bürgerlichen Ideologie. Man redet von Spontaneität. Aber die *spontane* Entwicklung der Arbeiterbewegung führt eben zu ihrer Unterordnung unter die bürgerliche Ideologie, sie *verläuft eben nach dem Programm* des *Credo*, denn spontane Arbeiterbewegung ist Trade-Unionismus, ist Nur-Gewerkschaftlerei Die Red.>, Trade-Unionismus aber bedeutet eben ideologische Versklavung der Arbeiter durch die Bourgeoisie. Darum besteht unsere Aufgabe, die Aufgabe der Sozialdemokratie, im *Kampf gegen die Spontaneität*, sie besteht darin, die Arbeiterbewegung von dem spontanen Streben des Trade-Unionismus, sich unter die Fittiche der Bourgeoisie zu begeben, *abzubringen* und sie unter die Fittiche der revolutionären Sozialdemokratie zu bringen. Der Satz der Verfasser des „ökonomistischen" Briefes in Nr.12 der **Iskra**, daß die größten Anstrengungen der begeisterten Ideologen die Arbeiterbewegung nicht von dem Weg abbringen könnten, der durch die Wechselwirkung der materiellen Elemente und des materiellen Milieus bestimmt werde, ist daher *völlig gleichbedeutend mit dem Verzicht auf den Sozialismus*, und wenn diese Verfasser fähig wären, das, was sie sagen, unerschrocken und konsequent bis zu Ende zu durchdenken; wie jeder seine Gedanken durchdenken muß, der die Arena der literarischen und öffentlichen Tätigkeit betritt, so würde ihnen nichts anderes übrigbleiben, als ihre „müßigen Hände auf der Brust zu verschränken" und... und den Herren Struve und Prokopowitsch, die die Arbeiterbewegung auf den „Weg des geringsten Widerstands", d.h. den Weg des bürgerlichen Trade-Unionismus zerren, oder den Herren Subatow, die sie auf den Weg der Pfaffen- und Gendarmen-"Ideologie" zerren, das Feld zu überlassen.

Man denke zum Beispiel an Deutschland. Worin bestand das historische Verdienst Lassalles um die deutsche Arbeiterbewegung? Darin, daß er diese Beilegung vom Weg des progressistischen Trade-Unionismus und Kooperativismus *hinwegführte*, den sie spontan (*unter gütiger Mitwirkung der Schulze-Delitzsch und ihresgleichen*) eingeschlagen hatte. Um diese Aufgabe zu erfüllen, war etwas ganz anderes notwendig als das Gerede von der Unterschätzung des spontanen Elements, von der Taktik als Prozeß, von der Wechselwirkung der Elemente und des Milieus u.dgl. Dazu war ein *erbitterter Kampf gegen die Spontaneität* notwendig, und erst im Ergebnis dieses lange, lange Jahre hindurch geführten Kampfes ist z.B. erreicht worden, daß die Arbeiterbevölkerung Berlins aus einer Stütze der Fortschrittspartei zu einer der stärksten Hochburgen der Sozialdemokratie geworden ist. Und dieser Kampf ist auch heute noch nicht beendet (wie es Leuten scheinen könnte, die die Geschichte der deutschen Bewegung nach Prokopowitsch und ihre Philosophie nach Struve studieren). Auch jetzt noch ist die deutsche Arbeiterklasse, wenn man so sagen darf, in mehrere Ideologien zersplittert: ein Teil der Arbeiter ist in den katholischen und den monarchistischen Arbeiterverbänden vereinigt, ein anderer Teil in den Hirsch-Dunckerschen, die von den bürgerlichen Anbetern des englischen Trade-Unionismus gegründet worden sind, der dritte in den sozialdemokratischen Verbänden. Dieser Teil ist unermeßlich größer als alle übrigen, diese führende Position aber konnte die sozialdemokratische Ideologie nur erreichen und wird sie nur aufrechterhalten können durch unentwegten Kampf gegen alle anderen Ideologien.

Warum aber, wird der Leser fragen, führt die spontane Bewegung, die Bewegung in der Richtung des geringsten Widerstands gerade zur Herrschaft der bürgerlichen Ideologie? Aus dem einfachen Grunde, weil die bürgerliche Ideologie ihrer Herkunft nach viel älter ist als die sozialistische, weil sie vielseitiger entwickelt ist, weil sie über *unvergleichlich* mehr Mittel der Verbreitung verfügt. [N] (40) Und je jünger die sozialistische Bewegung in einem Lande ist, desto energischer muß deshalb der Kampf gegen alle Versuche, die nichtsozialistische Ideologie zu festigen, geführt werden, desto entschiedener müssen die Arbeiter vor den schlechten Beratern gewarnt werden, die von einer „Überschätzung des bewußten Elements" usw. zetern.

Die Verfasser des „ökonomistischen" Briefes wettern im Einklang mit dem **Rabotscheje Delo** gegen die Intoleranz, die der Kindheitsperiode der Bewegung eigen sei. Wir antworten darauf: Ja, unsere Bewegung befindet sich tatsächlich im Kindesalter, und um schneller mannbar zu werden, muß sie eben von Intoleranz gegen die Leute erfüllt werden, die ihr Wachstum durch Anbetung der Spontaneität aufzuhalten suchen. Es gibt nichts Lächerlicheres und Schädlicheres, als den alten Mann spielen zu wollen, der alle entscheidenden Episoden des Kampfes schon langst hinter sich hat!

Drittens zeigt uns die erste Nummer der **Rabotschaja Mysl**, daß die Bezeichnung „Ökonomismus" (auf die wir natürlich nicht verzichten wollen, da dieser Name sich so oder so bereits eingebürgert hat) das Wesen der neuen Richtung nicht genügend präzis wiedergibt. Die **Rabotschaja Mysl** lehnt den politischen Kampf nicht ganz ab: In dem in Nr.1 der **Rabotschaja Mysl** veröffentlichten Kassenstatut ist vom Kampf gegen die Regierung die Rede. Die **Rabotschaja Mysl** ist nur der Ansicht, daß „die Politik immer gehorsam der Wirtschaft folgt" (das **Rabotscheje Delo** aber variiert diese These, indem es in seinem Programm versichert: „In Rußland ist der ökonomische Kampf mehr als in irgendeinem anderen Lande mit dem politischen *untrennbar* verbunden"). Diese Behauptungen der **Rabotschaja Mysl** und des **Rabotscheje Delo** sind absolut unzutreffend, *wenn man unter Politik sozialdemokratische Politik versteht*. Seht oft ist der wirtschaftliche Kampf der Arbeiter, wie wir bereits gesehen haben, mit der bürgerlichen, klerikalen usw. Politik (wenn auch nicht untrennbar) verbunden. Die Behauptungen des **Rabotscheje Delo** sind zutreffend, wenn man unter Politik trade-unionistische Politik versteht, d.h. das gemeinsame Bestreben aller Arbeiter, zu erreichen, daß der Staat diese oder jene Maßnahmen ergreift, die den mit ihrer Lage verbundenen Nöten abhelfen, aber diese Lage selbst nicht beseitigen, d.h. die Unterordnung der Arbeit unter das Kapital nicht aufheben. Dieses Bestreben ist tatsächlich sowohl den englischen Trade-Unionisten, die dem Sozialismus feindlich gegenüberstehen, als auch den katholischen Arbeitern, den „Subatowschen" Arbeitern usw. gemein. Es gibt Politik und Politik. Wir sehen also, daß die **Rabotschaja Mysl** auch in bezug auf den politischen Kampf weniger eine Ablehnung dieses Kampfes zum Ausdruck bringt als vielmehr die Anbetung der *Spontaneität*, der Unbewußtheit dieses Kampfes. sie erkennt durchaus den politischen Kampf an, der aus der eigentlichen Arbeiterbewegung elementar hervorwächst (richtiger: die politischen Wünsche und Ansprüche der Arbeitet), verzichtet aber gänzlich darauf, eine spezifische *sozialdemokratische Politik selbständig auszuarbeiten*, die den allgemeinen Aufgaben des Sozialismus und den heutigen russischen Verhältnissen entspricht. Weiter unten werden wir zeigen, daß das **Rabotscheje Delo** den gleichen Fehler begeht.

Fußnoten von Lenin

E. (35) Übrigens ging dieses Lob der **Rabotschaja Mysl** im November 1898, als der „Ökonomismus", besonders im Ausland, feste Gestalt angenommen hatte, von demselben W. I-n aus, der sehr bald einer der Redakteure des **Rabotscheje Delo** wurde. Und das **Rabotscheje Delo** leugnete noch das Vorhandensein zweier Richtungen in der russischen Sozialdemokratie, wie es auch heute noch fortfährt, es zu leugnen!

F. (36) Daß dieser Vergleich zutreffend ist, geht aus folgender charakteristischen Tatsache hervor: Als sich nach der Verhaftung der „Dekabristen" unter den Arbeitern der Schlüsselburger Landstraße die Nachricht verbreitete, daß der Lockspitzel N.N. Michailow (ein Zahnarzt), der einer mit den „Dekabristen" in Verbindung stehenden Gruppe nahestand, bei der Verhaftung mitgewirkt hatte, da waren diese Arbeiter so empört, daß sie Michailow umbringen wollten.

G. (36) Aus demselben Leitartikel der ersten Nummer der **Rabotschaja Mysl**. Danach kann man urteilen, wie die theoretische Schulung dieser „W.W.s der russischen Sozialdemokratie" aussah, die die grobe Vulgarisierung. des „ökonomischen Materialismus" zu derselben Zeit wiederholten, als die Marxisten in der Literatur einen Krieg gegen den wirklichen Herrn W.W. führten, der schon seit langem wegen der *gleichen* Auffassung über das Verhältnis von Politik und Wirtschaft den Spitznamen „Spezialist für reaktionäre Angelegenheiten" bekommen hatte!

H. (36) Die Deutschen haben sogar einen besonderen Ausdruck: „Nur-Gewerkschaftler" (bei Lenin deutsch. *Die Red.*), mit dem die Anhänger des „nur-gewerkschaftlichen" Kampfes bezeichnet werden.

I. (36) Wir unterstreichen das Wort *heutigen* im Hinblick auf diejenigen, die pharisäisch die Achseln zucken und sagen werden: Jetzt ist es leicht, an der **Rabotschaja Mysl** kein gutes Haar zu lassen, aber das ist doch ein Archaismus. Mutato nomine de te fabula narratur Die Red.>, antworten wir solchen modernen Pharisäern, deren völlige Versklavung durch die Ideen der **Rabotschaja Mysl** weiter unten *nachgewiesen* wird.

J. (37) *Brief der „Ökonomisten"* in Nr.12 der **Iskra**.

K. (37) **Rabotscheje Delo** Nr.10.

L. (37) **Die Neue Zeit**, 1901-1902, XX, I, Nr.3, S.79/80. Der Entwurf der Kommission, von dem K. Kautsky spricht, ist vom Wiener Parteitag (Ende vorigen Jahres) in etwas abgeänderter Form angenommen worden.

M. (38) Dies heißt selbstverständlich nicht, daß die Arbeiter an dieser Ausarbeitung nicht teilnehmen. Abar sie nahmen daran nicht als Arbeiter teil, sondern als Theoretiker des Sozialismus, als die Proudhon und Weitling, mit anderen Worten, sie nehmen nur dann und soweit daran teil, als es ihnen in höherem oder geringerem Maße gelingt, sich das Wissen ihres Zeitalters anzueignen und dieses Wissen zu bereichern. Damit aber den Arbeitern *dieses häufiger gelinge*, ist es notwendig, alles zu tun, um das Niveau der Bewußtheit der Arbeiter im allgemeinen zu haben; ist es notwendig, daß die Arbeiter sich nicht in dem künstlich eingeengten Rahmen einer „*Literatur für Arbeiter*„ abschließen, sondern daß sie es immer mehr lernen, sich die *allgemeine Literatur* zu eigen zu machen. Es wäre sogar richtiger, anstatt „sich nicht abschließen" zu sagen: nicht abgeschlossen werden, dann die Arbeiter selbst lesen alles und wollen alles lesen, auch das, was für die Intelligenz geschrieben wird, und nur einige (schlechte) Intellektuelle glauben, „für Arbeiter" genüge es, wann man ihnen von den Zuständen in der Fabrik erzählt und langst bekannte Dinge wiederkäut.

N. (38) Man sagt oft: Die Arbeiterklasse fühlt sich *spontan* zum Sozialismus hingezogen. Das ist vollkommen richtig in dem Sinne, daß die sozialistische Theorie tiefer und richtiger als jede andere die Ursachen des Elends der Arbeiterklasse aufzeigt; darum wird sie von den Arbeitern auch so leicht erfaßt, *falls* diese Theorie nur selber vor der Spontaneität nicht die Segel streicht, *falls* sie sich die Spontaneität unterordnet. Gewöhnlich versteht sich das von selbst, aber das **Rabotscheje Delo** vergißt und entstellt gerade diese selbstverständliche Tatsache. Die Arbeiterklasse fühlt sich spontan zum Sozialismus hingezogen, aber die am weitesten verbreitete (und in den mannigfaltigsten Formen ständig wiederauferstehende) bürgerliche Ideologie drängt sich trotzdem spontan dem Arbeiter am meisten auf.

c) Die „Gruppe der Selbstbefreiung" und das Rabotscheje Delo

Wir sind auf den wenig bekannten und jetzt fast vergessenen Leitartikel der ersten Nummer der **Rabotschaja Mysl** so ausführlich eingegangen, weil er früher und prägnanter als alle anderen die allgemeine Strömung zum Ausdruck gebracht hat, die später in zahllosen schmalen Bächlein ans Tageslicht trat. W. I-n, der die erste Nummer und den Leitartikel der **Rabotschaja Mysl** so sehr lobte, hatte durchaus recht, als er sagte, der Artikel sei „scharf, mit Kampfgeist" geschrieben (**Listok Rabotnika** Nr.9/10, S.49). Jeder von seiner Meinung überzeugte Mensch, der glaubt, daß er etwas Neues bringt, schreibt „mit Kampfgeist" und schreibt so, daß er seine Ansichten prägnant zum Ausdruck bringt. Nut Leute, die gewohnt sind, zwischen zwei Stühlen zu sitzen, haben keinen „Kampfgeist", nur solche Leute sind fähig, nachdem sie gestern den Kampfgeist der **Rabotschaja Mysl** gelobt haben, heute über deren Gegner wegen ihres „polemischen Kampfgeistes" herzufallen.

Ohne auf die **Sonderbeilage zur Rabotschaja Mysl** näher einzugehen (wir werden uns weiter unten aus verschiedenen Anlässen auf diese Schrift beziehen müssen, die die Ideen der „Ökonomisten" am konsequentesten zum Ausdruck bringt), wollen wir nur kurz auf den *Aufruf der Gruppe der Selbstbefreiung der Arbeiter* hinweisen (März 1899, abgedruckt im Londoner **Nakanune** Nr.7, Juli 1899). Die Verfasser dieses Aufrufs sagen mit Fug und Recht, daß „das Rußland der Arbeiter *eben erst erwacht*, eben erst beginnt, sich umzuschauen, und *instinktiv nach den ersten besten* Kampfmitteln *greift,*, aber sie ziehen daraus dieselbe falsche Schlußfolgerung wie die **Rabotschaja Mysl**, denn sie vergessen, daß das Instinktive eben das Unbewußte (das Spontane) ist, dem die Sozialisten zu Hilfe kommen müssen, daß die „ersten besten" Kampfmittel in der modernen Gesellschaft stets die trade-unionistischen Kampfmittel sind, die „erste beste" Ideologie aber die bürgerliche (trade-unionistische) Ideologie ist. Ebenso wird von diesen Verfassern auch die Politik nicht „abgelehnt", sie meinen nur (nur!), dem Herrn W.W. folgend, daß die Politik ein Überbau sei und daß darum „die politische Agitation ein Überbau über der Agitation für den ökonomischen Kampf sein muß, daß sie auf dem Boden dieses Kampfes erwachsen und ihm folgen muß".

Was das **Rabotscheje Delo** betrifft, so hat es seine Tätigkeit direkt mit dein „Verteidigung" der „Ökonomisten" begonnen. Nachdem es schon in seiner ersten Nummer (Nr.1, S.141/142) die *direkte Unwahrheit* sagte, daß es „nicht weiß, von welchen jungen Genossen Axelrod sprach", als er in seiner bekannten Broschüre [O] (47) die „Ökonomisten" warnte, mußte das **Rabotscheje Delo** in der wegen dieser Unwahrheit entbrannten Polemik mit Axelrod und Plechanow zugeben, daß es „in der Form des Nichtverstehens alle jüngeren Sozialdemokraten im Ausland gegen diese ungerechte Beschuldigung" (die von Axelrod gegen die „Ökonomisten" erhobene Beschuldigung der Beschränktheit) *„in Schutz nehmen* wollte". In Wirklichkeit war dieser Vorwurf völlig berechtigt, und das **Rabotscheje Delo** wußte ausgezeichnet, daß er sich unter anderem auch gegen sein Redaktionsmitglied W. I-n richtete. Nebenbei sei bemerkt, daß Axelrod in dieser Polemik, was die Auslegung meiner Broschüre **Die Aufgaben der russischen Sozialdemokraten** betrifft, völlig recht und das **Rabotscheje Delo** völlig unrecht hatte. Diese Broschüre ist im Jahre 1897, noch vor dem Erscheinen der **Rabotschaja Mysl**, geschrieben worden, als ich der Ansicht war und das Recht hatte, der Ansicht zu sein, daß die von mir oben charakterisierte *ursprüngliche* Richtung des Petersburger „Kampfbundes" die vorherrschende sei. Und mindestens bis Mitte 1898 war diese Richtung tatsächlich vorherrschend. Datum hatte das **Rabotscheje Delo**, als es die Existenz und die Gefährlichkeit des „Ökonomismus" leugnete, nicht das geringste Recht, sich auf eine Broschüre zu berufen, in der Ansichten vertreten wurden, die in den Jahren 1897/1898 in St. Petersburg durch die Ansichten des „Ökonomismus" *verdrängt* worden sind. [P] (47)

Aber das **Rabotscheje Delo** hat die „Ökonomisten" nicht nur „verteidigt", sondern ist auch selber ständig in ihre grundlegenden Irrtümer verfallen. Die Ursache hierfür ist in der Doppeldeutigkeit der folgenden These des Programms des **Rabotscheje Delo** zu suchen: „Die wichtigste Erscheinung des russischen Lebens, die in erster Linie *bestimmend sein wird für die Aufgaben,*, (hervorgehoben von uns) „und den Charakter der literarischen Tätigkeit des Auslandsbundes, ist unseres Erachtens die in den letzten Jahren entstandene *Massenbewegung der Arbeiter*„ (hervorgehoben vom **Rabotscheje Delo**). Daß die Massenbewegung eine höchst wichtige Erscheinung ist, darüber kann nicht gestritten werden. Aber die ganze Frage ist hier, wie die „Bestimmung der Aufgaben" durch diese Massenbewegung aufzufassen ist. sie kann in zweifacher Weise aufgefaßt werden: *entweder* im Sinne der Anbetung der Spontaneität dieser Bewegung, d.h. der Reduzierung der Rolle der Sozialdemokratie auf die einer einfachen Dienerin der Arbeiterbewegung als solcher (Auffassung der **Rabotschaja Mysl**, der „Gruppe der Selbstbefreiung" und der übrigen „Ökonomisten"); *oder* aber in dem Sinne, daß die Massenbewegung uns vor *neue* theoretische, politische, organisatorische Aufgaben stellt, die viel komplizierter sind als diejenigen, mit denen man sich in der Periode vor der Entstehung der Massenbewegung begnügen konnte. Das **Rabotscheje Delo** neigte und neigt gerade zu der ersten Auffassung, denn etwas Bestimmtes über neue Aufgaben hat es niemals gesagt, sondern immer nur so gesprochen, als würde uns diese „Massenbewegung" der Notwendigkeit *entheben*, die von ihr gestellten Aufgaben klar zu erkennen und zu lösen. Es genügt, darauf hinzuweisen, daß das **Rabotscheje Delo** es für unmöglich hielt, der Massenbewegung der Arbeiter als *erste* Aufgabe den Sturz der Selbstherrschaft zu stellen, und daß es diese Aufgabe (im Namen der Massenbewegung) auf die Aufgabe, für die nächsten politischen Forderungen zu kämpfen, herabdrückte. (*Antwort*, S.25.)

Wir überschlagen den Artikel des Redakteurs des **Rabotscheje Delo**, B. Kritschewski, in Nr.7 – „Der wirtschaftliche und der politische Kampf in der russischen Bewegung" –, einen Artikel, in dem dieselben Fehler [Q] (47) wiederholt sind, und gehen direkt zu Nr.10 des **Rabotscheje Delo** über. Wir wollen natürlich nicht auf die Analyse der einzelnen Einwände B. Kritschewskis und Martynows gegen die **Sarja** und die **Iskra** eingehen. Uns interessiert hier nur die prinzipielle Position, die das **Rabotscheje Delo** in Nr.10 eingenommen hat. Wir wollen zum Beispiel nicht das Kuriosum untersuchen, daß das **Rabotscheje Delo** einen „diametralen Gegensatz" gefunden hat zwischen dem Satz:

> Die Sozialdemokratie bindet sich nicht die Hände, sie engt ihre Tätigkeit nicht durch irgendeinen vorher ersonnenen Plan oder Modus des politischen Kampfes ein – sie erkennt alle Mittel des Kampfes an, wenn sie nur den vorhandenen Kräften der Partei entsprechen [usw.] (Nr.1 des **Iskra**).

und dem Satz:

> Ist keine feste Organisation vorhanden, die den politischen Kampf in den verschiedensten Situationen und Perioden gründlich aus der Erfahrung kennt, dann kann auch keine Rede sein von jenem systematischen, durch feste Prinzipien erhellten und unbeirrt durchzuführenden Tätigkeitsplan, der allein die Bezeichnung Taktik verdient (Nr.4 der **Iskra**).

Die *prinzipielle* Anerkennung aller Kampfmittel, aller Pläne und Methoden, sofern sie nur zweckmäßig sind, verwechseln mit der Forderung, sich *in einem gegebenen politischen Moment* von einem unbeirrt durchzuführenden Plan leiten zu lassen, wäre – wenn von Taktik die Rede sein soll genau dasselbe, als würde man die Anerkennung verschiedener Heilsysteme durch die Medizin mit der Forderung verwechseln, sich bei der Behandlung einer bestimmten Krankheit an ein bestimmtes System zu halten. Aber das ist es eben, daß das **Rabotscheje Delo**, das selber an der Krankheit leidet, die wir als Anbetung der Spontaneität bezeichnet haben, keinerlei „Heilsysteme" für *diese* Krankheit anerkennen will. Es hat darum die großartige Entdeckung gemacht, daß die „Taktik als Plan dem Wesen des Marxismus widerspricht" (Nr.10, S.18), daß die Taktik *„ein Prozeß des Wachsens der Parteiaufgaben ist, die zusammen mit der Partei wachsen„* (S.11, hervorgehoben vom **Rabotscheje Delo**). Dieser letzte Ausspruch hat alle Chancen, ein berühmten Ausspruch, ein unvergängliches Denkmal der „Richtung" des **Rabotscheje Delo** zu werden. Auf die Frage „*Wohin gehen?*" gibt das führende Organ die Antwort: Bewegung ist ein Prozeß der Veränderung des Abstands zwischen dem Ausgangspunkt und den folgenden Punkten der Bewegung. Dieser unvergleichliche Tiefsinn ist aber nicht nur ein Kuriosum (dann würde es sich nicht lohnen, besonders darauf einzugehen), sondern auch *das Programm einer ganzen Richtung*, nämlich: dasselbe Programm, das R.M. (In der **Sonderbeilage zur Rabotschaja Mysl**) mit den Worten zum Ausdruck brachte: Wünschenswert ist der Kampf, der möglich ist, und möglich ist der, der im gegebenen Augenblick vor sich geht. Das ist gerade die Richtung des grenzenlosen Opportunismus, der sich der Spontaneität passiv anpaßt.

„Die Taktik als Plan widerspricht dem Wesen des Marxismus!" Das ist doch eine Verleumdung des Marxismus, seine Verwandlung in dieselbe Karikatur, die die Volkstümler in ihrem Kampf gegen uns ins Feld führten. Das ist genaue ein Herabdrücken der Initiative und der Tatkraft der bewußten Funktionäre, wahrend der Marxismus im Gegenteil der Initiative und der Tatkraft des Sozialdemokraten einen gewaltigen Anstoß gibt, ihm die weitesten Perspektiven eröffnet, ihm die machtvollen Kräfte vor Millionen und aber Millionen der sich „spontan" zum Kampf erhebenden Arbeiterklasse zur Verfügung stellt (wenn man sich so ausdrücken darf)! Die ganze Geschichte der internationalen Sozialdemokratie strotzt von Plänen, die bald von dem einen, bald von dem anderen politischen Führer entworfen wurden, wobei der Weitblick und die Richtigkeit der politischen und organisatorischen Ansichten des einen sich bestätigten und die Kurzsichtigkeit und die politischen Fehler des anderen zutage traten. Als sich in Deutschland ein so gewaltiger historischer Umschwung vollzog wie die Reichsgründung, die Eröffnung des Reichstags, die Einführung des allgemeinen Wahlrechts, da hatte Liebknecht den einen Plan für die gesamte sozialdemokratische Politik und Arbeit, Schweitzer einen anderen. Als über die deutschen Sozialisten das Ausnahmegesetz verhängt wurde, da hatten Most und Hasselmann, die einfach zu Gewalt und Terror aufrufen wollten, den einen Plan, einen anderen hatten Hochberg, Schramm und (zum Teil) Bernstein, die den Sozialdemokraten zu predigen begannen, daß sie durch ihre unvernünftige Schärfe und ihre Haltung das Gesetz herausgefordert hätten und sich darum jetzt die Verzeihung der Regierung durch musterhaftes Betragen verdienen müßten; einen dritten Plan hatten diejenigen, die die Herausgabe eines illegalen Organs vorbereiteten und verwirklichten. Blickt man viele Jahre später zurück, nachdem der Kampf um die Wahl des Weges beendet und die Geschichte ihr endgültiges Urteil über die Tauglichkeit des gewählten Weges gefällt hat, dann ist es allerdings nicht schwer, tiefsinnige Aussprüche zu tun über das Wachsen der Parteiaufgaben, die zusammen mit der Partei wachsen. Aber in einer Zeit der Verwirrung [R] (47), da die russischen „Kritiker" und „Ökonomisten" die Sozialdemokratie zum Trade-Unionismus degradieren, die Terroristen aber mit großem Eifer eine „Taktik als Plan" verfechten, die die alten Fehler wiederholt, sich in solcher Zeit auf einen solchen Tiefsinn beschränken heißt sich ein „Armutszeugnis" ausstellen. In einer Zeit, da viele russische Sozialdemokraten eben gerade an mangelnden Initiative und Tatkraft, an mangelndem „Ausmaß der politischen Propaganda, Agitation und Organisation" [S] (47) leiden, daran leiden, daß es an „Plänen" für eine möglichst umfassende revolutionäre Arbeit mangelt, in einer solchen Zeit sagen: „die Taktik als Plan widerspricht dem Wesen des Marxismus", heißt nicht nur theoretisch den Marxismus verflachen, sondern auch praktisch *die Partei nach rückwärts zerren*.

> Der revolutionäre Sozialdemokrat hat die Aufgabe – belehrt uns weiter das **Rabotscheje Delo** –, durch seine bewußte Arbeit die objektive Entwicklung nur zu beschleunigen, nicht aber sie durch subjektive Pläne aufzuheben oder zu ersetzen. In der Theorie weiß die **Iskra** das alles. Aber die enorme Bedeutung, die der Marxismus der bewußten revolutionären Arbeit mit Recht beimißt, verführt sie, infolge ihrer doktrinären Auffassung von der Taktik, in der Praxis dazu, *die Bedeutung des objektiven oder spontanen Elements der Entwicklung* zu *unterschätzen*. (S.18.)

Wiederum eine ungeheure theoretische Verwirrung, die des Herrn W.W. und seiner Sippschaft würdig ist. Wir möchten unseren Philosophen fragen: Worin kann die „Unterschätzung" der objektiven Entwicklung durch den Verfasser subjektiver Pläne zum Ausdruck kommen? Offenbar dann, daß er außer acht läßt, daß diese objektive Entwicklung bestimmte Klassen, Schichten, Gruppen, bestimmte Nationen, Gruppen von Nationen usw. schafft oder festigt, zugrunde richtet oder schwächt, wodurch die und die internationale politische Kräftegruppierung, die und die Stellungnahme der revolutionären Parteien usw. bedingt wird. Aber die Schuld eines solchen Verfassers besteht dann nicht in der Unterschätzung des spontanen Elements, sondern umgekehrt in der Unterschätzung des *bewußten* Elements, denn seine „Bewußtheit" reicht für das richtige Verstehen der objektiven Entwicklung nicht aus. Datum zeigt schon allein das Gerede von der „Einschätzung der *relativen* (hervorgehoben vom **Rabotscheje Delo**) Bedeutung" der Spontaneität und der Bewußtheit einen absoluten Mangel an „Bewußtheit". Wenn gewisse „spontane Elemente der Entwicklung" dem Bewußtsein des Menschen überhaupt zugänglich sind, so wird ihre Fiasko Einschätzung gleichbedeutend mit einer „Unterschätzung des bewußten Elements" sein. Wenn sie aber dem Bewußtsein nicht zugänglich sind, so kennen wir sie nicht und können von ihnen nicht sprechen. Wovon redet also B. Kritschewski? Wenn er die „subjektiven Pläne" der **Iskra** für irrig hält (und er erklärt sie ausdrücklich für irrig), so müßte er nachweisen, welche objektiven Tatsachen es sind, die von diesen Plänen ignoriert werden, und müßte der **Iskra** wegen dieser Ignorierung *Mangel an Bewußtheit*, „Unterschätzung des bewußten Elements" (um mit seinen eigenen Worten zu sprechen) vorwerfen. Wenn er jedoch, mit den subjektiven Plänen unzufrieden, keine anderen Argumente hat als den Hinweis auf die „Unterschätzung des spontanen Elements" (!!), so beweist er damit nur, daß er erstens den Marxismus theoretisch à la Kanejew und Michailowski versteht, die von Beltow genügend verspottet worden sind, und sich zweitens praktisch mit den „spontanen Elementen der Entwicklung" vollkommen zufriedengibt, durch die unsere legale Marxisten in das Bernsteinianertum und unsere Sozialdemokraten in den „Ökonomismus" geführt wurden, und daß er auf die Leute „sehr böse" ist, die sich entschlossen haben, die russische Sozialdemokratie um jeden Preis vom Weg der „spontanen" Entwicklung *abzubringen.*

Weiter kommen dann schon ganz und gar spaßige Dinge. „Ebenso wie die Menschen, trotz aller Fortschritte der Naturwissenschaften, sich in derselben Weise vermehren werden, wie es die Großväter taten, wird die Entstehung einer neuen Gesellschaftsordnung, trotz aller Fortschritte der Gesellschaftswissenschaften und trotz Zunahme der bewußten Kämpfer, auch fernerhin das Resultat *vorwiegend* spontaner Ausbrüche sein." (19.) Ebenso wie die großväterliche Weisheit lautet: Wem mangelt es schon an Verstand, um Kinder zu haben? – lautet die Weisheit der „neuesten Sozialisten" (à la Narziß Tuporylow): Um an der spontanen Entstehung der neuen Gesellschaftsordnung teilzunehmen, wird Es niemand an Verstand mangeln. Auch wir meinen, daß es niemand dann mangeln wird. für eine solche Teilnahme genügt es, sich dem „Ökonomismus" *anzupassen*, wenn der „Ökonomismus" herrscht, und dem Terrorismus, wenn der Terrorismus aufgetaucht ist. So nahm das **Rabotscheje Delo** im Frühjahr dieses Jahres, als es so wichtig war, vor der Begeisterung für den Terror zu warnen, zu der für das **Rabotscheje Delo** „neuen" Frage eine unschlüssige Haltung ein. Jetzt aber, ein halbes Jahr später, wo die Frage nicht mehr aktuell ist, tischt uns die Zeitung gleichzeitig sowohl die Erklärung auf: „Wir sind der Ansicht, daß es nicht Aufgabe der Sozialdemokratie sein kann und sein darf, dem Aufschwung der terroristischen Stimmungen entgegenzuwirken" (**Rabotscheje Delo** Nr.10, S.23), als auch die Konferenzresolution: „Einen systematischen offensiven Terror hält die Konferenz für unzeitgemäß" (**Zwei Konferenzen**, S.18). Wie wunderbar klar und logisch ist das! Wir wollen dem Terror nicht entgegenwirken, aber wir Enklaven ihn für unzeitgemäß, und zwar so, daß sich die „Resolution" auf den unsystematischen und defensiven Terror nicht erstreckt. Es muß zugegeben werden, daß eine solche Resolution sehr gefahrlos und gegen falsche Auslegung völlig gesichert ist – wie ein Mensch vor Fehlern sicher ist, der gesprochen hat, um nichts zu sagen! Und um eine solche Resolution zu verfassen, ist nur eins notwendig: im *Nachbtrab* der Bewegung einherzutrotten. Als die **Iskra** sich darüber lustig machte, daß das **Rabotscheje Delo** den Terror für eine neue Frage erklärte, da erhob das **Rabotscheje Delo** erzürnt die Beschuldigung, daß sich die **Iskra** in „geradezu unglaublicher Weise anmaßt, der Parteiorganisation die

Lösung der taktischen Fragen aufzuzwingen, die vor mehr als fünfzehn Jahren von einer Gruppe in der Emigration lebender Schriftsteller gegeben wurde" (S.24). In der Tat, welche Anmaßung und welche Überschätzung des bewußten Elements: Fragen vorher theoretisch lösen, um dann von der Richtigkeit dieser Losung sowohl die Organisation als auch die Partei und die Masse überzeugen zu wollen! [T] (47) Da ist es doch viel einfacher, Binsenwahrheiten zu wiederholen und, ohne jemand etwas „aufzuzwingen", sich jeder „Wendung", sowohl zum „Ökonomismus" als auch zum Terrorismus, unterzuordnen. Das **Rabotscheje Delo** verallgemeinert sogar diese goldene Regel der Lebensweisheit und wirft der **Iskra** und der **Sarja** vor, daß sie „der Bewegung ihr Programm entgegenstellen, das als Geist über dem formlosen Chaos schwebt" (S.29). Worin besteht denn die Rolle der Sozialdemokratie, wenn nicht darin, der „Geist" zu sein, der nicht nur über der spontanen Bewegung. schwebt, sondern diese Bewegung auch *auf die Höhe „seines Programms" emporhebt*? Doch nicht dann, im *Nachbtrab* der Bewegung einherzutrotten: Im besten Falle wäre das für die Bewegung nutzlos, im schlimmsten Falle – sehr, sehr schädlich. Das **Rabotscheje Delo** aber befolgt nicht nur diese „Taktik als Prozeß", sondern erhebt sie zum Prinzip, so daß es richtiger wäre, seine Richtung nicht als Opportunismus, sondern (abgeleitet vom Worte Chwost < Schwanz, Nachtrab. *Die Red.*>) als *Chwostismus* zu bezeichnen. Und Es muß zugegeben werden, daß Leute, die fest beschlossen haben, stets hinter der Bewegung als ihr Nachtrab einherzutrotten, vor einer „Unterschätzung des spontanen Elements der Entwicklung" für alle Zeiten und absolut gesichert sind.

*

Wir haben uns also davon überzeugt, daß der grundlegende Fehler der „neuen Richtung" in der russischen Sozialdemokratie in der Anbetung der Spontaneität besteht, im Nichtbegreifen der Tatsache, daß die Spontaneität der Masse vor uns Sozialdemokraten eine Masse vor Bewußtheit erfordert. Je starker der spontane Aufschwung der Massen ist, je breiter die Bewegung wird, desto schneller, unvergleichlich schneller wächst. das Bedürfnis nach einer Masse vor Bewußtheit sowohl in der theoretischen als auch in der politischen und organisatorischen Arbeit der Sozialdemokratie.

Der spontane Aufschwung der Massen in Rußland ist mit einer solchen Schnelligkeit vor sich gegangen (und geht auch jetzt noch so vor sich), daß die sozialdemokratische Jugend für die Erfüllung dieser gewaltigen Aufgaben nicht genügend geschult war. Diese mangelnde Schulung ist unser allgemeines Unglück, das Unglück *aller* russischen Sozialdemokraten. Der Aufschwung der Massen ist unaufhörlich und kontinuierlich vorwärts und in die Breite gegangen, wobei er dort, wo er begonnen hat, nicht nur nicht aufhört, sondern immer neue Gegenden und neue Bevölkerungsschichten erfaßt (unter dem Einfluß der Arbeiterbewegung ist die Gärung in der studierenden Jugend, in der Intelligenz überhaupt und sogar in der Bauernschaft stärker geworden). Die Revolutionäre aber sind hinter diesem Aufschwung sowohl in ihren „Theorien" als auch in ihrem Wirken *zurückgeblieben*, und es ist ihnen nicht gelungen, eine stetige und kontinuierliche Organisation zu schaffen, die fähig wäre, die ganze Bewegung zu *leiten.*

Im ersten Kapitel haben wir festgestellt, daß das **Rabotscheje Delo** unsere theoretischen Aufgaben herabdrückt und „spontan" das Modeschlagwort „Freiheit der Kritik" wiederholt: diesen Leuten fehlte es an „Bewußtheit", um zu begreifen, daß die Positionen der opportunistischen „Kritiker" und die der Revolutionäre in Deutschland und in Rußland diametral entgegengesetzt sind.

In den weiteren Kapiteln werden wir untersuchen, wie diese Anbetung der Spontaneität auf dem Gebiet der politischen Aufgaben und in der organisatorischen Arbeit der Sozialdemokratie zum Ausdruck gekommen ist.

Fußnoten von Lenin

O. (42) **Über die gegenwärtigen Aufgaben und die Taktik dar russischen Sozialdemokraten,** Genf 1898. Zwei Briefe an die **Rabotschaja Gaseta**, geschrieben im Jahre 1897.

P. (42) Bei seiner Verteidigung fügte das **Rabotscheje Delo** seiner ersten Unwahrheit („wir wissen nicht, von welchen jungen Genossen P.B. Axelrod sprach") eine zweite hinzu, als es in der *Antwort* schrieb: „Seit jener Zeit, in der die Rezension der **Aufgaben** geschrieben wurde, sind bei manchen russischen Sozialdemokraten Tendenzen zu einer ökonomischen Einseitigkeit entstanden oder mehr oder weniger klar hervorgetreten, die im Vergleich zu dem Zustand unserer Bewegung, wie er in den **Aufgaben** (S.9) geschildert ist, einen Schritt rückwärts bedeuten." So heißt es in der **Antwort**, die *im Jahre 1900* erschien. Die erste Nummer des **Rabotscheje Delo** (mit der Rezension) aber erschien *im April 1899*. Ist denn der „Ökonomismus" erst im Jahre 1899 entstanden? Nein, im Jahre 1899 ertönte zum erstenmal der Protest der *russischen* Sozialdemokraten gegen den „Ökonomismus" (der Protest gegen das *Credo*). Der „Ökonomismus" aber entstand, wie das **Rabotscheje Delo** sehr gut weiß, im Jahre 1897, denn W. I-n hatte bereits im *November 1898* (**Listok Rabotnika** Nr.9/10) ein Loblied auf die **Rabotschaja Mysl** gesungen.

Q. (43) Die „Theorie der Stadien" oder die Theorie „des schüchternen Zickzacks" im politischen Kampf kommt zum Beispiel in diesem Artikel folgendermaßen zum Ausdruck: Die politischen Forderungen, die ihrem Charakter nach für ganz Rußland gelten, müssen jedoch in der ersten Zeit" (das ist im August 1900 geschrieben!) „der Erfahrung entsprechen, die die betreffende Arbeiterschicht (sic!) aus dem ökonomischen Kampf gewonnen hat. Nur (!) ausgehend von dieser Erfahrung kann und muß man an die politische Agitation gehen" usw. (S.11). Auf S.4 ruft der Verfasser, der sich gegen die seiner Meinung nach völlig unbegründeten Vorwürfe wegen ökonomistischer Ketzerei wendet, pathetisch aus: „Welcher Sozialdemokrat weiß denn nicht, daß nach der Lehre von Marx und Engels die wirtschaftlichen Interessen der einzelnen Klassen die entscheidende Rolle in der Geschichte spielen und daß *folglich* auch der Kampf des Proletariats für seine wirtschaftlichen Interessen von ausschlaggebender Bedeutung für die Klassenentwicklung und den Befreiungskampf des Proletariats sein muß?" (Hervorgehoben von uns.) Dieses „folglich" ist absolut nicht am Platze, Aus dem Umstand, daß die wirtschaftlichen Interessen eine entscheidende Rolle spielen, ist *keineswegs zu folgern*, daß der wirtschaftliche (= gewerkschaftliche) Kampf von ausschlaggebender Bedeutung sei, denn die wesentlichsten, „entscheidenden" Interessen der Klassen können *nur* durch radikale *politische* Umgestaltungen befriedigt werden; insbesondere kann das grundlegende wirtschaftliche Interesse des Proletariats nur durch eine politische Revolution befriedigt werden, die die Diktatur der Bourgeoisie durch die Diktatur des Proletariats ersetzt. B. Kritschewski wiederholt die Argumentation der „W.W.s der russischen Sozialdemokratie" (die Politik folge der Wirtschaft usw.) und der Bernsteinianer der deutschen Sozialdemokratie (Woltmann z.B. hat gerade mit solchen Argumenten nachzuweisen versucht, die Arbeiten müßten, ehe sie an die politische Revolution denken können, erst einmal „ökonomische Macht" erringen).

R. (44) *Ein Jahr der Verwirrung* – so nannte Mehring das Kapitel seiner **Geschichte der deutschen Sozialdemokratie,** in dem er die Schwankungen und die Unentschlossenheit schildert, die die Sozialisten anfänglich bei der Wahl einer neuen, den neuen Verhältnissen angepaßten „Taktik als Plan" an den Tag legten.

S. (44) Aus dem Leitartikel der **Iskra** Nr.1.

T. (46) Man darf auch nicht vergessen, daß die Gruppe „Befreiung der Arbeit" die Erfahrungen der vorhergegangenen revolutionären Bewegung *verallgemeinerte*, als sie die Frage des Terrors „theoretisch" löste.

III

Trade-unionistische und sozialdemokratische Politik

Beginnen wir wiederum mit einem Lob für das **Rabotscheje Delo**. *Die Enthüllungsliteratur und der proletarische Kampf –*; so betitelte Martynow in Nr.10 des **Rabotscheje Delo** seinen Artikel über die Meinungsverschiedenheiten mit der **Iskra**. „Wir können uns nicht allein auf das Enthüllen der Zustände beschränken, die ihrer (der Arbeiterpartei) Entwicklung im Wege stehen. Wir müssen auch auf die unmittelbaren Tagesinteressen des Proletariats reagieren" (S.63) –; so formulierte er das Wesen dieser Meinungsverschiedenheiten. „Die **Iskra** ... ist faktisch das Organ der revolutionären Opposition, das unsere Zustände, und vor allem die politischen Zustände enthüllt ... Wir aber arbeiten für die Arbeitersache in enger organischer Verbindung mit dem proletarischen Kampf und werden weiter so für sie arbeiten." (**Ebenda.**) Für diese Formulierung muß man Martynow dankbar sein. Sie gewinnt ein hervorragendes allgemeines Interesse, denn sie umfaßt eigentlich nicht nur unsere Meinungsverschiedenheiten mit dem **Rabotscheje Delo**, sondern überhaupt alle Meinungsverschiedenheiten zwischen uns und den „Ökonomisten" in der Frage des politischen Kampfes. Wir haben bereits gezeigt, daß die „Ökonomisten" die „Politik" nicht unbedingt ablehnen, sondern nur ständig von der sozialdemokratischen zur trade-unionistischen Auffassung der Politik abgleiten. Genau dasselbe macht auch Martynow, und darum wollen wir gerade ihn als *Musterbeispiel* für die ökonomistischen Verirrungen in dieser Frage nehmen. Weder die Verfasser der **Sonderbeilage zur Rabotschaja Mysl** oder die Verfasser der Proklamation der „Gruppe der Selbstbefreiung" noch die Verfasser des „ökonomistischen" Briefes in Nr.12 der **Iskra** werden ein Recht haben, sich wegen dieser Wahl über uns zu beklagen –; und das werden wir zu beweisen suchen.

a) Die politische Agitation und ihre Einengung durch die Ökonomisten

Es ist allbekannt, daß die weite Verbreitung und das Erstarken des ökonomischen [A] (55) Kampfes der russischen Arbeiter Hand in Hand ging mit der Schaffung einer „Literatur" der ökonomischen Enthüllungen (Enthüllungen über die Zustände in den Fabriken und den einzelnen Berufen). Der Hauptinhalt der „Flugblätter" bestand in Enthüllungen über die Zustände in den Fabriken, und bald entbrannte unter den Arbeitern eine wahre Leidenschaft für Enthüllungen. Sobald die Arbeiter sich überzeugt hatten, daß ihnen die sozialdemokratischen Zirkel eine neue Art von Flugblättern verschaffen wollen und können, in denen die ganze Wahrheit über ihr elendes Dasein, ihre unerträglich schwere Arbeit und ihre rechtlose Lage enthalten ist, überschütteten sie uns, so darf man sagen, mit Korrespondenzen aus den Betrieben. Diese „Enthüllungsliteratur" rief ungeheure Sensation nicht nur in der Fabrik hervor, deren Zustände in dem betreffenden Flugblatt gegeißelt wurden, sondern auch in allen Fabriken, in denen man irgend etwas über die enthüllten Zustände vernommen hatte. Und da das Elend und die Nöte der Arbeiter verschiedener Betriebe und verschiedener Berufe viel Gemeinsames aufweisen, so fand die „Wahrheit über das Arbeiterleben" bei *allen* begeisterte Zustimmung. Unter den rückständigsten Arbeitern entstand eine wahre Leidenschaft, „sich gedruckt zu sehen", eine edle. Leidenschaft für diese Keimform des Krieges gegen die gesamte heutige Gesellschaftsordnung, die auf Raub und Unterdrückung aufgebaut ist. Und die „Flugblätter" waren in der übergroßen Mehrzahl der Fälle wirklich eine Kriegserklärung, denn die Enthüllungen übten eine furchtbar erregende Wirkung aus und riefen bei den Arbeitern die allgemeine Forderung nach Beseitigung der empörendsten Mißstände sowie die Bereitschaft hervor, diese Forderungen durch Streiks zu unterstützen. Die Fabrikbesitzer selber sahen sich schließlich gezwungen, die Bedeutung dieser Flugblätter als Kriegserklärung so sehr anzuerkennen, daß sie häufig den Krieg selbst gar nicht erst abwarten wollten. Wie stets übten die Enthüllungen allein schon durch ihre Veröffentlichung eine starke Wirkung aus, sie gewannen die Bedeutung eines mächtigen moralischen Druckes. Es geschah öfters, daß schon allein das Erscheinen eines Flugblatts genügte, damit sämtliche oder ein Teil der Forderungen erfüllt wurden. Mit einem Wort, die ökonomischen Enthüllungen (Enthüllungen über die Zustände in den Fabriken) waren und bleiben auch jetzt noch ein wichtiger Hebel im ökonomischen Kampf. Und diese Bedeutung werden sie behalten, solange der Kapitalismus besteht, der notwendigerweise die Selbstverteidigung der Arbeiter hervorruft. In den fortgeschrittensten europäischen Ländern kann man auch jetzt noch beobachten, wie die Enthüllung der Mißstände in irgendeinem zurückgebliebenen „Gewerbe" oder in irgendeinem von allen vergessenen Zweig der Hausarbeit zum Ausgangspunkt für das Erwachen des Klassenbewußtseins, für den Beginn des gewerkschaftlichen Kampfes und der Verbreitung des Sozialismus wird. [B] (55)

Die überwiegende Mehrheit der russischen Sozialdemokraten der letzten Zeit ging fast völlig in dieser Arbeit zur Organisierung von Fabrikenthüllungen auf. Es genügt, an die **Rabotschaja Mysl** zu erinnern, um zu sehen, wie sehr man in dieser Arbeit aufging, wie man dabei vergaß, daß das *an und für sich* eigentlich noch keine sozialdemokratische, sondern nur eine trade-unionistische Tätigkeit war. Die Enthüllungen erfaßten eigentlich nur die Beziehungen der Arbeiter *eines bestimmten Berufes* zu ihren Unternehmern und erreichten nur, daß die Verkäufer der Arbeitskraft lernten, diese „Ware" vorteilhafter zu verkaufen und den Kampf gegen den Käufer auf der Basis einer rein kommerziellen Übereinkunft zu führen. Diese Enthüllungen konnten (unter der Bedingung, daß die Organisation der Revolutionäre sie bis zu einem gewissen Grade ausnutzte) zum Beginn und zu einem Bestandteil der sozialdemokratischen Tätigkeit werden, sie konnten aber auch (und durch die Anbetung der Spontaneität mußten sie es) zu einem „nur-gewerkschaftlichen" Kampf und einer nicht-sozialdemokratischen Arbeiterbewegung führen. Die Sozialdemokratie leitet nicht nur den Kampf der Arbeiterklasse für günstige Bedingungen des Verkaufs ihrer Arbeitskraft, sondern auch den Kampf für die Aufhebung der Gesellschaftsordnung, die die Besitzlosen zwingt, sich an die Reichen zu verkaufen. Die Sozialdemokratie vertritt die Arbeiterklasse nicht nur in ihrem Verhältnis zu einer bestimmten Unternehmergruppe, sondern in ihrem Verhältnis zu allen Klassen der modernen Gesellschaft und zum Staat als der organisierten politischen Macht. Daher ist es begreiflich, daß die Sozialdemokraten sich nicht nur nicht auf den ökonomischen Kampf beschränken können, sondern es auch nicht zulassen dürfen, daß die Organisierung der ökonomischen Enthüllungen zu ihrer hauptsächlichen Tätigkeit werde. Wir müssen die politische Erziehung der Arbeiterklasse, die Entwicklung ihres politischen Bewußtseins aktiv in Angriff nehmen. Damit sind *jetzt*, nach dem ersten Angriff der **Sarja** und der **Iskra** gegen den „Ökonomismus", „alle einverstanden" (manche allerdings nur in Worten, wie wir bald sehen werden).

Es fragt sich nun, worin die politische Erziehung bestehen muß. Kann man sich darauf beschränken, die Idee der Feindschaft der Arbeiterklasse gegen die Selbstherrschaft zu propagieren? Natürlich nicht. Es genügt nicht, die politische Unterdrückung der Arbeiter zu *erklären* (wie es nicht genügte, ihnen den Gegensatz zwischen ihren Interessen und den Interessen der Unternehmer zu *erklären*). Es ist notwendig, jede konkrete Erscheinung dieser Unterdrückung für die Agitation auszunutzen (so wie wir die konkreten Erscheinungen der ökonomischen Unterdrückung für die Agitation ausgenutzt haben). Und da die verschiedensten Gesellschaftsklassen unter *dieser* Unterdrückung zu leiden haben, da sie auf den verschiedensten Lebens- und Tätigkeitsgebieten, dem beruflichen, dem allgemein-bürgerlichen, dem persönlichen, dem der Familie, dem religiösen, dem wissenschaftlichen usw. usw., in Erscheinung tritt, ist es da nicht klar, daß wir *unsere Aufgabe*, das politische Bewußtsein der Arbeiter zu entwickeln, *nicht erfüllen werden*, wenn *wir* es nicht *übernehmen*, die *allseitige politische Entlarvung* der Selbstherrschaft zu organisieren? Ist es doch, um die konkreten Erscheinungen der Unterdrückung für die Agitation auszunutzen, notwendig, diese Erscheinungen zu enthüllen (wie man die Mißstände in den Fabriken enthüllen mußte, um ökonomische Agitation zu treiben).

Man sollte meinen, das sei klar. Aber gerade hier zeigt sich, daß „alle" nur in Worten die *allseitige* Entwicklung des. politischen Bewußtseins als notwendig betrachten. Gerade hier stellt es sich heraus, daß das **Rabotscheje Delo** zum Beispiel nicht nur die Aufgabe ablehnte, allseitige politische Enthüllungen zu organisieren (oder den Anfang damit zu machen), sondern daß es sogar versuchte, die **Iskra** *zurückzuzerren*, die diese Aufgabe übernommen hatte. Man höre: „Der politische Kampf der Arbeiterklasse ist nur" (eben nicht nur) „die entwickeltste, umfassendste und realste Form des ökonomischen Kampfes" (*Programm des* **Rabotscheje Delo, Rabotscheje Delo** Nr.1, S.3). „Jetzt stehen die Sozialdemokraten vor der Aufgabe: Wie ist dem eigentlichen ökonomischen Kampf nach Möglichkeit politischer Charakter zu verleihen?" (Martynow in Nr.10, S.42.) „Der ökonomische Kampf ist das weitest anwendbare Mittel zur Einbeziehung der Massen in den aktiven politischen Kampf" (*Resolution der Konferenz des Auslandsbundes und „Abänderungsanträge"*: **Zwei Konferenzen**, S.11 und 17). Von all diesen Thesen ist, wie der Leser sieht, das **Rabotscheje Delo** vom ersten Tage seines Bestehens an bis zu den letzten *Instruktionen für die Redaktion* durchdrungen, und sie alle bringen offensichtlich ein und dieselbe Ansicht über die politische Agitation und den politischen Kampf zum Ausdruck. Man prüfe diese Ansicht vom Standpunkt der bei allen „Ökonomisten" herrschenden Meinung, daß die politische Agitation der ökonomischen *nachfolgen* müsse. Ist es richtig, daß der ökonomische Kampf im allgemeinen [C] (55) „das weitest anwendbare Mittel" zur Einbeziehung der Massen in den politischen Kampf ist? Das ist absolut unrichtig. Ein nicht weniger „weit anwendbares" Mittel zu einer solchen „Einbeziehung" sind *alle möglichen* Erscheinungen der polizeilichen Unterdrückung und der Willkür der Selbstherrschaft, keineswegs aber nur die Erscheinungen, die mit dem ökonomischen Kampf verknüpft sind. Die Landeshauptleute und die Prügelstrafen für Bauern, die Bestechlichkeit der Beamten und die Behandlung des „gemeinen Volks" in den Städten durch die Polizei, der Kampf gegen die Hungernden und das Kesseltreiben gegen das Streben des Volkes nach Licht und Wissen, die Zwangseintreibung der Abgaben und die Verfolgungen der Sektierer, das Drillen der Soldaten und die Kasernenhofmethoden bei der Behandlung der Studenten und liberalen Intellektuellen –; warum sollen alle diese und tausend andere ähnliche Erscheinungen der Unterdrückung, die nicht unmittelbar mit dem „ökonomischen" Kampf verknüpft sind, *weniger* „weit anwendbare" Mittel und Anlässe der politischen Agitation, der Einbeziehung der Massen in den politischen Kampf darstellen? Ganz im Gegenteil: Von all den Fällen, in denen der Arbeiter unter Rechtlosigkeit, Willkür und Gewalt zu leiden hat (weil sie ihn oder ihm nahestehende Personen betreffen), sind zweifellos die Fälle der polizeilichen Unterdrückung gerade im gewerkschaftlichen Kampf nur eine geringe Minderheit. Warum also von vornherein den Umfang der politischen Agitation *einengen*, indem man für „weitest anwendbar" nur *eines* der Mittel erklärt, neben dem es für einen Sozialdemokraten andere geben muß, die, allgemein gesprochen, nicht weniger „weit anwendbar" sind?

In längst, längst vergangenen Zeiten (vor einem Jahre!...) schrieb das **Rabotscheje Delo**: „Die nächsten politischen Forderungen werden den Massen nach einem oder im äußersten Falle nach einigen Streiks zugänglich", „sobald die Regierung von Polizei und Gendarmerie Gebrauch macht" (Nr.7, S.15, *August* 1900). Diese opportunistische Stadientheorie wird jetzt vom Auslandsbund bereits abgelehnt, der uns ein Zugeständnis macht, indem er erklärt: „Es besteht gar keine Notwendigkeit, die politische Agitation von Anfang an nur auf ökonomischem Boden zu betreiben" (**Zwei Konferenzen**, S.11). Der künftige Geschichtsschreiber der russischen Sozialdemokratie wird allein aus dem Umstand, daß der „Auslandsbund" einen Teil, seiner alten Fehler abschwört, besser als aus langen Erörterungen sehen, wie sehr unsere „Ökonomisten" den Sozialismus degradiert haben! Aber welche Naivität von seiten des Auslandsbundes, anzunehmen, daß dieser Verzicht auf *eine* Form der Einengung der Politik uns bewegen könnte, mit einer anderen Form der Einengung einverstanden zu sein! Wäre es nicht logischer, auch hier zu sagen, daß der ökonomische Kampf in möglichst breitem Umfang geführt, daß er stets für die politische Agitation ausgenützt werden muß, daß jedoch „gar keine Notwendigkeit besteht", den ökonomischen Kampf als das *weitest* anwendbare Mittel zur Einbeziehung der Massen in den aktiven politischen Kampf zu betrachten?

Der Auslandsbund mißt dem Umstand Bedeutung bei, daß er den Ausdruck „das beste Mittel", der in der entsprechenden Resolution der 4. Konferenz des Jüdischen Arbeiterverbandes („Bund") enthalten ist, durch den Ausdruck „das weitest anwendbare Mittel" ersetzt hat. Uns fällt es wahrhaftig schwer, zu sagen, welche von den beiden Resolutionen besser ist: unserer

Meinung nach sind *beide schlechter*. Sowohl der Auslandsbund als auch der „Bund" gleiten hier (zum Teil vielleicht sogar unbewußt, unter dem Einfluß der Tradition) zur ökonomistischen, trade-unionistischen Auslegung der Politik ab. Ob das nun mittels des Wortes „beste" oder der Worte „weitest anwendbar" geschieht, ändert nichts am Wesen der Sache. Würde der Auslandsbund sagen, daß „die politische Agitation auf ökonomischem Boden" das weitest angewandte (und nicht „anwendbare") Mittel sei, so hätte er in bezug auf eine bestimmte Periode in der Entwicklung unserer sozialdemokratischen Bewegung recht. Namentlich hätte er in bezug auf die *„Ökonomisten"*, in bezug auf viele Praktiker (wenn nicht auf die Mehrheit von ihnen) der Jahre 1898 bis 1901 recht, denn diese „ökonomistischen" Praktiker haben tatsächlich die politische Agitation *fast ausschließlich auf ökonomischem Boden angewandt* (soweit sie sie überhaupt angewandt haben!). Eine *solche* politische Agitation haben, wie wir sahen, sowohl die **Rabotschaja Mysl** als auch die „Gruppe der Selbstbefreiung" anerkannt und sogar empfohlen! Das **Rabotscheje Delo** hätte *entschieden verurteilen* müssen, daß die nützliche ökonomische Agitation von einer schädlichen Einengung des politischen Kampfes begleitet war; anstatt dessen erklärt es aber das (*von den Ökonomisten"*) weitest *angewandte* Mittel für das weitest *anwendbare!* Wenn wir nun diese Leute „Ökonomisten" nennen, so ist es kein Wunder, daß ihnen nichts anderes übrigbleibt, als uns nach allen Regeln der Kunst zu beschimpfen, uns „Mystifikatoren", „Desorganisatoren", „päpstliche Nuntien" und „Verleumder" [D] (55) zu nennen, bei allen und jedem darüber zu jammern, daß man sie tödlich beleidigt habe, und beinah unter Eid zu versichern: „Keine einzige sozialdemokratische Organisation kann jetzt des ‚Ökonomismus' beschuldigt werden" [E] (55). Ach, diese Verleumder, diese bösen…Politiker! Ob sie nicht den ganzen „Ökonomismus" absichtlich ausgeheckt haben, nur aus ihrem Menschenhaß, um den Leuten tödliche Beleidigungen zuzufügen?

Welchen konkreten, realen Sinn hat es im Munde Martynows, wenn er der Sozialdemokratie die Aufgabe stellt: „Dem eigentlichen ökonomischen Kampf ist politischer Charakter zu verleihen"? Der ökonomische Kampf ist ein kollektiver Kampf der Arbeiter gegen die Unternehmer für günstige Bedingungen des *Verkaufs der Arbeitskraft*, für die Verbesserung der Arbeits- und Lebensbedingungen der Arbeiter. Dieser Kampf ist notwendigerweise ein beruflicher Kampf, da die Arbeitsbedingungen in den verschiedenen Berufen äußerst verschieden sind und folglich der Kampf um die *Verbesserung* dieser Bedingungen nach Berufen (im Westen durch die Gewerkschaften, in Rußland durch provisorische gewerkschaftliche Vereinigungen und durch Flugblätter usw.) geführt werden muß. „Dem eigentlichen ökonomischen Kampf politischen Charakter" verleihen heißt folglich die Durchsetzung derselben gewerkschaftlichen Forderungen, derselben gewerkschaftlichen Verbesserung der Arbeitsbedingungen durch „gesetzgebende und administrative Maßnahmen" (wie sich Martynow auf der nächsten Seite, auf Seite 43 seines Artikels, ausdrückt) anstreben. Das eben tun alle gewerkschaftlichen Arbeiterverbände und haben es stets getan. Man werfe einen Blick in die Werke des gründlich gelehrten (und „gründlich" opportunistischen) Ehepaars Webb, und man wird sehen, daß die englischen Arbeiterverbände schon seit langem die Aufgabe, „dem eigentlichen ökonomischen Kampf politischen Charakter zu verleihen", erkannt haben und verwirklichen; daß sie schon seit langem für Streikfreiheit, für die Beseitigung aller rechtlichen Behinderungen der genossenschaftlichen und gewerkschaftlichen Bewegung, für Gesetze zum Schutz der Frauen und Kinder, für die Verbesserung der Arbeitsbedingungen mittels der Hygiene- und Fabrikgesetzgebung usw. kämpfen.

So verbirgt sich hinter der pompösen Phrase „dem *eigentlichen* ökonomischen Kampf politischen Charakter verleihen", die „schrecklich" tiefgründig und revolutionär klingt, eigentlich nur das traditionelle Bestreben, die sozialdemokratische Politik zu einer trade-unionistischen Politik zu *degradieren!* Unter dem Vorwand, die Einseitigkeit der **Iskra**, die angeblich „die Revolutionierung des Dogmas über die Revolutionierung des Lebens" [F] (55) stellt, korrigieren zu wollen, tischt man uns *den Kampf für ökonomische Reformen* als etwas Neues auf. In Wirklichkeit steckt hinter dem Satz „dem eigentlichen ökonomischen Kampf politischen Charakter verleihen" absolut nichts außer dem Kampf um ökonomische Reformen. Und Martynow hätte selbst zu diesem simplen Schluß gelangen können, wenn er sich die Bedeutung seiner eigenen Worte richtig klargemacht hätte. „Unsere Partei", sagt er und führt sein schwerstes Geschütz gegen die **Iskra** auf, „könnte und müßte konkrete Forderungen nach gesetzgeberischen und administrativen Maßnahmen gegen die wirtschaftliche Ausbeutung, gegen die Arbeitslosigkeit, gegen die Hungersnot usw. an die Regierung stellen." (S.42/43 in Nr.10 des **Rabotscheje Delo**.) Konkrete Forderungen nach Maßnahmen –; ist das etwa keine Forderung nach sozialen Reformen? Und wir fragen die unvoreingenommenen Leser noch einmal, ob wir die Rabotschedelenzen (man verzeihe mir dieses plumpe, jetzt oft gebrauchte Wort!) dadurch verleumden, daß wir sie verkappte Bernsteinianer nennen, wenn sie die These von der Notwendigkeit des Kampfes für ökonomische Reformen als ihre *Meinungsverschiedenheit* mit der **Iskra** hinstellen?

Die revolutionäre Sozialdemokratie hat den Kampf für Reformen stets in ihre Tätigkeit eingeschlossen und tut das auch heute. Aber sie bedient sich der „ökonomischen" Agitation, um an die Regierung nicht nur die Forderung nach allen möglichen Maßnahmen zu stellen, sondern auch (und vor allem) die Forderung, daß sie auf höre, eine autokratische Regierung zu sein. Außerdem hält sie es für ihre Pflicht, der Regierung diese Forderung *nicht nur* auf dem Boden des ökonomischen Kampfes zu stellen, sondern auch überhaupt auf dem Boden aller Erscheinungen des sozialen und politischen Lebens. Mit einem Wort, wie der Teil dem Ganzen untergeordnet ist, ordnet sie den Kampf für Reformen dem revolutionären Kampf für Freiheit und Sozialismus unter. Martynow aber läßt in anderer Form die Stadientheorie wiederauferstehen und ist bemüht, dem politischen Kampf unbedingt einen sozusagen ökonomischen Weg der Entwicklung vorzuschreiben. Indem er in der Zeit eines revolutionären Aufschwungs mit der angeblich besonderen „Aufgabe" des Kampfes für Reformen auftritt, zerrt er die Partei nach rückwärts und arbeitet sowohl dem „ökonomistischen" als auch dem liberalen Opportunismus in die Hände.

Weiter. Nachdem Martynow den Kampf für Reformen hinter der hochtrabenden These „dem eigentlichen ökonomischen Kampf politischen Charakter verleihen" schamhaft verborgen hatte, hob er als etwas Besonderes *einzig und allein ökonomische Reformen* (und sogar nur Fabrikreformen) hervor. Warum er das tat, wissen wir nicht. Vielleicht versehentlich? Aber hätte er nicht nur „Fabrik"reformen im Auge, dann würde seine ganze eben von uns angeführte These jeden Sinn verlieren. Vielleicht, weil er „Zugeständnisse" der Regierung nur auf ökonomischem Gebiet für möglich und wahrscheinlich hält? [G] (55) Wenn ja, dann ist das eine seltsame Verirrung: Zugeständnisse sind möglich und gibt es auch auf dem Gebiet der Gesetzgebung über die Prügelstrafe, über das Paßwesen, über die Ablösegelder, über die Sekten, über die Zensur usw. usf. „Ökonomische" Zugeständnisse (oder Scheinzugeständnisse) sind für die Regierung freilich am billigsten und vorteilhaftesten, denn sie hofft dadurch den Arbeitermassen Vertrauen zur Regierung einzuflößen. Aber gerade darum *dürfen* wir Sozialdemokraten auf *keinen* Fall die Ansicht (oder das Mißverständnis) aufkommen lassen, als seien uns ökonomische Reformen lieber, als würden wir sie für besonders wichtig halten usw. „Solche Forderungen", sagt Martynow über die vorher von ihm aufgestellten konkreten Forderungen nach gesetzgeberischen und administrativen Maßnahmen, „wären kein leerer Schall, weil sie gewisse greifbare Resultate verheißen und somit von der Arbeitermasse aktiv unterstützt werden könnten..." Wir sind keine „Ökonomisten", o nein! Wir liegen nur vor der „Greifbarkeit" konkreter Resultate ebenso sklavisch auf dem Bauch wie die Herren Bernstein, Prokopowitsch, Struve, R.M. und tutti quanti! Wir geben nur (zusammen mit Narziß Tuporylow) zu verstehen, daß alles, was keine „greifbaren Resultate verheißt", „leerer Schall" sei! Wir drücken uns nur so aus, als wäre die Arbeitermasse unfähig (und als hätte sie nicht schon, ungeachtet derjenigen, die ihr Philistertum auf sie abwälzen wollen, ihre Fähigkeit bewiesen), *jeden* Protest gegen die Selbstherrschaft aktiv zu unterstützen, auch wenn *er ihr absolut keine greifbaren Resultate verheißt!*

Nehmen wir z.B. dieselben, gerade von Martynow angeführten Beispiele von „Maßnahmen" gegen die Arbeitslosigkeit und die Hungersnot. In der Zeit, in der das **Rabotscheje Delo**, seinem Versprechen nach zu urteilen, sich damit befaßt, „konkrete" (in der Form von Gesetzentwürfen?) „Forderungen nach gesetzgeberischen und administrativen Maßnahmen", die „greifbare Resultate verheißen", aufzustellen und auszuarbeiten –; in dieser Zeit war die **Iskra**, die

„unentwegt die Revolutionierung des Dogmas über die Revolutionierung des Lebens stellt“, bemüht, den untrennbaren Zusammenhang zwischen der Arbeitslosigkeit und dem gesamten kapitalistischen System zu erklären, warnte sie vor der „kommenden Hungersnot“, brandmarkte sie den polizeilichen „Kampf gegen die Hungernden“ und die empörenden „provisorischen Zuchthausbestimmungen“, in dieser Zeit veröffentlichte die **Sarja** in einem Sonderdruck den die Hungersnot behandelnden Teil ihrer „Innerpolitischen Rundschau“ als Agitationsbroschüre. Aber, du lieber Gott, wie „einseitig“ waren dabei die unverbesserlich engstirnigen Orthodoxen, die Dogmatiker, die für die Gebote „des Lebens“ taube Ohren haben! In allen ihren Artikeln gab es –; o Schrecken! –; *keine einzige*, kann man sich das vorstellen: aber auch nicht eine einzige „konkrete Forderung“, die „greifbare Resultate verheißt“! Unglückselige Dogmatiker! Man sollte sie zu den Kritschewski und Martynow in die Lehre schicken, damit diese sie davon überzeugen, daß die Taktik ein Prozeß des Wachsens, das wächst usw., sei und daß man dem **eigentlichen** ökonomischen Kampf politischen Charakter verleihen müsse!

„Der ökonomische Kampf der Arbeiter gegen die Unternehmer und gegen die Regierung“ („der *ökonomische* Kampf gegen die Regierung“!!) „hat außer seiner unmittelbaren revolutionären Bedeutung noch die Bedeutung, daß er die Arbeiter ständig auf die Frage ihrer politischen Rechtlosigkeit stößt.“ (Martynow, S.44.) Wir haben dieses Zitat nicht nachgeschrieben, um zum hundertsten und tausendsten Male das schon oben Gesagte zu wiederholen, sondern um Martynow unseren besonderen Dank auszusprechen für diese neue und ausgezeichnete Formulierung: „Der ökonomische Kampf der Arbeiter gegen die Unternehmer und gegen die Regierung.“ Wie prächtig! Mit welch unnachahmlichem Talent, mit welch meisterhafter Eliminierung aller partiellen Meinungsverschiedenheiten und Unterschiede in der Schattierung, die es unter den „Ökonomisten“ gibt, ist hier in einem kurzen und klaren Satz das *ganze Wesen* des „Ökonomismus“ dargelegt, von der Aufforderung an die Arbeiter „zum politischen Kampf, den sie im gemeinsamen Interesse führen, um der Verbesserung der Lage aller Arbeiter willen“ [H] (55), über die Stadientheorie bis zur Konferenzresolution über die „weiteste Anwendbarkeit“ usw. Der „ökonomische Kampf gegen die Regierung“ ist eben die trade-unionistische Politik, von der es bis zur sozialdemokratischen Politik noch sehr, sehr weit ist.

Fußnoten von Lenin

A. (49) Um Mißverständnisse zu vermeiden, wollen wir bemerken, daß wir in der weiteren Darlegung unter ökonomischem Kampf (dem bei uns üblichen Wortgebrauch gemäß) stets den „praktisch-ökonomischen Kampf" verstehen, den Engels in dem oben angeführten Zitat als „Widerstand gegen die Kapitalisten" bezeichnet und der in freien Ländern gewerkschaftlicher, syndikaler oder trade-unionistischer Kampf heißt.

B. (50) In diesem Kapitel sprechen wir nur vom *politischen* Kampf, von einer weiteren oder engeren Auffassung dieses Kampfes. Darum sei nur nebenbei, einfach als Kuriosum, auf die vom **Rabotscheje Delo** erhobene Anklage hingewiesen, die **Iskra** lege „übermäßige Zurückhaltung" gegen den ökonomischen Kampf an den Tag (**Zwei Konferenzen**, S.27, aufgewärmt von Martynow in seiner Broschüre **Die Sozialdemokratie und die Arbeiterklasse**). Wollten die Herren Ankläger den Teil, den die **Iskra** jährlich dem ökonomischen Kampf widmet, in Zentnern oder in Druckbogen messen (wie sie es so gern tun) und ihn mit der entsprechenden Rubrik im **Rabotscheje Delo** und in der **Rabotschaja Mysl** zusammengenommen vergleichen, so würden sie leicht sehen, daß sie sogar in dieser Beziehung zurückbleiben. Anscheinend zwingt sie die Erkenntnis dieser einfachen Wahrheit, zu Argumenten Zuflucht zu nehmen, die ihre Verlegenheit klar erkennen lassen. „Die **Iskra**", schreiben sie, „muß (!), ob sie will oder nicht (!), den gebieterischen Forderungen des Lebens Rechnung tragen und zumindest (!!) Zuschriften über die Arbeiterbewegung bringen." (**Zwei Konferenzen**, S.27.) Wahrhaftig ein Argument, das uns vernichtet!

C. (51) Wir sagen „im allgemeinen", denn es handelt sich im **Rabotscheje Delo** eben um die allgemeinen Prinzipien und die allgemeinen Aufgaben der gesamten Partei. Zweifellos gibt es in der Praxis Fälle, in denen die Politik tatsächlich der Wirtschaft folgen *muß*, aber davon in einer Resolution zu sprechen, die für ganz Rußland bestimmt ist, das bringen nur die „Ökonomisten" fertig. Es gibt doch auch Fälle, wo die politische Agitation „von Anfang an" „nur auf ökonomischer Grundlage" getrieben werden *kann*, und trotzdem ist das **Rabotscheje Delo** schließlich zu der Überzeugung gelangt, daß hierfür „gar keine Notwendigkeit besteht" (**Zwei Konferenzen**, S.11). Im nächsten Kapitel werden wir zeigen, daß die Taktik der „Politiker" und Revolutionäre die gewerkschaftlichen Aufgaben der Sozialdemokratie nicht nur nicht ignoriert, sondern im Gegenteil, daß nur sie deren konsequente Durchführung *gewährleistet*.

D. (52) Wörtlich in der Broschüre **Zwei Konferenzen**, S.31, 32, 28 und 30.

E. (52) **Zwei Konferenzen**, S.32.

F. (52) **Rabotscheje Delo**, Nr.10, S.60. Das ist die Martynowsche Variante der schon oben von uns gekennzeichneten Anwendung der These „Jeder Schritt wirklicher Bewegung ist wichtiger als ein Dutzend Programme" auf den heutigen, chaotischen Zustand unserer Bewegung. In Wirklichkeit ist das nur die Übersetzung des berüchtigten Bernsteinschen Satzes: „Die Bewegung ist alles, das Endziel nichts" ins Russische.

G. (53) S.43: „Natürlich, wenn wir den Arbeitern empfehlen, bestimmte ökonomische Forderungen an die Regierung zu stellen, so tun wir es, weil die autokratische Regierung auf *ökonomischem* Gebiet notgedrungen bereit ist, gewisse Zugeständnisse zu machen."

H. (54) **Rabotschaja Mysl**, „Sonderbeilage", S.14.

b) Die Geschichte darüber, wie Plechanow von Martynow vertieft wurde

„Wieviel sozialdemokratische Lomonossows sind doch bei uns in letzter Zeit aufgetaucht!" bemerkte einmal ein Genosse und meinte damit die erstaunliche Neigung vieler zum „Ökonomismus" neigenden Leute, unbedingt „aus eigenem Verstand" zu erhabenen Wahrheiten zu gelangen (wie z.B. zu der, daß der ökonomische Kampf die Arbeiter auf die Frage ihrer Rechtlosigkeit stößt) und dabei mit der dem urwüchsigen Genie eigenen großartigen Verachtung all das zu ignorieren, was die vorangegangene Entwicklung des revolutionären Denkens und der revolutionären Bewegung bereits hervorgebracht hat. Und ein so urwüchsiges Talent ist Lomonossow-Martynow. Man werfe einen Blick in seinen Artikel *Aktuelle Fragen* und man wird sehen, wie er „aus eigenem Verstand" an das *herankommt*, was bereits vor langer Zeit von Axelrod (über den sich unser Lomonossow natürlich völlig ausschweigt) gesagt wurde, wie er zum Beispiel zu verstehen *beginnt*, daß wir die oppositionelle Haltung dieser oder jener Schichten der Bourgeoisie nicht ignorieren dürfen (**Rabotscheje Delo** Nr.9, S.61, 62, 71, vgl. mit der *Antwort* der Redaktion des **Rabotscheje Delo** an Axelrod, S.22, 23/24) usw. Aber – leider! – er „kommt nur heran", er „beginnt nur", und nicht mehr als das, denn die Gedanken Axelrods hat er trotzdem noch so wenig begriffen, daß er vom „ökonomischen Kampf gegen die Unternehmer und gegen die Regierung" spricht. Drei Jahre lang (1898-1901) hat das **Rabotscheje Delo** Anstrengungen gemacht, um Axelrod zu begreifen, und… hat ihn dennoch nicht begriffen! Vielleicht kommt das auch daher, daß die Sozialdemokratie, „gleich der Menschheit", sich immer nur Aufgaben stellt, die sie lösen kann?

Aber die Lomonossow zeichnen sich nicht nur dadurch aus, daß sie vieles nicht wissen (das wäre nur das halbe Übel!), sondern auch dadurch, daß sie sich ihrer eigenen Ignoranz nicht bewußt sind. Das ist schon ein wirkliches Übel, und dieses Übel bringt sie dazu, sich so ohne weiteres an die „Vertiefung" Plechanows zu machen.

> Seit der Zeit, da Plechanow das genannte Buch schrieb (**Über die Aufgaben der Sozialisten im Kampf gegen die Hungersnot in Rußland**), ist viel Wasser ins Meer geflossen #8211; erzählt Lomonossow-Martynow. – Die Sozialdemokraten, die zehn Jahre lang den ökonomischen Kampf der Arbeiterklasse geleitet haben…, sind noch nicht dazu gekommen, der Parteitaktik eine umfassende theoretische Begründung zu geben. Jetzt ist diese Frage herangereift, und wollten wir eine solche theoretische Begründung geben, so müßten wir unbedingt die Prinzipien der Taktik bedeutend vertiefen, die Plechanow einst entwickelte… Wir müßten jetzt den Unterschied zwischen Propaganda und Agitation anders definieren, als es Plechanow getan hat. (Martynow hat soeben die Worte Plechanows angeführt: ‚Der Propagandist vermittelt viele Ideen an eine oder mehrere Personen, der Agitator aber vermittelt nur eine oder nur wenige Ideen, dafür aber vermittelt er sie einer ganzen Menge von Personen.') Unter Propaganda würden wir die revolutionäre Beleuchtung der gesamten gegenwärtigen Gesellschaftsordnung oder ihrer Teilerscheinungen verstehen, unabhängig davon, ob das in einer Form geschieht, die dem einzelnen oder der breiten Masse zugänglich ist. Unter Agitation im strengen Sinne des Wortes (sic!) würden wir verstehen: den Appell an die Massen zu bestimmten konkreten Aktionen, die Förderung der unmittelbaren revolutionären Einmischung des Proletariats in das öffentliche Leben.

Wir beglückwünschen die russische – und auch die internationale – Sozialdemokratie zu der neuen, exakteren und tieferen, Martynowschen Terminologie. Bisher waren wir (zusammen mit Plechanow sowie mit allen Führern der internationalen Arbeiterbewegung) der Meinung, daß der Propagandist zum Beispiel bei der Behandlung der Frage der Arbeitslosigkeit die kapitalistische Natur der Krisen erklären, die Ursache ihrer Unvermeidlichkeit in der modernen

Gesellschaft aufzeigen, die Notwendigkeit der Umwandlung dieser Gesellschaft in eine sozialistische darlegen muß usw. Mit einem Wort, er muß „viele Ideen" vermitteln, so viele, daß sich nur (verhältnismäßig) wenige Personen alle diese Ideen in ihrer Gesamtheit sofort zu eigen machen werden. Der Agitator hingegen, der über die gleiche Frage spricht, wird das allen seinen Hörern bekannteste und krasseste Beispiel herausgreifen – z.B. den Hungertod einer arbeitslosen Familie, die Zunahme der Bettelei usw. – und wird alle seine Bemühungen darauf richten, auf Grund dieser allen bekannten Tatsache der „Masse" *eine Idee* zu vermitteln: die Idee von der Sinnlosigkeit des Widerspruchs zwischen der Zunahme des Reichtums und der Zunahme des Elends, er wird bemüht sein, in der Masse Unzufriedenheit und Empörung über diese schreiende Ungerechtigkeit zu *wecken*, während er die restlose Erklärung des Ursprungs dieses Widerspruchs dem Propagandisten überlassen wird. Der Propagandist wirkt darum hauptsächlich durch das *gedruckte*, der Agitator durch das *gesprochene* Wort. Vom Propagandisten werden nicht die gleichen Eigenschaften verlangt wie vom Agitator. Kautsky und Lafargue werden wir zum Beispiel als Propagandisten bezeichnen, Bebel und Guesde als Agitatoren. Ein drittes Gebiet oder eine dritte Funktion der praktischen Tätigkeit schaffen zu wollen, nämlich „den Appell an die Massen zu bestimmten konkreten Aktionen", ist der größte Unsinn, denn der „Appell" als einzelner Akt ist entweder die natürliche und unumgängliche Ergänzung sowohl des theoretischen Traktats und der propagandistischen Broschüre als auch der Agitationsrede, oder er stellt eine rein ausführende Funktion dar. In der Tat, man betrachte zum Beispiel den jetzigen Kampf der deutschen Sozialdemokraten gegen die Kornzölle. Die Theoretiker schreiben Untersuchungen über die Zollpolitik mit dem „Appell", sagen wir, für Handelsverträge und Handelsfreiheit zu kämpfen; der Propagandist tut das gleiche in der Zeitschrift, der Agitator in öffentlichen Reden. Die „konkreten Aktionen" der Masse sind in diesem Fall die Unterschriften unter die Petitionen an den Reichstag, in denen verlangt wird, die Kornzölle nicht zu erhöhen. Der Appell zu diesen Aktionen geht mittelbar von den Theoretikern, Propagandisten und Agitatoren aus und unmittelbar von den Arbeitern, die in den Fabriken und in Wohnungen Unterschriften sammeln. Nach der „Martynowschen Terminologie" wären also Kautsky und Bebel Propagandisten, die Unterschriftensammler – Agitatoren, nicht wahr?

Bei dem Beispiel der Deutschen fällt mir das deutsche Wort „Verballhornung" ein. Johann Ballhorn war ein Lübecker Verleger aus dem 16. Jahrhundert; er gab eine Fibel heraus, in der er, wie üblich, auch eine Zeichnung brachte, auf der ein Hahn abkonterfeit war; nur sah man auf dem Bilde statt des gewöhnlichen Hahns mit Sporen an den Füßen einen Hahn ohne Sporen, dafür aber lagen neben ihm ein paar Eier. Und auf dem Umschlag der Fibel vermerkte er: „*Verbesserte* Ausgabe von Johann Ballhorn". Seitdem bezeichnen die Deutschen eine „Verbesserung", die in Wirklichkeit eine Verschlechterung ist, als Verballhornung. Und unwillkürlich fällt einem Ballhorn ein, wenn man sieht, wie die Martynow einen Plechanow „vertiefen"...

Zu welchem Zweck hat unser Lomonossow dieses Durcheinander „erfunden"? Um zu illustrieren, daß die **Iskra** „ihr Augenmerk nur auf die eine Seite der Sache richtet, ebenso wie es Plechanow schon vor anderthalb Jahrzehnten getan hat" (39). „Bei der **Iskra** werden, wenigstens für die Gegenwart, die Aufgaben der Agitation durch die Aufgaben der Propaganda in den Hintergrund gedrängt." (52.) Übersetzt man diesen letzten Satz aus der Martynowschen in eine menschliche Sprache (denn die Menschheit ist noch nicht so weit, daß sie sich die neuentdeckte Terminologie zu eigen gemacht hat), so erhält man folgendes: Bei der **Iskra** wird die Aufgabe, „an die Regierung konkrete Forderungen nach gesetzgeberischen und administrativen Maßnahmen zu stellen", „die gewisse greifbare Resultate verheißen" (oder Forderungen nach sozialen Reformen, wenn es erlaubt ist, einmal noch die alte Terminologie der bisherigen Menschheit zu gebrauchen, die das Martynowsche Niveau noch nicht erreicht hat), durch die Aufgaben der politischen Propaganda und der politischen Agitation in den Hintergrund gedrängt. Wir stellen dem Leser anheim, diese Behauptung mit folgender Tirade zu vergleichen:

Was uns an diesen Programmen (den Programmen der revolutionären Sozialdemokraten) in Staunen setzt, ist auch die Tatsache, daß sie ständig die Vorzüge des Wirkens der Arbeiter im (bei uns nicht bestehenden) Parlament in den Vordergrund schieben, während sie (infolge ihres revolutionären Nihilismus) völlig ignorieren, wie wichtig es ist, daß die Arbeiter an den bei uns bestehenden gesetzgebenden Versammlungen der Fabrikanten zur Regelung der Fabrikangelegenheiten teilnehmen.., oder daß die Arbeiter wenigstens an der städtischen Selbstverwaltung teilnehmen...

Der Urheber dieser Tirade bringt etwas direkter, klarer und offener denselben Gedanken zum Ausdruck, zu dem Lomonossow-Martynow aus eigenem Verstand gelangt ist. Dieser Verfasser aber ist R.M. aus der **Sonderbeilage zur Rabotschaja Mysl** (S.15).

c) Die politischen Enthüllungen und die „Erziehung zur revolutionären Aktivität"

Als Martynow der **Iskra** seine „Theorie" von der „Steigerung der Aktivität der Arbeitermasse" entgegenstellte, offenbarte er in Wirklichkeit das Bestreben, diese Aktivität *herabzudrücken*, denn als das den Vorzug verdienende, besonders wichtige, „weitest anwendbare" Mittel zur Erweckung dieser Aktivität und als das Feld dieser Aktivität erklärte er denselben ökonomischen Kampf, den auch alle „Ökonomisten" sklavisch anbeteten. Dieser Irrtum ist darum so charakteristisch, weil er keineswegs Martynow allein eigen ist. In Wirklichkeit aber kann die „Steigerung der Aktivität der Arbeitermasse" *nur* dann erreicht werden, wenn wir uns *nicht beschränken* auf die „politische Agitation auf ökonomischem Boden". Eine der Grundbedingungen für die notwendige Erweiterung der politischen Agitation ist aber die Organisierung *allseitiger* politischer Enthüllungen. Anders als durch diese Enthüllungen *kann* das politische Bewußtsein und die revolutionäre Aktivität der Massen *nicht* herangebildet werden. Darum ist diese Art Tätigkeit eine der wichtigsten Funktionen der gesamten internationalen Sozialdemokratie, denn auch die politische Freiheit beseitigt keineswegs die Sphäre, auf die diese Enthüllungen gerichtet sind, sondern verschiebt sie nur. Zum Beispiel ist es besonders die deutsche Partei, die gerade dank der ungeschwächten Energie ihrer politischen Enthüllungskampagne ihre Positionen festigt und ihren Einfluß erweitert. Das Bewußtsein der Arbeiterklasse kann kein wahrhaft politisches sein, wenn die Arbeiter nicht gelernt haben, auf *alle* und *jegliche* Fälle von Willkür und Unterdrückung, von Gewalt und Mißbrauch zu reagieren, *welche Klassen* diese Fälle auch betreffen mögen, und eben vom sozialdemokratischen und nicht von irgendeinem anderen Standpunkt aus zu reagieren. Das Bewußtsein der Arbeitermassen kann kein wahrhaftes Klassenbewußtsein sein, wenn die Arbeiter es nicht an konkreten und dazu unbedingt an brennenden (aktuellen) politischen Tatsachen und Ereignissen lernen, *jede* andere Klasse der Gesellschaft in *allen* Erscheinungsformen des geistigen, moralischen und politischen Lebens dieser Klassen zu beobachten; wenn sie es nicht lernen, die materialistische Analyse und materialistische Beurteilung *aller* Seiten der Tätigkeit und des Lebens *aller* Klassen, Schichten und Gruppen der Bevölkerung in der Praxis anzuwenden. Wer die Aufmerksamkeit, die Beobachtungsgabe und das Bewußtsein der Arbeiterklasse ausschließlich oder auch nur vorwiegend auf . sie selber lenkt, der ist kein Sozialdemokrat, denn die Selbsterkenntnis der Arbeiterklasse ist untrennbar verbunden mit der absoluten Klarheit nicht nur der theoretischen... sogar richtiger gesagt: nicht so sehr der theoretischen als vielmehr der durch die Erfahrung des politischen Lebens erarbeiteten Vorstellungen von den Wechselbeziehungen *aller* Klassen der modernen Gesellschaft. Darum eben ist die Predigt unserer „Ökonomisten", daß der ökonomische Kampf das weitest anwendbare Mittel zur Einbeziehung der Massen in die politische Bewegung sei, so überaus schädlich und ihrer praktischen Bedeutung nach so überaus reaktionär. Um Sozialdemokrat zu werden, muß der Arbeiter eine klare Vorstellung haben von dem ökonomischen Wesen und dem sozialen und politischen Gesicht des Gutsbesitzers und des Pfaffen, des hohen Beamten und des Bauern, des Studenten und des Lumpenproletariers, muß er ihre starken und schwachen Seiten kennen, muß er sich in den landläufigen Phrasen und all den Sophistereien auskennen, mit denen jede Klasse und jede Schicht ihre egoistischen Neigungen und ihr wahres „Innere" *verhüllt*, muß er sich darin auskennen, welche Institutionen und welche Gesetze diese oder jene Interessen zum Ausdruck bringen und in welcher Weise sie es tun. Diese „klare Vorstellung" aber kann aus keinem Buche gewonnen werden; sie kann uns nur durch lebendige Bilder aus dem Leben und durch Enthüllungen gegeben werden, die auf frischer Spur alles fixieren, was im gegebenen Moment um uns herum vor sich geht, wovon jedermann auf seine Art spricht oder wenigstens flüstert, was in bestimmten Ereignissen, in bestimmten Zahlen, in bestimmten Gerichtsurteilen usw. usw. seinen Ausdruck, findet. Diese allseitigen politischen Enthüllungen sind die notwendige und die *wichtigste* Vorbedingung für die Erziehung der Massen zur revolutionären Aktivität.

Warum zeigt der russische Arbeiter noch so wenig seine revolutionäre Aktivität in bezug auf die bestialische Behandlung des Volkes durch die Polizei, in bezug auf die Verfolgungen der Sektierer, die Mißhandlungen der Bauern, das Wüten der Zensur, - die Soldatenschindereien, die Verfolgung selbst der harmlosesten kulturellen Bestrebungen usw.? Darum etwa, weil ihn der „ökonomische Kampf" nicht da rauf „stößt", weil ihm das keine „greifbaren Resultate verheißt" und wenig „Positives" gibt? Nein, eine solche Ansicht ist, wie gesagt, nichts anderes als der Versuch, die eigene Schuld anderen in die Schuhe zu schieben, das eigene Philistertum (alias Bernsteinianertum) auf die Arbeitermasse abzuwälzen. Wir müssen es uns selbst, unserem Zurückbleiben hinter der Bewegung der Massen zuschreiben, daß wir es noch nicht verstanden haben, genügend umfassende, aufrüttelnde, rasche Enthüllungen all dieser Schandtaten zu organisieren. Tun wir das (und wir können und müssen es tun), so wird auch der unentwickeltste Arbeiter verstehen *oder fühlen*, daß der Student und der Sektierer, der Bauer und der Schriftsteller von derselben finsteren Macht verhöhnt und mißhandelt werden, die ihn selber auf Schritt und Tritt unterdrückt, und sobald er das fühlt, wird er von dem Willen, unwiderstehlich von dem Willen beseelt werden, auch selbst zu reagieren, wird es dann verstehen, heute den Zensoren Katzenmusik zu machen, morgen vor dem Hause des Gouverneurs. der einen Bauernaufstand unterdrückt hat, zu demonstrieren übermorgen den Gendarmen im Priesterrock, die die Arbeit der Heiligen Inquisition verrichten, eine Lektion zu erteilen usw. Wir haben noch sehr wenig, fast nichts getan, um schnell allseitige Enthüllungen unter die Arbeitermassen zu *bringen*. Vielen von uns ist diese ihre *Pflicht* noch gar nicht zum Bewußtsein gekommen, sie trotten spontan hinter dem „unscheinbaren Tageskampf" im engen Rahmen des Fabriklebens einher. Bei dieser Sachlage sagen: „Die **Iskra** hat die Tendenz, die Bedeutung der Vorwärtsbewegung des unscheinbaren Tageskampfes im Vergleich zur Propaganda glänzender und vollendeter Ideen herabzusetzen" (Martynow, S.61), heißt die Partei zurückzerren, heißt unsere mangelnde Vorbereitung, unsere Rückständigkeit verteidigen und preisen.

Was den Appell an die Massen zur Aktion betrifft, so wird das von selbst kommen, sobald es eine energische politische Agitation, lebendige und aufrüttelnde Enthüllungen geben wird. Jemand auf frischer Tat ertappen und ihn sofort vor aller Welt brandmarken – das wirkt schon an sich besser als jeder „Appell", das wirkt oft so, daß man nachher nicht mehr feststellen kann, wer eigentlich an die Menge „appelliert" und wer eigentlich diesen oder jenen Plan der Demonstration vorgeschlagen hat usw. Appellieren – nicht im allgemeinen, sondern im konkreten Sinne des Wortes – kann man nur am Ort der Handlung, appellieren kann nur, wer selber und sofort mitmacht. Unsere Sache, die Sache der sozialdemokratischen Publizisten, aber ist es, die politischen Enthüllungen und die politische Agitation zu vertiefen, zu erweitern und zu verstärken.

Beiläufig, über die „Appelle". Das *einzige Organ*, das *vor* den Frühjahrsereignissen an die Arbeiter *appellierte*, sich aktiv in eine solche dem Arbeiter absolut keine *greifbaren Resultate verheißende* Frage einzumischen wie die Zwangsrekrutierung von Studenten, *war die* **Iskra**. Sofort nach Veröffentlichung der Verfügung vom 11. Januar über die „Zwangsrekrutierung von 183 Studenten" brachte die **Iskra** einen Artikel darüber (Nr.2, Februar), und noch *bevor* irgendwelche Demonstrationen stattgefunden hatten, *appellierte* sie direkt „an den Arbeiter, dem Studenten zu Hilfe zu kommen", appellierte sie an das „Volk", eine offene Antwort auf die freche Herausforderung der Regierung zu geben. Wir fragen jedermann: Wie und wodurch ist der bedeutsame Umstand zu erklären, daß Martynow, der soviel von „Appellen" spricht und die „Appelle" sogar zu einem besonderen Tätigkeitsgebiet macht, kein Wort über *diesen* Appell gesagt hat? Und ist es nach alldem nicht Philistertum, wenn Martynow die **Iskra** für *einseitig* erklärt, da sie nicht genügend „Appelle" zum Kampf um Forderungen bringe, die „greifbare Resultate verheißen"?

Unsere „Ökonomisten", darunter auch das **Rabotscheje Delo**, hatten Erfolg, weil sie den unentwickelten Arbeitern nach dem Munde redeten. Aber der sozialdemokratische Arbeiter, der revolutionäre Arbeiter (und die Zahl dieser Arbeiter wächst beständig), wird all diese Erörterungen über den Kampf um Forderungen, die „greifbare Resultate verheißen" usw., mit Empörung von sich weisen, denn er versteht, daß das nur neue Lesarten des alten Liedchens von der Kopeke Zulage pro Rubel sind. Ein solcher Arbeiter wird zu seinen Ratgebern aus der

Rabotschaja Mysl und dem **Rabotscheje Delo** sagen: Wozu die nutzlose Geschäftigkeit, meine Herren, ihr mischt euch allzu eifrig in Dinge ein, mit denen wir allein fertig werden, und drückt euch vor der Erfüllung eurer wirklichen Pflichten. Es ist doch ganz und gar nicht klug, wenn ihr sagt, es sei Aufgabe der Sozialdemokraten, dem eigentlichen ökonomischen Kampf politischen Charakter zu verleihen; das ist nur der Anfang, und nicht darin besteht die Hauptaufgabe der Sozialdemokraten, denn in der ganzen Welt, darunter auch in Rußland, *beginnt die Polizei oft selbst*, dem ökonomischen Kampf politischen Charakter zu *verleihen*, und die Arbeiter lernen selber begreifen, auf welcher Seite die Regierung steht. [I] (62) Wird doch der „ökonomische Kampf der Arbeiter gegen die Unternehmer und gegen die Regierung" – von dem ihr so tut, als wäre, er ein von euch entdecktes Amerika – überall in den entlegensten Ecken und Enden Rußlands von den Arbeitern selber geführt, die wohl von Streiks, aber fast nichts vom Sozialismus gehört haben. Ist doch unter uns, den Arbeitern, die ihr alle unterstützen wollt, indem ihr konkrete, greifbare Resultate verheißende Forderungen formuliert, diese „Aktivität" bereits vorhanden, und wir selber stellen in unserer täglichen gewerkschaftlichen Kleinarbeit diese konkreten Forderungen häufig ohne jede Hilfe der Intellektuellen auf. Aber eine *solche* Aktivität genügt uns nicht; wir sind keine Kinder, die man mit dem Brei der „ökonomischen" Politik allein abspeisen kann; wir wollen all das wissen, was auch die anderen wissen, wir wollen *alle* Seiten des politischen Lebens gründlich kennenlernen und *aktiv* an jedem politischen Geschehnis teilnehmen. Dazu ist es notwendig, daß die Intellektuellen uns weniger das wiederholen, was wir schon selber wissen [J] (62), dafür aber uns mehr davon vermitteln, was wir noch nicht wissen, was wir aus unserer Fabrikerfahrung und „ökonomischen" Erfahrung nie lernen können, nämlich: politisches Wissen. Dieses Wissen könnt ihr, Intellektuelle, erwerben, und ihr seid *verpflichtet*, es uns in hundert- und tausendfach größerem Ausmaß zu übermitteln, als ihr es bis jetzt getan habt, und zwar nicht nur in der Form von Abhandlungen, Broschüren und Artikeln (die oft – entschuldigt unsere Offenheit! – etwas langweilig sind), sondern unbedingt in der Form von lebendigen *Enthüllungen* dessen, was gerade jetzt unsere Regierung und unsere herrschenden Klassen auf allen Lebensgebieten tun. Erfüllt lieber eifriger diese eure Pflicht und *sprecht weniger von der „Steigerung der Aktivität der Arbeitermasse"*. Wir besitzen viel mehr Aktivität, als ihr glaubt, und wir verstehen es, durch offenen, durch Straßenkampf sogar solche Forderungen zu unterstützen, die keine „greifbaren Resultate" verheißen! Und nicht an euch ist es, unsere Aktivität „zu steigern", denn *gerade euch selber mangelt es an Aktivität*. Betet weniger die Spontaneität an und denkt mehr an die Steigerung *eurer* Aktivität, ihr Herren!

———————————————

Fußnoten von Lenin

I. (61) Die Forderung, „dem eigentlichen ökonomischen Kampf politischen Charakter zu verleihen", bringt die *Anbetung der Spontaneität* auf dem Gebiet der politischen Tätigkeit besonders klar zum Ausdruck. Der ökonomische Kampf nimmt fast immer *spontan*, das heißt ohne Einmischung „des revolutionären Bazillus, der Intelligenz", ohne Einmischung der zielbewußten Sozialdemokraten politischen Charakter an. Politischen Charakter hat zum Beispiel auch, ohne jede Beteiligung der Sozialisten, der ökonomische Kampf der Arbeiterschaft in England angenommen. Die Aufgabe der Sozialdemokraten aber erschöpft sich nicht in der politischen Agitation auf ökonomischem Boden, ihre Aufgabe ist es, diese trade-unionistische Politik in einen sozialdemokratischen politischen Kampf zu *verwandeln*, die Funken politischen Bewußtseins, die der ökonomische Kampf in den Arbeitern entstehen läßt, *auszunutzen*, um die Arbeiter auf das Niveau des *sozialdemokratischen* politischen Bewußtseins zu *heben*. Anstatt aber das spontan erwachende politische Bewußtsein zu heben und vorwärtszubringen, machen die Martynow einen *Kotau vor der Spontaneität* und versichern immer wieder bis zum Erbrechen, daß der ökonomische Kampf die Arbeiter auf die Frage ihrer politischen Rechtlosigkeit „stößt". Schlimm ist es, ihr Herren, daß dieses spontane Erwachen des trade-unionistischen politischen Bewußtseins euch nicht auf die Frage eurer sozialdemokratischen Aufgaben „*stößt*„.

J. (61) Zur Bestätigung dessen, daß wir uns diese ganze Rede der Arbeiter an die „Ökonomisten" nicht ohne Grund ausgedacht haben, wollen wir uns auf zwei Zeugen berufen, die zweifellos die Arbeiterbewegung unmittelbar kennen und die am wenigsten geneigt sein dürften, eine Vorliebe für uns „Dogmatiker" zu hegen, denn der eine Zeuge ist ein „Ökonomist" (der sogar das **Rabotscheje Delo** für ein politisches Organ hält!), der andere ein Terrorist. Der erste Zeuge ist der Verfasser des durch seine Wahrhaftigkeit und Lebendigkeit bemerkenswerten Artikels „Die Petersburger Arbeiterbewegung und die praktischen Aufgaben der Sozialdemokratie" in Nr.6 des **Rabotscheje Delo**. Er teilt die Arbeiter in 1. bewußte Revolutionäre, 2. eine Zwischenschicht und 3. die übrige Masse. Und die Zwischenschicht „interessiert sich oft mehr für die Fragen des politischen Lebens als für ihre nächsten wirtschaftlichen Interessen, deren Zusammenhang mit den allgemeinen sozialen Verhältnissen längst begriffen worden ist..." Die **Rabotschaja Mysl** „wird scharf kritisiert": „Immer dasselbe, längst bekannt, längst gelesen", „die politische Übersicht enthält wieder nichts" (S.30/31). Aber sogar die dritte Schicht, „die sensiblere, jüngere, durch Wirtshaus und Kirche weniger demoralisierte Arbeitermasse, die fast nie die Möglichkeit hat, sich ein Buch politischen Inhalts zu verschaffen, legt sich die Erscheinungen des politischen Lebens schlecht und recht aus, wenn sie über die fragmentarischen Berichte von Studentenunruhen usw. nachdenkt". Der Terrorist aber schreibt: „Ein-, zweimal werden die Details aus dem Fabrikleben in verschiedenen fremden Städten gelesen, und dann hört man damit auf... Es ist langweilig... In einer Arbeiterzeitung nicht vom Staate reden..., heißt den Arbeiter als Wickelkind behandeln... Der Arbeiter ist kein Wickelkind." (**Swoboda**, herausgegeben von der revolutionär-sozialistischen Gruppe, S.69 und 70.)

d) Was hat der Ökonomismus mit dem Terrorismus gemein?

Weiter oben haben wir in der Fußnote einen „Ökonomisten" und einen nichtsozialdemokrati-schen Terroristen konfrontiert; sie haben sich zufällig als solidarisch erwiesen. Doch allgemein gesprochen, besteht zwischen dem einen und dem anderen nicht ein zufälliger, sondern ein not-wendiger innerer Zusammenhang, auf den wir weiter unten noch zurückkommen werden und der gerade bei der Frage der Erziehung zur revolutionären Aktivität erwähnt werden muß. Die „Ökonomisten" und die heutigen Terroristen haben eine gemeinsame Wurzel: das ist eben jene *Anbetung der Spontaneität*, von der wir im vorigen Kapitel als von einer allgemeinen Erscheinung gesprochen haben und die wir jetzt hinsichtlich ihres Einflusses auf die politische Tätigkeit und den politischen Kampf betrachten. Auf den ersten Blick mag unsere Behauptung paradox erscheinen: so groß ist scheinbar der Unterschied zwischen Leuten, die den „unscheinbaren Ta-geskampf" hervorheben, und Leuten, die zum selbstlosesten Kampf einzelner Personen aufrufen. Aber das ist nicht paradox. Die „Ökonomisten" und die Terroristen sind Anbeter verschiedener Pole der spontanen Richtung: die „Ökonomisten" – der Spontaneität der „reinen Arbeiterbe-wegung", die Terroristen – der Spontaneität der leidenschaftlichsten Empörung der Intellektu-ellen, die es nicht verstehen oder nicht die Möglichkeit haben, die revolutionäre Arbeit mit der Arbeiterbewegung zu einem Ganzen zu verbinden. Wer den Glauben an diese Möglichkeit verloren oder nie besessen hat, dem fällt es tatsächlich schwer, für seine Empörung und seine revolutionäre Energie einen anderen Ausweg zu finden als den Terror. So ist die Anbetung der Spontaneität bei beiden von uns genannten Richtungen nichts anderes als der *Anfang zur Ver-wirklichung* des berühmten Programms des *Credo*: Die Arbeiter führen ihren „ökonomischen Kampf gegen die Unternehmer und gegen die Regierung" (der Verfasser des *Credo* mag uns verzeihen, daß wir seine Gedanken mit den Worten Martynows ausdrücken! Wir glauben dazu berechtigt zu sein, denn auch im *Credo* ist davon die Rede, daß die Arbeiter in ihrem öko-nomischen Kampf „mit dem politischen Regime zusammenstoßen") – die Intellektuellen aber führen den politischen Kampf aus eigenen Kräften, natürlich mit Hilfe des Terrors! Das ist ei-ne vollkommen logische und unvermeidliche *Schlußfolgerung*, auf der man bestehen muß, *wenn auch diejenigen*, die dieses Programm auszuführen beginnen, sich der Unvermeidlichkeit dieser Schlußfolgerung *selber nicht bewußt geworden sind*. Die politische Tätigkeit hat ihre Logik, die unabhängig vom Bewußtsein derer ist, die mit den besten Vorsätzen entweder zum Terror auf-fordern oder dazu, dem eigentlichen ökonomischen Kampf politischen Charakter zu verleihen. Mit guten Vorsätzen ist der Weg zur Hölle gepflastert, und in diesem Falle retten die guten Vorsätze noch nicht vor dem spontanen Sichtreibenlassen auf der „Linie des geringsten Wi-derstands", der Linie des *rein bürgerlichen* Programms des *Credo*. Auch der Umstand ist nicht zufällig, daß viele russische Liberale – die offenen Liberalen und diejenigen, die eine marxisti-sche Larve tragen – von ganzem Herzen mit dem Terror sympathisieren und bemüht sind, den Aufschwung der terroristischen Stimmungen im gegenwärtigen Zeitpunkt zu fördern.

Als nun die „revolutionär-sozialistische Gruppe Swoboda" entstand, die sich ja gerade die Aufgabe stellte, die Arbeiterbewegung in jeder Beziehung zu fördern, jedoch den Terror *in das Programm* mit aufnahm und sich sozusagen von der Sozialdemokratie emanzipierte, da bestä-tigte diese Tatsache ein übriges Mal die glänzende Voraussicht P.B. Axelrods, der *schon Ende 1897* dieses Resultat der Schwankungen in der Sozialdemokratie *ganz genau voraussagte (Über die gegenwärtigen Aufgaben und die Taktik)* und seine berühmten „zwei Perspektiven" entwarf: Alle späteren Auseinandersetzungen und Meinungsverschiedenheiten zwischen den russischen Sozialdemokraten sind bereits, wie die Pflanze im Samenkorn, in diesen beiden Perspektiven enthalten. [K] (65)

Von diesem Standpunkt aus gesehen, wird es auch klar, warum das **Rabotscheje Delo**, das der Spontaneität des „Ökonomismus" nicht widerstand, auch der Spontaneität des Terrorismus nicht widerstehen konnte. Es ist sehr interessant, hier auf die besondere Argumentation zur Ver-teidigung des Terrors hinzuweisen, die die **Swoboda** vorgebracht hat. Die einschüchternde Rolle des Terrors wird von ihr „völlig verneint" (**Die Wiedergeburt des Revolutionismus**, S.64), dafür aber schiebt sie die „exzitierende (aufrüttelnde) Bedeutung" des Terrors in den Vordergrund. Das ist charakteristisch, erstens als eines der Zersetzungs- und Zerfallsstadien jenes traditionellen (vorsozialdemokratischen) Ideenkreises, der zwangsläufig die Beibehaltung des Terrors forderte. Anerkennen, daß man jetzt die Regierung durch den Terror nicht „einschüchtern" – und folglich nicht desorganisieren – kann, heißt im Grunde genommen, den Terror als Kampfsystem, als ein durch das Programm sanktioniertes Tätigkeitsgebiet völlig verurteilen. Zweitens ist das noch charakteristischer als Musterbeispiel des mangelnden Verständnisses für unsere dringenden Aufgaben bei „der Erziehung der Massen zur revolutionären Aktivität". Die **Swoboda** propagiert den Terror als Mittel, die Arbeiterbewegung „aufzurütteln", ihr einen „starken Anstoß" zu geben. Man kann sich schwerlich eine Argumentation vorstellen, die sich selbst anschaulicher widerlegte! Gibt es denn, fragt man sich, im russischen Leben noch zu wenig Schändlichkeiten, daß man besondere „aufrüttelnde" Mittel erfinden muß? Und anderseits, wer selbst durch die in Rußland herrschende Willkür nicht auf gerüttelt wird und nicht aufzurütteln ist, der wird offenbar auch dem Zweikampf zwischen der Regierung und einem Häuflein von Terroristen ruhig zusehen und „die Daumen drehen". Das ist es ja gerade, daß die Arbeitermassen durch die Niederträchtigkeiten des russischen Lebens sehr stark auf gerüttelt werden, wir verstehen es nur nicht, alle jene Tropfen und Rinnsale der Volkserregung zu sammeln und – wenn man so sagen darf – zu konzentrieren, die aus dem russischen Leben in unermeßlich größerer Menge hervorquellen, als wir alle es uns vorstellen und glauben, die aber zu *einem* gewaltigen Strom vereinigt werden müssen. Daß das eine realisierbare Aufgabe ist, wird unwiderleglich durch das mächtige Anwachsen der Arbeiterbewegung und den oben bereits festgestellten Heißhunger der Arbeiter nach politischer Literatur bewiesen. Die Aufforderungen zum Terror jedoch, ebenso wie die Aufforderungen, dem eigentlichen ökonomischen Kampf politischen Charakter zu verleihen, stellen verschiedene Formen des *Sichdrückens* vor der dringendsten Pflicht der russischen Revolutionäre dar: die allseitige politische Agitation zu organisieren. Die **Swoboda** will die Agitation durch den Terror *ersetzen*, sie erklärt offen, daß, „wenn eine verstärkte, energische Agitation in den Massen einsetzt, seine exzitierende (aufrüttelnde) Rolle ausgespielt ist" (**Die Wiedergeburt des Revolutionismus**, S.68). Das zeigt eben, daß sowohl die Terroristen als auch die „Ökonomisten" die revolutionäre Aktivität der Massen *unterschätzen,* und dies ungeachtet der klaren Beweise, die die Frühjahrsereignisse [L] (65) geliefert haben, wobei die einen nach künstlichen „aufrüttelnden Mitteln" suchen, die anderen von „konkreten Forderungen" sprechen. Sowohl die einen wie die anderen schenken der Entfaltung *ihrer eigenen Aktivität* auf dem Gebiet der politischen Agitation und der Organisation der politischen Enthüllungen nicht genügend Aufmerksamkeit. Es ist aber weder jetzt noch zu irgendeiner anderen Zeit möglich, diese Aktivität durch irgend etwas anderes zu *ersetzen.*

K. (63) Martynow „stellt sich ein anderes, realeres (?) Dilemma vor" (**Die Sozialdemokratie und die Arbeiterklasse**, 19): „Entweder übernimmt die Sozialdemokratie die unmittelbare Leitung des ökonomischen Kampfes des Proletariats und verwandelt ihn dadurch (!) in den revolutionären Klassenkampf…" „Dadurch" heißt augenscheinlich durch die unmittelbare Leitung des ökonomischen Kampfes. Soll uns Martynow zeigen, wo es jemals gelungen wäre, *allein* durch die Leitung des gewerkschaftlichen Kampfes eine trade-unionistische Bewegung in eine revolutionäre Klassenbewegung zu verwandeln. Begreift er denn nicht, daß wir zu dieser „Verwandlung" die „unmittelbare Leitung" der *allseitigen* politischen Agitation aktiv in die Hand nehmen müssen?… „Oder die andere Perspektive: Die Sozialdemokratie hält sich abseits von der Leitung des ökonomischen Kampfes der Arbeiter und… stutzt sich damit selbst die Flügel…" Nach der oben angeführten Meinung des **Rabotscheje Delo** ist es die **Iskra**, die „sich abseits hält". Aber wir haben gesehen, daß die **Iskra** für die Leitung des ökonomischen Kampfes *viel mehr* tut *als das* **Rabotscheje Delo**, wobei sie sich darauf nicht beschränkt und um dieser Sache willen ihre politischen Aufgaben *nicht einengt*.

L. (64) Es handelt sich um das Frühjahr *1901*, in dem die großen Straßendemonstrationen begannen. (Anmerkung des Verfassers zur Ausgabe von 1907. *Die Red.*)

e) Die Arbeiterklasse als der Vorkämpfer der Demokratie

Wir haben gesehen, daß die umfassendste politische Agitation und folglich auch die Organisierung allseitiger politischer Enthüllungen die unbedingt notwendige und *allerdringendste* Aufgabe der Arbeit ist, wenn sie eine wahrhaft sozialdemokratische Arbeit sein soll. Doch diese Schlußfolgerung haben wir gezogen, ausgehend *allein* von dem dringendsten Bedürfnis der Arbeiterklasse nach politischem Wissen und politischer Erziehung. Indes wäre diese Problemstellung allein zu eng, sie würde die allgemein demokratischen Aufgaben jeder Sozialdemokratie schlechthin und der heutigen russischen Sozialdemokratie insbesondere außer acht lassen. Um diesen Satz möglichst konkret zu erläutern, wollen wir versuchen, an die Frage von der Seite heranzugehen, die dem „Ökonomisten" „am nächsten" liegt, nämlich der praktischen Seite. „Alle sind damit einverstanden", daß es notwendig ist, das politische Bewußtsein der Arbeiterklasse zu entwickeln. Es fragt sich, *wie* das getan werden muß und was erforderlich ist, um es zu tun. Der ökonomische Kampf „stößt" die Arbeiter nur auf Fragen, die das Verhältnis der Regierung zur Arbeiterklasse betreffen, und *wie sehr wir uns auch abmühen mögen* mit der Aufgabe, „dem eigentlichen ökonomischen Kampf politischen Charakter zu verleihen", wir würden es *nie zustande bringen*, im Rahmen dieser Aufgabe das politische Bewußtsein der Arbeiter (bis zur Höhe des sozialdemokratischen politischen Bewußtseins) zu entwickeln, denn *dieser Rahmen selbst ist zu eng*. Die Martynowsche Formel ist für uns keineswegs deshalb von Wert, weil sie Martynows Fähigkeit, die Dinge durcheinanderzubringen, illustriert, sondern weil sie den Grundirrtum aller „Ökonomisten" plastisch zum Ausdruck bringt, nämlich die Überzeugung, daß man das politische Klassenbewußtsein der Arbeiter aus ihrem ökonomischen Kampf sozusagen *von innen heraus* entwickeln könne, d.h. ausgehend allein (oder zumindest hauptsächlich) von diesem Kampf, basierend allein (oder zumindest hauptsächlich) auf diesem Kampf. Eine solche Auffassung ist grundfalsch – und eben weil die „Ökonomisten", die uns wegen der gegen sie geführten Polemik zürnen, über den Ursprung der Meinungsverschiedenheiten nicht ordentlich nachdenken wollen, ergibt es sich, daß wir einander buchstäblich nicht verstehen, daß wir verschiedene Sprachen sprechen.

Das politische Klassenbewußtsein kann dem Arbeiter *nur von außen* gebracht werden, das heißt aus einem Bereich außerhalb des ökonomischen Kampfes, außerhalb der Sphäre der Beziehungen zwischen Arbeitern und Unternehmern. Das Gebiet, aus dem allein dieses Wissen geschöpft werden kann, sind die Beziehungen *aller* Klassen und Schichten zum Staat und zur Regierung, sind die Wechselbeziehungen zwischen *sämtlichen* Klassen. Deshalb darf man auf die Frage: Was ist zu tun, um den Arbeitern politisches Wissen zu vermitteln? – nicht allein die Antwort geben, mit der sich in den meisten Fällen die Praktiker begnügen – von den Praktikern, die zum „Ökonomismus" neigen, ganz zu schweigen –, nämlich die Antwort: „Zu den Arbeitern gehen". Um den *Arbeitern* politisches Wissen zu vermitteln, müssen die Sozialdemokraten *in alle Klassen der Bevölkerung gehen*, müssen sie die Abteilungen ihrer Armee *in alle Richtungen* aussenden.

Wir wählen absichtlich eine so schroffe Formulierung, drücken uns absichtlich vereinfacht kraß aus, nicht etwa aus dem Wunsch heraus, Paradoxa zu sagen, sondern um die „Ökonomisten" gehörig auf die Aufgaben „zu stoßen", die sie in unverzeihlicher Weise vernachlässigen, auf den Unterschied zwischen trade-unionistischer und sozialdemokratischer Politik, den sie nicht verstehen wollen. Darum bitten wir den Leser, sich nicht zu ereifern und uns aufmerksam bis zu Ende anzuhören.

Man nehme einen sozialdemokratischen Zirkel von dem Typus, wie er in den letzten Jahren am meisten verbreitet war, und betrachte seine Arbeit. Er hat „Verbindungen mit Arbeitern" und gibt sich damit zufrieden, er gibt Flugblätter heraus, in denen die Mißstände in den Fabriken, die Begünstigung der Kapitalisten durch die Regierung und die Gewalttaten der Polizei gegeißelt werden; gewöhnlich geht in den Versammlungen die Unterhaltung mit den Arbeitern nie oder fast nie über den Rahmen der gleichen Themen hinaus; Referate und Aussprachen über die Geschichte der revolutionären Bewegung, über die Innen- und Außenpolitik unserer

Regierung, über Fragen der wirtschaftlichen Entwicklung Rußlands und Europas und über die Stellung der verschiedenen Klassen in der modernen Gesellschaft usw. sind eine überaus große Seltenheit; niemand denkt daran, systematisch Verbindungen in anderen Gesellschaftsklassen anzuknüpfen und sie auszubauen. Im Grunde genommen schwebt den Mitgliedern eines solchen Zirkels in den meisten Fällen als Ideal eines Funktionärs viel eher so etwas wie der Sekretär einer Trade-Union vor als der sozialistische politische Führer. Denn der Sekretär einer beliebigen, beispielsweise englischen Trade-Union hilft den Arbeitern stets, den ökonomischen Kampf zu führen, organisiert Fabrikenthüllungen, erläutert die Ungerechtigkeit von Gesetzen und Maßnahmen, die die Streikfreiheit und die Aufstellung von Streikposten (um jedermann zur Kenntnis zu bringen, daß in dem betreffenden Betrieb gestreikt wird) behindern, klärt über die Voreingenommenheit der Schiedsrichter auf, die den bürgerlichen Klassen des Volkes angehören usw. usf. Mit einem Wort, jeder Sekretär einer Trade-Union führt „den ökonomischen Kampf gegen die Unternehmer und gegen die Regierung" und hilft ihn führen. Man kann nicht genug betonen, daß *das noch nicht* Sozialdemokratismus ist, daß das Ideal eines Sozialdemokraten nicht der Sekretär einer Trade-Union, sondern der *Volkstribun* sein muß, der es versteht, auf alle Erscheinungen der Willkür und Unterdrückung zu reagieren, wo sie auch auftreten mögen, welche Schicht oder Klasse sie auch betreffen mögen, der es versteht, an allen diesen Erscheinungen das Gesamtbild der Polizeiwillkür und der kapitalistischen Ausbeutung zu zeigen, der es versteht, jede Kleinigkeit zu benutzen, um *vor aller Welt* seine sozialistischen Überzeugungen und seine demokratischen Forderungen darzulegen, um *allen* und jedermann die welthistorische Bedeutung des Befreiungskampfes des Proletariats klarzumachen. Man vergleiche zum Beispiel solche Männer wie Robert Knight (bekannter Sekretär und Führer des Verbandes der Kesselschmiede, einer der mächtigsten englischen Trade-Unions) und Wilhelm Liebknecht, und man versuche auf sie jene Gegenüberstellung anzuwenden, in die Martynow seine Meinungsverschiedenheit mit der **Iskra** faßt. Man wird sehen – ich beginne Martynows Artikel durchzublättern –, daß R. Knight viel mehr „an die Massen den Appell zu gewissen konkreten Aktionen" richtete (39), während W. Liebknecht sich viel mehr „mit der revolutionären Beleuchtung des ganzen bestehenden Regimes oder seiner Teilerscheinungen" befaßte (38/39); daß R. Knight „die nächsten Forderungen des Proletariats formulierte und auf die Mittel zu ihrer Verwirklichung hinwies" (41), während W. Liebknecht, der dies auch tat, nicht darauf verzichtete, „gleichzeitig die aktive Tätigkeit der verschiedenen oppositionellen Schichten zu leiten" und „ihnen ein positives Aktionsprogramm zu diktieren" [M] (75) (41); daß R. Knight bestrebt war, eben „nach Möglichkeit dem eigentlichen ökonomischen Kampf politischen Charakter zu verleihen" (42), und es ausgezeichnet verstand, „an die Regierung konkrete Forderungen zu stellen, die gewisse greifbare Resultate verheißen" (43), während W. Liebknecht sich viel mehr mit „einseitigen" „Enthüllungen" (40) befaßte; daß R. Knight der „Vorwärtsbewegung des unscheinbaren Tageskampf es" (61), W. Liebknecht aber „der Propaganda glänzender und vollendeter Ideen" mehr Bedeutung beimaß (61); daß W. Liebknecht aus der von ihm geleiteten Zeitung gerade „das Organ der revolutionären Opposition" machte, „das unsere Zustände enthüllt, vor allem die politischen Zustände, soweit sie mit den Interessen der verschiedensten Bevölkerungsschichten kollidieren" (63), während R. Knight „für die Arbeitersache in enger organischer Verbindung mit dem proletarischen Kampf arbeitete" (63) – wenn man „die enge und organische Verbindung" im Sinne jener Anbetung der Spontaneität versteht, wie wir sie oben an den Beispielen Kritschewskis und Martynows untersucht haben – und „die Sphäre seiner Einwirkung einengte", weil er natürlich ebenso wie Martynow davon überzeugt war, daß er „dadurch die Einwirkung selber komplizierte" (63). Kurz und gut, man wird sehen, daß Martynow. de facto die Sozialdemokratie zum Trade-Unionismus degradiert, obgleich er das natürlich keineswegs deshalb tut, weil er etwa der Sozialdemokratie nicht das Beste wünscht, sondern einfach, weil er sich ein wenig beeilt hat, Plechanow zu vertiefen, anstatt sich die Mühe zu machen, Plechanow zu verstehen.

Doch kehren wir zu unserer Darstellung zurück. Wir haben gesagt, daß ein Sozialdemokrat, der nicht nur in Worten für die Notwendigkeit einer allseitigen Entwicklung des politischen

Bewußtseins des Proletariats eintritt, „in alle Klassen der Bevölkerung gehen" muß. Es entstehen die Fragen: Wie ist das zu machen? Haben wir die Kräfte dazu? Ist der Boden für eine solche Arbeit in allen übrigen Klassen vorhanden? Wird das nicht eine Preisgabe des Klassenstandpunkts bedeuten oder zu einer Preisgabe des Klassenstandpunkts führen? Gehen wir auf diese Fragen ein.

„In alle Klassen der Bevölkerung gehen" müssen wir sowohl als Theoretiker und als Propagandisten wie auch als Agitatoren und als Organisatoren. Daß die theoretische Arbeit der Sozialdemokraten auf das Studium aller Besonderheiten der sozialen und der politischen Lage der einzelnen Klassen gerichtet sein muß, daran zweifelt niemand. Doch wird in dieser Hinsicht herzlich wenig getan, unverhältnismäßig wenig im Vergleich zu der Arbeit, die auf das Studium der Besonderheiten des Fabriklebens verwendet wird. In den Komitees und Zirkeln kann man Leute antreffen, die sich sogar in das Spezialstudium irgendeines Zweiges der Eisenproduktion vertiefen, aber man kann fast keine Beispiele anführen, daß Mitglieder der Organisationen (die, wie es oft der Fall ist, gezwungen sind, aus diesem oder jenem Grunde die praktische Arbeit aufzugeben) sich speziell mit dem Sammeln von Material über irgendeine aktuelle Frage unseres sozialen und politischen Lebens befaßten, die zu einer sozialdemokratischen Arbeit in anderen Schichten der Bevölkerung Anlaß geben könnte. Wenn man von der geringen Schulung der meisten heutigen Führer der Arbeiterbewegung spricht, so muß man auch die Schulung in dieser Hinsicht erwähnen, denn auch das hängt mit der „ökonomistischen" Auffassung von der „engen organischen Verbindung mit dem proletarischen Kampf" zusammen. Die Hauptsache aber ist natürlich *Propaganda* und *Agitation* unter allen Schichten des Volkes. Dem westeuropäischen Sozialdemokraten wird diese Aufgabe durch Volksversammlungen und Zusammenkünfte erleichtert, die *jeder*, der dazu Lust hat, besuchen kann, sie wird ihm durch das Parlament erleichtert, wo er vor Abgeordneten *aller* Klassen spricht. Wir haben weder ein Parlament noch Versammlungsfreiheit, aber wir verstehen es dennoch, Versammlungen von Arbeitern zu veranstalten, die einen *Sozialdemokraten* hören wollen. Wir müssen es auch verstehen, Versammlungen von Vertretern aller Bevölkerungsklassen zu veranstalten, die nur einen *Demokraten* hören wollen. Denn der ist kein Sozialdemokrat, der in der Praxis vergißt, daß „die Kommunisten überall jede revolutionäre Bewegung unterstützen", daß wir daher verpflichtet sind, *vor dem ganzen Volke die allgemein demokratischen Aufgaben* darzulegen und hervorzuheben, ohne auch nur einen Augenblick unsere sozialistischen Überzeugungen zu verheimlichen. Der ist kein Sozialdemokrat, der in der Praxis seine Pflicht vergißt, bei der Aufrollung, Zuspitzung und Lösung *jeder* allgemein demokratischen Frage *allen voranzugehen*.

„Damit sind entschieden alle einverstanden!" – unterbricht uns der ungeduldige Leser, und die neue Instruktion für die Redaktion des **Rabotscheje Delo**, die von der letzten Konferenz des Auslandsbundes angenommen worden ist, sagt direkt: „Als Anlässe zur politischen Propaganda und Agitation müssen alle Erscheinungen und Geschehnisse des sozialen und politischen Lebens dienen, die das Proletariat entweder unmittelbar als besondere Klasse oder als *Avantgarde aller revolutionären Kräfte im Kampfe für die Freiheit* betreffen." (**Zwei Konferenzen**, S.17, hervorgehoben von uns.) Ja, das sind sehr richtige und sehr schöne Worte, und wir wären völlig zufrieden, wenn das **Rabotscheje Delo** sie *begriffen hätte, wenn es nicht zugleich mit diesen Worten Dinge redete, die ihnen widersprechen.* Es genügt nicht, sich „Avantgarde", Vortrupp zu nennen – man muß auch so handeln, daß *alle* übrigen Trupps erkennen und gezwungen sind anzuerkennen, daß wir an der Spitze marschieren. Und wir fragen den Leser: Sind denn die Vertreter der übrigen „Trupps" solche Dummköpfe, daß sie uns die „Avantgarde" aufs Wort glauben? Man stelle sich nur einmal konkret folgendes vor: Zu dem „Trupp" der gebildeten russischen Radikalen oder liberalen Konstitutionalisten kommt ein Sozialdemokrat und erklärt: Wir sind die Avantgarde, „jetzt steht vor uns die Aufgabe, nach Möglichkeit dem eigentlichen ökonomischen Kampf politischen Charakter zu verleihen". Jeder einigermaßen gescheite Radikale oder Konstitutionalist (und unter den russischen Radikalen und Konstitutionalisten gibt es viele gescheite Leute) wird, wenn er eine solche Rede hört, nur spöttisch lächeln und sagen (natürlich im stillen, denn er ist in den meisten Fällen ein erfahrener Diplomat): „Wie einfältig ist doch

diese ‚Avantgarde‘! Sie versteht nicht einmal, daß es ja unsere Aufgabe ist, die Aufgabe der fortgeschrittenen Vertreter der bürgerlichen Demokratie, dem *eigentlichen* ökonomischen Kampf
der Arbeiter politischen Charakter zu verleihen. Auch wir wollen, ebenso wie alle westeuropäischen Bourgeois, die Arbeiter in die Politik hineinziehen, *aber eben nur in eine trade-unionistische
und nicht in eine sozialdemokratische Politik.* Die trade-unionistische Politik der Arbeiterklasse
ist eben die *bürgerliche Politik* der Arbeiterklasse. Wenn diese ‚Avantgarde‘ ihre Aufgaben so
formuliert, so ist das eben die Formulierung der trade-unionistischen Politik! Mögen sie sich
daher Sozialdemokraten nennen, soviel sie wollen. Ich bin doch wahrlich kein Kind, daß ich
mich wegen der Etiketten aufregen könnte! Wenn sie nur nicht dem Einfluß dieser schädlichen
orthodoxen Dogmatiker verfallen, wenn sie nur die ‚Freiheit der Kritik‘ denen überlassen, die
unbewußt die Sozialdemokratie in das trade-unionistische Fahrwasser schleppen!“

Das spöttische Lächeln unseres Konstitutionalisten wird aber zum homerischen Gelächter
werden, wenn er erfährt, daß jene Sozialdemokraten, die von der Sozialdemokratie als Avantgarde sprechen, heute, in einer Zeit fast absoluter Herrschaft der Spontaneität in unserer Bewegung, nichts mehr fürchten als die „Unterschätzung des spontanen Elements“, daß sie Angst
haben, „die Bedeutung der Vorwärtsbewegung des unscheinbaren Tageskampfes im Vergleich
zur Propaganda glänzender und vollendeter Ideen zu unterschätzen“ usw. usw.! Eine „Vorhut“,
die befürchtet, das Bewußtsein könne der Spontaneität voraneilen, die sich scheut, einen kühnen „Plan“ aufzustellen, der auch die allgemeine Anerkennung der Andersdenkenden erzwingen
würde! Verwechseln sie nicht am Ende das Wort Vorhut mit dem Wort Nachhut?

In der Tat, man überlege sich einmal gründlich folgende Betrachtung Martynows. Er spricht
auf S.40 davon, daß die Enthüllungstaktik der **Iskra** einseitig sei, daß wir, „wieviel Mißtrauen
und Haß gegen die Regierung wir auch säen mögen, das Ziel nicht erreichen werden, solange es
uns nicht gelingt, eine genügend aktive soziale Kraft zum Sturz der Regierung zu entwickeln“.
Das ist, in Parenthese bemerkt, die uns bereits bekannte Sorge um die Steigerung der Aktivität
der Masse neben dem Bestreben, die eigene Aktivität zu vermindern. Aber nicht darum handelt es sich jetzt. Martynow spricht hier also von einer *revolutionären* Kraft („zum Sturz“). Und
zu welchem Schluß gelangt er? Da in normalen Zeiten die verschiedenen sozialen Schichten
unvermeidlich getrennt auftreten, so „ist angesichts dieser Tatsache klar, daß wir Sozialdemokraten nicht imstande sind, gleichzeitig die aktive Tätigkeit der verschiedenen oppositionellen
Schichten zu leiten, daß wir nicht imstande sind, ihnen ein positives Aktionsprogramm zu diktieren, ihnen nicht zeigen können, mit welchen Mitteln sie tagein, tagaus für ihre Interessen
zu kämpfen haben … Die liberalen Schichten werden sich schon selber um den aktiven Kampf
für ihre nächsten Interessen kümmern, der sie Auge in Auge unserem politischen Regime ge-
genüberstellen wird.“ (41.) Kaum hat also Martynow begonnen, von der revolutionären Kraft,
vom aktiven Kampf zum Sturz der Selbstherrschaft zu sprechen, da gleitet er sofort zur gewerkschaftlichen Kraft, zum aktiven Kampf für die nächsten Interessen ab! Es versteht sich von selbst,
daß wir den Kampf der Studenten, der Liberalen usw. für ihre „nächsten Interessen“ nicht leiten können, aber nicht davon war ja die Rede, verehrtester „Ökonomist“! Die Rede war von der
möglichen und notwendigen Teilnahme. der verschiedenen Gesellschaftsschichten am Sturz der
Selbstherrschaft, und *diese* „aktive Tätigkeit der verschiedenen oppositionellen Schichten“ *können* wir nicht nur, sondern müssen wir unbedingt leiten, wenn wir die „Avantgarde“ sein wollen.
Daß unsere Studenten, unsere Liberalen usw. „Auge in Auge unserem politischen Regime gegenüberstehen“, dafür werden nicht nur sie selber sorgen, wer dafür sorgen wird, das werden vor
allem und in erster Linie die Polizei und die Beamten der absolutistischen Regierung sein. Aber
„wir“ müssen, wenn wir fortgeschrittene Demokraten sein wollen, dafür sorgen, daß die Leute,
die eigentlich nur mit den Zuständen an der Universität oder in den Semstwos usw. unzufrieden sind, auf den Gedanken von der Untauglichkeit des gesamten politischen Regimes *gestoßen*
werden. *Wir* müssen die Aufgabe auf uns nehmen, einen solchen allseitigen politischen Kampf
unter Leitung *unserer* Partei zu organisieren, damit alle oppositionellen Schichten diesen Kampf
und diese Partei nach Maßgabe ihrer Kräfte unterstützen können und es auch wirklich tun. *Wir*
müssen aus den Praktikern der Sozialdemokratie politische Führer heranbilden, die imstande

sind, diesen allseitigen Kampf in all seinen Erscheinungsformen zu leiten, die imstande sind, im gegebenen Moment sowohl den rebellierenden Studenten und unzufriedenen Semstwoleuten als auch den empörten Sektierern, den benachteiligten Volksschullehrern usw. usf. „ein positives Aktionsprogramm zu diktieren". Darum ist Martynows Behauptung *vollkommen falsch*, daß „wir ihnen gegenüber *nur in der negativen* Rolle der Entlarver des Regimes auftreten können… Wir können *nur* die Hoffnungen, die sie auf verschiedene Regierungskommissionen setzen, zerstreuen" (hervorgehoben von uns). Mit diesen Worten zeigt Martynow, daß er von der wirklichen Rolle der revolutionären „Avantgarde" *rein gar nichts versteht*. Zieht der Leser dies in Betracht, so wird ihm der *wahre Sinn* folgender abschließenden Worte Martynows klar: „Die **Iskra** ist das Organ der revolutionären Opposition, das unsere Zustände, und vor allem die politischen Zustände, enthüllt, soweit sie mit den Interessen der verschiedensten Bevölkerungsschichten kollidieren. Wir aber arbeiten für die Arbeitersache in enger organischer Verbindung mit dem proletarischen Kampf und werden weiter für sie arbeiten. Wenn wir die Sphäre unserer Einwirkung einengen, so komplizieren wir damit die Einwirkung selber." (63.) Der wahre Sinn dieser Schlußfolgerung ist folgender: Die **Iskra** will die trade-unionistische Politik der Arbeiterklasse (auf die sich bei uns die Praktiker aus Mißverständnis, mangelnder Schulung oder aus Überzeugung so oft beschränken) zur sozialdemokratischen Politik *emporheben*. Das **Rabotscheje Delo** aber will die sozialdemokratische Politik zur trade-unionistischen *degradieren*. Dabei versichert es allen und jedem, dies seien „durchaus vereinbare Positionen in der gemeinsamen Sache" (63). 0 sancta simplicitas!

Gehen wir weiter. Haben wir die Kraft, unsere Propaganda und Agitation in *alle* Klassen der Bevölkerung zu tragen? Gewiß. Unsere „Ökonomisten", die oft geneigt sind, das zu verneinen, übersehen jenen gewaltigen Schritt vorwärts, den unsere Bewegung von (ungefähr) 1894 bis 1901 getan hat. Als echte „Nachtrabpolitiker" leben sie oft noch in den Vorstellungen der längst vergangenen Anfangsperiode der Bewegung. Damals verfügten wir tatsächlich über erstaunlich geringe Kräfte, damals war die Entschlossenheit, sich restlos der Tätigkeit unter den Arbeitern zu widmen und jedes Abweichen von ihr scharf zu verurteilen, natürlich und gerechtfertigt, damals bestand die ganze Aufgabe darin, in der Arbeiterklasse festen Fuß zu fassen. Jetzt sind gigantische Kräfte in die Bewegung hineingezogen worden, zu uns stoßen die besten Vertreter der jungen Generation der gebildeten Klassen, überall in der Provinz sitzen gezwungenerweise Leute, die an der Bewegung bereits teilgenommen haben oder an ihr teilnehmen möchten, Leute, die sich zur Sozialdemokratie hingezogen fühlen (während man im Jahre 1894 die Zahl der russischen Sozialdemokraten noch an den Fingern abzählen konnte). Einer der grundlegenden politischen und organisatorischen Mängel unserer Bewegung ist, daß wir es *nicht verstehen*, alle diese Kräfte zu beschäftigen, allen die passende Arbeit zu geben (ausführlicher werden wir im nächsten Kapitel darauf eingehen). Die überwiegende Mehrheit dieser Kräfte hat absolut keine Möglichkeit, „zu den Arbeitern zu gehen", so daß von einer Gefahr, es könnten Kräfte von unserer Hauptarbeit abgezogen werden, nicht die Rede sein kann. Um aber den Arbeitern wirkliches, allseitiges und lebendiges politisches Wissen zu vermitteln, brauchen wir unsere „eigenen Leute", Sozialdemokraten, überall, in allen Gesellschaftsschichten, in allen Positionen, wo sie die Möglichkeit haben, die inneren Triebfedern unseres Staatsmechanismus kennenzulernen. Und solche Leute braucht man nicht nur für die Propaganda und Agitation, sondern noch viel mehr für die organisatorische Arbeit.

Gibt es einen Boden für die Tätigkeit in allen Klassen der Bevölkerung? Wer das nicht sieht, der bleibt wiederum in seiner Bewußtheit hinter dem spontanen Aufschwung der Massen zurück. Die Arbeiterbewegung hat Unzufriedenheit bei den einen, Hoffnung auf Unterstützung der Opposition bei den anderen, die Erkenntnis, daß die Selbstherrschaft unhaltbar und ihr Zusammenbruch unvermeidlich ist, bei den dritten hervorgerufen und ruft sie weiterhin hervor. Wir wären nur in Worten „Politiker" und Sozialdemokraten (wie es sehr, sehr oft in Wirklichkeit der Fall ist), wenn wir uns nicht der Aufgabe bewußt wären, alle Erscheinungen der Unzufriedenheit auszunutzen, alle Körnchen eines wenn auch erst aufkeimenden Protestes zu sammeln und zu bearbeiten. Wir sprechen dabei schon gar nicht davon, daß all die vielen Millionen der

werktätigen Bauernschaft, der Hausarbeiter, der kleinen Handwerker usw. stets die Rede eines
einigermaßen geschickt auftretenden Sozialdemokraten begierig anhören würden. Aber kann
auch nur eine Klasse der Bevölkerung genannt werden, in der es nicht Personen, Gruppen und
Kreise gäbe, die mit der Rechtlosigkeit und Willkür unzufrieden und daher für die Agitation
des Sozialdemokraten, als des Wortführers der dringendsten allgemein demokratischen Forderungen, zugänglich sind? Wer sich aber diese politische Agitation des Sozialdemokraten in *allen*
Klassen und Schichten der Bevölkerung konkret vorstellen will, der sei auf die *politischen Enthüllungen* im weiten Sinne dieses Wortes hingewiesen, als auf das wichtigste (aber natürlich nicht
einzige) Mittel dieser Agitation.

> Wir müssen... – schrieb ich im Artikel *Womit beginnen?* (**Iskra** Nr.4, Mai 1901),
> auf den wir weiter unten noch ausführlich eingehen werden – in allen einiger-
> maßen bewußten Volksschichten die Leidenschaft für *politische* Enthüllungen
> wecken. Man darf sich nicht dadurch beirren lassen, daß Stimmen der politi-
> schen Enthüllung heute so schwach, selten und zaghaft sind. Der Grund hier-
> für liegt durchaus nicht darin, daß man sich allgemein mit der Polizeiwillkür
> abgefunden hätte. Der Grund ist der, daß die Leute, die fähig und bereit sind,
> Mißstände zu enthüllen, keine Tribüne haben, von der sie sprechen könnten,
> daß sie kein Auditorium haben, das den Rednern leidenschaftlich zuhören und
> sie ermutigen würde, daß sie nirgends im Volke die Kraft sehen, bei der es der
> Mühe wert wäre, eine Beschwerde gegen die „allmächtige“ russische Regierung
> vorzubringen... Wir sind jetzt imstande, und wir sind verpflichtet, eine Tribüne
> zu schaffen für eine vom ganzen Volk ausgehende Entlarvung der zaristischen
> Regierung – eine solche Tribüne soll die sozialdemokratische Zeitung sein.

Eben ein solches ideales Auditorium für politische Enthüllungen ist die Arbeiterklasse, die vor
allem und am meisten ein allseitiges und lebendiges politisches Wissen braucht; die am meisten
fähig ist, dieses Wissen in aktiven Kampf umzusetzen, auch wenn dieser keine „greifbaren Resultate“ verheißt. Eine Tribüne aber für Enthüllungen, die vom *ganzen Volk* ausgehen, kann nur
eine gesamtrussische Zeitung sein. „Ohne ein politisches Organ ist im heutigen Europa eine Bewegung, die die Bezeichnung politisch verdient, undenkbar“, zweifellos aber gehört Rußland in
dieser Hinsicht ebenfalls zum heutigen Europa. Die Presse ist bei uns schon längst eine Macht
geworden – sonst würde ja die Regierung nicht Zehntausende von Rubeln ausgeben, um die
Presse zu bestechen und die verschiedenen Katkow und Meschtscherski zu subsidieren. Und es
ist im Rußland der Selbstherrschaft nichts Neues, daß die illegale Presse die Zensurschranken
durchbricht und die legalen und konservativen Organe *zwingt*, offen von ihr zu reden. So war es
in den siebziger und sogar in den fünfziger Jahren. Um wieviel breiter und tiefer aber sind jetzt
die Volksschichten, die bereit sind, die illegale Presse zu lesen und aus ihr zu lernen, „wie man
leben und wie man sterben“ soll, um mit den Worten eines Arbeiters zu reden, der einen Brief
an die **Iskra** schrieb (Nr.7). Die politischen Enthüllungen sind ebenso eine Kriegserklärung an
die *Regierung*, wie die ökonomischen Enthüllungen eine Kriegserklärung an den Fabrikbesitzer sind. Und diese Kriegserklärung ist von um so größerer moralischer Bedeutung, je umfassender und wuchtiger diese Enthüllungskampagne ist, je stärker an Zahl und entschlossener
die gesellschaftliche *Klasse* ist, die *den Krieg erklärt, um den Krieg zu beginnen*. Die politischen
Enthüllungen sind darum an und für sich schon eines der wirksamsten Mittel zur *Zersetzung*
der feindlichen Reihen, ein Mittel, dem Feinde seine zufälligen oder zeitweiligen Verbündeten
abtrünnig zu machen, ein Mittel, zwischen den ständigen Trägern der absolutistischen Macht
Feindschaft und Mißtrauen zu säen.

In unserer Zeit kann nur die Partei zur Avantgarde der revolutionären Kräfte werden, die
wirklich vom *ganzen Volk* ausgehende Enthüllungen *organisiert*. Diese Werte „vom ganzen Volk
ausgehend“ haben aber einen sehr reichen Inhalt. Die übergroße Mehrheit der Entlarver, die
nicht der Arbeiterklasse angehören (um aber zur Avantgarde zu werden, muß man eben die anderen Klassen heranziehen), sind nüchterne Politiker und kaltblütige, sachliche Leute. Sie wissen

sehr gut, daß es nicht ungefährlich ist, sich sogar über einen unteren Beamten „zu beschweren", geschweige denn über die „allmächtige" russische Regierung. Und sie werden sich mit einer Beschwerde erst dann *an uns* wenden, wenn sie sehen, daß diese Beschwerde tatsächlich geeignet ist, eine Wirkung auszuüben, wenn sie sehen, daß wir eine *politische Kraft* darstellen. Damit wir in den Augen Außenstehender zu einer solchen Kraft werden, müssen wir viel und beharrlich an der *Hebung* unserer Bewußtheit, Initiative und Tatkraft arbeiten; dazu genügt es nicht, der Theorie und Praxis einer Nachhut das Etikett „Vorhut" aufzukleben.

Müssen wir es aber übernehmen, eine wirklich vom ganzen Volk ausgehende Entlarvung der Regierung zu organisieren, worin drückt sich dann der Klassencharakter unserer Bewegung aus? – wird uns der mehr eifrige als kluge Anbeter der „engen organischen Verbindung mit dem proletarischen Kampf" fragen und fragt es uns bereits. – Eben darin, daß wir, die Sozialdemokraten, diese vom ganzen Volk ausgehende Entlarvung organisieren; darin, daß alle durch die Agitation aufgerollten Fragen in streng sozialdemokratischem Geiste, ohne die geringste Nachsicht gegen beabsichtigte und unbeabsichtigte Entstellungen des Marxismus erläutert werden; darin, daß diese allseitige politische Agitation von einer Partei geführt wird, die zu einem untrennbaren Ganzen vereinigt: sowohl den Ansturm gegen die Regierung im Namen des ganzen Volkes als auch die revolutionäre Erziehung des Proletariats bei gleichzeitiger Wahrung seiner politischen Selbständigkeit, sowohl die Leitung des ökonomischen Kampfes der Arbeiterklasse als auch die Ausnutzung jener spontanen Zusammenstöße des Proletariats mit seinen Ausbeutern, die immer neue Schichten des Proletariats aufrütteln und für uns gewinnen!

Aber eines der charakteristischen Merkmale des „Ökonomismus" besteht eben darin, daß er diesen Zusammenhang, ja mehr, diese Übereinstimmung des dringendsten Bedürfnisses des Proletariats (der allseitigen politischen Erziehung durch politische Agitation und politische Enthüllungen) mit den Bedürfnissen der gesamtdemokratischen Bewegung nicht versteht. Dieses Nichtverstehen kommt nicht nur in den „Martynowschen" Phrasen zum Ausdruck, sondern auch in der Berufung auf den angeblichen Klassenstandpunkt, die ihrem Inhalt nach mit diesen Phrasen identisch ist. So äußern sich darüber z.B. die Verfasser des „ökonomistischen" Briefes in Nr.12 der **Iskra** [N] (75): „Der gleiche grundlegende Fehler der **Iskra,,** (die Überschätzung der Ideologie) „ist die Ursache ihrer Inkonsequenz in der Frage, welche Stellung die Sozialdemokratie zu den verschiedenen gesellschaftlichen Klassen und Richtungen einzunehmen hat. Nachdem die **Iskra** mit Hilfe theoretischer Berechnungen..." (nicht aber durch das „Wachsen der Parteiaufgaben, die zusammen mit der Partei wachsen...") „die Aufgabe des sofortigen Übergangs zum Kampf gegen den Absolutismus gelöst hat, wobei sie wahrscheinlich die ganze Schwierigkeit dieser Aufgabe für die Arbeiter beim jetzigen Stand der Dinge empfindet..." (nicht nur empfindet, sondern auch sehr wohl weiß, daß den Arbeitern diese Aufgabe weniger schwierig erscheint als den „ökonomistischen" Intellektuellen mit ihren Ammensorgen, denn die Arbeiter sind bereit, auch für Forderungen zu kämpfen, die, um mit den Worten des unvergeßlichen Martynow zu reden, keine „greifbaren Resultate" verheißen) „...aber keine Geduld hat abzuwarten, bis die Arbeiter weitere Kräfte für diesen Kampf gesammelt haben, sucht nun die **Iskra** in den Reihen der Liberalen und Intellektuellen Verbündete..."

Ja, ja, wir haben tatsächlich bereits jede „Geduld" verloren, auf die selige, uns seit langem von allen möglichen „Versöhnern" in Aussicht gestellte Zeit „zu warten", in der unsere „Ökonomisten" aufgehört haben werden, ihre *eigene* Rückständigkeit den Arbeitern in die Schuhe zu schieben, ihren eigenen Mangel an Tatkraft mit dem angeblichen Mangel an Kräften bei den Arbeitern zu rechtfertigen. Wir fragen unsere „Ökonomisten": Worin soll „die Sammlung von Kräften für diesen Kampf durch die Arbeiter" bestehen? Doch wohl in der politischen Erziehung der Arbeiter und darin, daß *alle* Seiten unserer niederträchtigen Selbstherrschaft vor ihnen entlarvt werden? Und ist es denn nicht klar, daß wir *gerade für diese Arbeit* „in den Reihen der Liberalen und Intellektuellen Verbündete" brauchen, die bereit sind, uns Enthüllungen über den politischen Feldzug gegen die Semstwoleute, die Lehrer, die Statistiker, die Studenten usw. zu machen? Ist es denn wirklich so schwer, diese erstaunlich „verzwickte Mechanik" zu begreifen? Wiederholt denn nicht P.B. Axelrod schon seit 1897 ständig: „Die Aufgabe der russischen Sozialdemokraten, Anhänger und direkte oder indirekte Verbündete in den nichtproletarischen Klassen zu gewinnen, wird vor allem und hauptsächlich durch den Charakter der propagandistischen Arbeit im Proletariat gelber gelöst"? Aber die Martynow und die übrigen „Ökonomisten" stellen sich trotzdem die Sache weiterhin so vor, als müßten die Arbeiter *zunächst* „im ökonomischen Kampf gegen die Unternehmer und gegen die Regierung" Kräfte (für eine trade-unionistische Politik) sammeln und erst *dann* – wohl von der trade-unionistischen „Erziehung zur Aktivität" zur sozialdemokratischen Aktivität „übergehen"!

Die **Iskra**, so schreiben die „Ökonomisten" weiter, „verläßt bei diesem Suchen oft den Klassenstandpunkt, vertuscht die Klassengegensätze und stellt die gemeinsame Unzufriedenheit mit der Regierung in den Vordergrund, obgleich Ursachen und Grad dieser Unzufriedenheit bei den ‚Verbündeten' sehr verschieden sind. So z.B. die Haltung der **Iskra** zum Semstwo..." Die **Iskra** verspricht angeblich „den Adligen, die durch die Almosen der Regierung nicht befriedigt sind, die Hilfe der Arbeiterklasse, ohne mit einem Wort auf die Klassenfeindschaft zwischen diesen Bevölkerungsschichten einzugehen". Würde sich der Leser die Artikel *Selbstherrschaft und Semstwo* (Nr.2 und 4 der **Iskra**) ansehen, von denen die Verfasser des Briefes *wahrscheinlich* reden, so würde er sich davon überzeugen, daß sich diese Artikel [O] (75) mit dem Verhalten der *Regierung* zu der „sanften Agitation des ständisch-bürokratischen Semstwos" und zur „Selbsttätigkeit sogar der besitzenden Klassen" befassen. In dem Artikel wird gesagt, daß der Arbeiter dem Kampf der Regierung gegen das Semstwo nicht gleichgültig zusehen darf, und die Semstwoleute werden aufgefordert, mit ihren sanften Reden aufzuhören und ein resolutes und scharfes Wort zu sagen, sobald sich die revolutionäre Sozialdemokratie in ihrer ganzen Größe vor der Regierung aufrichten wird. Womit die Verfasser des Briefes hier nicht einverstanden sind, entzieht sich unserer Kenntnis. Glauben sie, daß der Arbeiter die Worte „besitzende Klassen" und „ständisch-bürokratisches Semstwo" „nicht verstehen" werde, daß die *Aufmunterung* der Semstwoleute, von sanften zu scharfen Worten überzugehen, eine „Überschätzung der Ideologie" sei? Bilden sie sich denn ein, daß die Arbeiter zum Kampf gegen den Absolutismus „Kräfte sammeln" können, wenn sie sich nicht *auch* über das Verhältnis des Absolutismus zum Semstwo klar sind? All das entzieht sich wiederum unserer Kenntnis. Klar ist nur das eine: daß die Verfasser von den politischen Aufgaben der Sozialdemokratie eine sehr verschwommene Vorstellung haben. Noch deutlicher geht das aus dem Satz hervor: „Genauso ist auch die Haltung der **Iskra** zur Studentenbewegung" (d.h., auch hier werden „die Klassengegensätze verdunkelt"). Anstatt die Arbeiter aufzufordern, in öffentlicher Kundgebung zu erklären, daß nicht die Studentenschaft, sondern die russische Regierung die wirkliche Brutstätte der Gewalttätigkeit, der Ausschreitungen und der Zügellosigkeit ist (Nr.2 der **Iskra**), hätten wir wohl lieber Betrachtungen im Geiste der **Rabotschaja Mysl** anstellen sollen! Und solche Gedanken verzapfen Sozialdemokraten im Herbst 1901, nach den Februar- und Märzereignissen, am Vorabend eines neuen Aufschwungs der Studentenbewegung, der Zutage bringt, daß auch auf diesem Gebiet die „Spontaneität" des Protestes gegen die Selbstherrschaft der bewußten Leitung der Bewegung durch die Sozialdemokratie *vorauseilt.* Der elementare Drang der Arbeiter, für die von Polizei und Kosaken mißhandelten Studenten einzutreten, eilt der zielbewußten Tätigkeit der sozialdemokratischen Organisation voraus!

„Doch gleichzeitig verurteilt die **Iskra** in anderen Artikeln", fahren die Verfasser des Briefes fort, „sehr scharf jegliche Kompromisse und verteidigt zum Beispiel das unduldsame Verhalten der Guesdisten." Wir raten den Leuten, die angesichts der Meinungsverschiedenheiten im Lager der heutigen Sozialdemokraten gewöhnlich so selbstsicher und so leichtfertig erklären, diese Meinungsverschiedenheiten seien unwesentlich und rechtfertigten keine Spaltung, über diese Worte einmal ordentlich nachzudenken. Ist es denn möglich, daß mit Erfolg in ein und derselben Organisation einerseits Leute arbeiten, die sagen; wir hätten außerordentlich wenig getan, um die Feindseligkeit der Selbstherrschaft gegen die verschiedensten Klassen aufzuzeigen und die Arbeiter über das oppositionelle verhalten der verschiedensten Schichten gegenüber der Selbstherrschaft aufzuklären, und anderseits Leute, die in dieser Aufklärung ein „Kompromiß" erblicken, offenbar wohl ein Kompromiß mit der Theorie des „ökonomischen Kampfes gegen die Unternehmer und gegen die Regierung"?

Wir haben aus Anlaß des vierzigsten Jahrestags der Bauernbefreiung (Nr.3) davon gesprochen, daß es notwendig ist, den Klassenkampf ins Dorf zu tragen, und anläßlich der geheimen Denkschrift Wittes (Nr.4) davon, daß Selbstverwaltung und Selbstherrschaft unvereinbar sind; wir haben anläßlich des neuen Gesetzes das Fronherrentum der Gutsbesitzer und der in ihrem Dienste stehenden Regierung angegriffen (Nr.8) und die illegale Semstwotagung begrüßt, wobei wir die Semstwoleute anspornten, von den knechtseligen Petitionen zum Kampf überzugehen (Nr.8); wir haben die Studenten ermuntert, die begonnen haben, sich über die Notwendigkeit des politischen Kampfes klarzuwerden, und die diesen Kampf aufgenommen haben (Nr.3), und haben gleichzeitig den „grenzenlosen Unverstand" der Anhänger der „Nur-Studenten"bewegung gegeißelt, die die Studenten aufforderten, den Straßendemonstrationen fernzubleiben (Nr.3, anläßlich des Aufrufs des Exekutivkomitees der Moskauer Studentenschaft vom 25. Februar); wir haben die „sinnlosen Träumereien" und die „verlogene Heuchelei" der liberalen Schlaumeier aus der Zeitung **Rossija** entlarvt (Nr.5) und zugleich das Wüten des Regierungsterrors festgenagelt, der sich „an friedlichen Literaten, an alten Professoren und Gelehrten, an bekannten liberalen Semstwoleuten austobte" (Nr.5: *Die Polizeirazzia auf die Literatur*); wir haben die wahre Bedeutung des Programms der „staatlichen Fürsorge für das Wohlergehen der Arbeiter" enthüllt und das „wertvolle Geständnis" begrüßt, daß es „besser ist, durch Reformen von oben der Forderung nach Reformen von unten zuvorzukommen, als abzuwarten, bis diese Forderung erhoben wird" (Nr.6); wir haben die protestierenden Statistiker ermuntert (Nr.7) und die Streikbrecher unter den Statistikern angeprangert (Nr.9). Wer in dieser Taktik eine Verdunkelung des Klassenbewußtseins des Proletariats und ein *Kompromiß mit dem Liberalismus* erblickt, der beweist damit nur, daß er den wahren Sinn des Programms des *Credo* absolut nicht versteht und de facto *gerade dieses Programm durchführt*, wie sehr er sich von ihm auch lossagen mag! Denn er zerrt *damit* die Sozialdemokratie zum „ökonomischen Kampf gegen die Unternehmer und gegen die Regierung" und *kapituliert vor dem Liberalismus*, denn er verzichtet darauf, sich aktiv in *jede* „liberale" Frage einzumischen und *seine*, die sozialdemokratische, Stellung zu dieser Frage zu bestimmen.

Fußnoten von Lenin

M. (67) Zum Beispiel diktierte Liebknecht während des Deutsch-Französischen Krieges der *gesamten Demokratie* ein Aktionsprogramm – und noch mehr taten es Marx und Engels im Jahre 1848.

N. (72) Raummangel erlaubte uns nicht, in der **Iskra** in aller Ausführlichkeit auf diesen für die „Ökonomisten" äußerst charakteristischen Brief zu antworten. Wir waren über sein Erscheinen sehr froh, denn das Gerede, daß die **Iskra** nicht konsequent den Klassenstandpunkt vertrete, war uns schon längst, und zwar von den verschiedensten Seiten her zu Ohren gekommen, und wir warteten nur auf eine passende Gelegenheit oder auf einen formulierten Ausdruck dieser trivialen Anschuldigung, um auf sie zu antworten. Wir sind aber gewohnt, Angriffe nicht mit einer Verteidigung, sondern mit einem Gegenangriff zu beantworten.

O. (73) *Zwischen* diesen beiden Artikeln wurde (in Nr.3 der **Iskra**) ein speziell dem Klassenantagonismus in unserem Dorf gewidmeter Artikel veröffentlicht.

f) Noch einmal die „Verleumder", noch einmal die „Mystifikatoren"

Diese liebenswürdigen Worte gebrauchte, wie sich der Leser erinnert, das **Rabotscheje Delo**, das in dieser Weise auf unsere Beschuldigung antwortet, daß es „indirekt den Boden für die Verwandlung der Arbeiterbewegung in ein Werkzeug der bürgerlichen Demokratie vorbereitet". Das **Rabotscheje Delo** ist in seiner Einfalt zu dem Schluß gekommen, dieser Vorwurf sei nichts anderes als ein polemischer Ausfall: da haben nun die bösen Dogmatiker beschlossen, uns alle möglichen unangenehmen Dinge zu sagen; nun, und was kann unangenehmer sein, als ein Werkzeug der bürgerlichen Demokratie zu sein? Und nun wird in Fettschrift eine „Widerlegung" veröffentlicht: „unverhüllte Verleumdung" (**Zwei Konferenzen**, S.30), „Mystifikation" (31), „Mummenschanz" (33). Wie Jupiter zürnt das **Rabotscheje Delo** (obgleich es Jupiter wenig ähnlich sieht), eben weil es unrecht hat, denn es beweist durch seine übereilte Schimpfkanonade die Unfähigkeit, sich in den Gedankengang seiner Gegner hineinzufinden. Dabei gehört doch nur ein wenig Überlegung dazu, um zu verstehen, warum *jede* Anbetung der Spontaneität der Massenbewegung, *jede* Degradierung der sozialdemokratischen Politik zur trade-unionistischen Politik eben bedeutet, den Boden für die Verwandlung der Arbeiterbewegung in ein Werkzeug der bürgerlichen Demokratie vorzubereiten. Die spontane Arbeiterbewegung ist an und für sich nur fähig, Trade-Unionismus hervorzubringen (und bringt ihn auch unvermeidlich hervor), die trade-unionistische Politik der Arbeiterklasse ist aber eben bürgerliche Politik der Arbeiterklasse. Die Teilnahme der Arbeiterklasse am politischen Kampf und selbst an der politischen Revolution macht ihre Politik noch keineswegs zur sozialdemokratischen Politik. Hat das **Rabotscheje Delo** etwa die Absicht, dies zu leugnen? Oder hat es jetzt endlich die Absicht, direkt und ohne Winkelzüge allen seine Auffassung über die brennenden Fragen der internationalen und der russischen Sozialdemokratie darzulegen? – O nein, das wird ihm niemals einfallen, denn es hält sich streng an die Methode, die man die Methode des „Nicht-dabei-gewesen-Seins" nennen kann. Mein Name ist Hase, ich weiß von nichts. Wir sind keine „Ökonomisten", die **Rabotschaja Mysl** ist kein „Ökonomismus", in Rußland gibt es überhaupt keinen „Ökonomismus". Das ist eine überaus geschickte und „diplomatische" Methode, die nur die kleine Unbequemlichkeit hat, daß man die Organe, die sie praktizieren, gewöhnlich mit dem Namen „Wetterfahne" belegt.

Dem **Rabotscheje Delo** scheint, daß die bürgerliche Demokratie in Rußland überhaupt ein „Phantom" sei (**Zwei Konferenzen**, S.32 [P] (78)). Glückliche Menschen! Wie der Vogel Strauß stecken sie den Kopf in den Sand und bilden sich ein, daß damit die ganze Umgebung verschwinde. Eine Reihe liberaler Publizisten, die von Monat zu Monat ihren Triumph über den Zerfall und sogar das Verschwinden des Marxismus aller Welt verkünden; eine Reihe liberaler Zeitungen (**S.-Peterburgskije Wedomosti**, **Russkije Wedomosti** und viele andere), die jene Liberalen anspornen, die die Brentanosche Auffassung vom Klassenkampf und die trade-unionistische Auffassung von der Politik unter die Arbeiter tragen; eine Plejade von Kritikern des Marxismus, deren wahre Tendenzen das *Credo* so klar gezeigt hat und deren literarische Ware die einzige ist, die abgabe- und zollfrei in ei in Rußland zirkuliert; die Belebung der revolutionären *nicht* sozialdemokratischen Richtungen, insbesondere nach den Februar- und Märzereignissen – all das soll ein Phantom sein! All das soll absolut keine Beziehung zur bürgerlichen Demokratie haben!

Das **Rabotscheje Delo** wie auch die Verfasser des „ökonomistischen" Briefes in Nr. 12 der **Iskra** sollten „darüber nachdenken, warum eigentlich die Frühjahrsereignisse eine solche Belebung der nichtsozialdemokratischen revolutionären Strömungen hervorgerufen haben, anstatt die Autorität und das Prestige der Sozialdemokratie zu heben". – Weil es sich erwiesen hat, daß wir unserer Aufgabe nicht gewachsen waren, daß die Aktivität der Arbeitermassen größer war als unsere Aktivität, daß wir nicht über genügend geschulte revolutionäre Führer und Organisatoren verfügten, die die Stimmung in allen Oppositionellen Schichten gut gekannt und es verstanden hätten, sich an die Spitze der Bewegung zu stellen, die spontane Demonstration in eine politische umzuwandeln, ihren politischen Charakter zu erweitern usw. Unter diesen Umständen wird unsere Rückständigkeit unvermeidlich von beweglicheren, energischeren nichtsozialdemokratischen Revolutionären ausgenutzt werden, und wie aufopferungsvoll und energisch die Arbeiter sich mit Polizei und Militär auch schlagen mögen, wie revolutionär sie auch auftreten mögen, sie werden nur eine Kraft sein, die diese Revolutionäre unterstützt, sie werden die Nachhut der bürgerlichen Demokratie sein und nicht die sozialdemokratische Vorhut. Man nehme die deutsche Sozialdemokratie, von der unsere „Ökonomisten" nur die schwachen Seiten übernehmen wollen. Warum geht in Deutschland *kein einziges* politisches Ereignis vorüber, ohne sich in einer weiteren Erhöhung der Autorität und des Prestiges der Sozialdemokratie auszuwirken? Weil die Sozialdemokratie in der ausgeprägt revolutionären Beurteilung dieses Ereignisses, in der Unterstützung eines jeden Protestes gegen die Willkür stets allen vorangeht. Sie läßt sich nicht durch Betrachtungen einlullen, daß der ökonomische Kampf die Arbeiter auf die trage ihrer Rechtlosigkeit stoßen wird und daß die konkreten Verhältnisse die Arbeiterbewegung unabwendbar auf den revolutionären Weg stoßen. Sie mischt sich in alle Gebiete und alle Fragen des öffentlichen und politischen Lebens ein, sei es, daß ein Bürgermeister, der der bürgerlichen Fortschrittspartei angehört, durch Wilhelm nicht bestätigt wurde (unseren „Ökonomisten" ist es noch nicht gelungen, die Deutschen darüber aufzuklären, daß solch eine Einmischung eigentlich ein Kompromiß mit dem Liberalismus ist!), sei es der Erlaß eines Gesetzes gegen „unzüchtige" Schriften und Abbildungen oder die Beeinflussung der Professorenwahlen durch die Regierung usw. usf. Überall sind sie allen voran, sie wecken die politische Unzufriedenheit in allen Klassen, rütteln die Schläfrigen auf, ermuntern die Zurückbleibenden, liefern vielseitiges Material zur Entwicklung des politischen Bewußtseins und der politischen Aktivität des Proletariats. Und das Ergebnis ist, daß selbst bewußte Feinde des Sozialismus von Achtung für den politischen Kämpfer erfüllt werden, und zuweilen geschieht es, daß ein wichtiges Dokument nicht nur aus bürgerlichen Kreisen, sondern sogar aus Beamten- und Hofkreisen wie durch ein Wunder auf den Redaktionstisch des **Vorwärts** geflogen kommt.

Da haben wir die Lösung des scheinbaren „Widerspruchs", der das Auffassungsvermögen des **Rabotscheje Delo** so sehr übersteigt, daß es nur die Hände über dem Kopf zusammenschlägt und „Mummenschanz!" ruft. Man stelle sich in der Tat vor: Wir, das **Rabotscheje Delo**, betrachten die *Massen*bewegungen der Arbeiter *als die Hauptsache* (und drucken das in Fettschrift!), wir warnen alle Welt vor der Unterschätzung des spontanen Elements, wir wollen dem eigentlichen, *eigentlichen, eigentlichen* ökonomischen Kampf politischen Charakter verleihen, wir wollen in enger und organischer Verbindung mit dem proletarischen Kampf bleiben! Und da kommt man und sagt uns, daß wir den Boden für die Umwandlung der Arbeiterbewegung in ein Werkzeug der bürgerlichen Demokratie vorbereiten. Und wer sagt das? Leute, die ein „Kompromiß" mit dem Liberalismus eingehen, die sich in jede „liberale" Frage einmischen (welche Verständnislosigkeit für die „organische Verbindung mit dem proletarischen Kampf"!), die den Studenten und gar (o Schrecken!) den Semstwoleuten so viel Aufmerksamkeit schenken! Leute, die überhaupt einen (im Vergleich zu den „Ökonomisten") größeren Teil ihrer Kräfte der Arbeit unter den nichtproletarischen Klassen der Bevölkerung zuteilen wollen! Ist das etwa kein „Mummenschanz"??

Armes **Rabotscheje Delo**! Wird es dieser verzwickten Mechanik jemals auf den Grund kommen?

Fußnote von Lenin

P. (76) Hier finden wir auch die Berufung auf die „konkreten russischen Verhältnisse, die die Arbeiterbewegung unabwendbar auf den revolutionären Weg stoßen". Die Leute wollen nicht begreifen, daß der revolutionäre Weg der Arbeiterbewegung auch noch ein nichtsozialdemokratischer Weg sein kann! Hat doch die gesamte westeuropäische Bourgeoisie unter dem Absolutismus die Arbeiter auf einen revolutionären Weg „gestoßen", bewußt gestoßen. Wir Sozialdemokraten aber dürfen uns damit nicht zufriedengeben. Und wenn wir, gleichviel durch was, die sozialdemokratische Politik zur spontanen, trade-unionistischen Politik degradieren, so arbeiten wir eben damit der bürgerlichen Demokratie in die Hände.

IV

Die Handwerklerei der Ökonomisten und die Organisation der Revolutionäre

Die oben von uns analysierten Behauptungen des **Rabotscheje Delo**, der ökonomische Kampf sei das weitest anwendbare Mittel der politischen Agitation und es sei jetzt unsere Aufgabe, dem eigentlichen ökonomischen Kampf politischen Charakter zu verleihen usw., bringen eine beschränkte Auffassung nicht nur von unseren politischen, sondern auch von unseren *organisatorischen* Aufgaben zum Ausdruck. Für den „ökonomischen Kampf gegen die Unternehmer und gegen die Regierung" ist eine gesamtrussische zentralisierte Organisation überhaupt nicht notwendig – und aus diesem Kampf kann daher eine derartige Organisation gar nicht hervorgehen, die sämtliche Erscheinungen der politischen Opposition, des Protestes und der Empörung zu einem gemeinsamen Ansturm vereinigt, eine Organisation, die aus Berufsrevolutionären besteht und von wirklichen politischen Führern des ganzen Volkes geleitet wird. Das ist auch begreiflich. Der Charakter der Organisation einer jeden Institution wird natürlich und unvermeidlich durch den Inhalt der Tätigkeit dieser Institution bestimmt. Darum sanktioniert und legalisiert das **Rabotscheje Delo** durch seine oben analysierten Behauptungen nicht nur den engen Rahmen der politischen Tätigkeit, sondern auch den der organisatorischen Arbeit. Auch in diesem Falle ist das **Rabotscheje Delo**, wie immer, ein Organ, dessen Bewußtheit vor der Spontaneität kapituliert. Doch die Anbetung der sich spontan herausbildenden Organisationsformen, die mangelnde Erkenntnis dessen, wie eng und primitiv unsere Organisationsarbeit ist, was für „Handwerkler" wir auf diesem wichtigen Gebiet noch sind, das Fehlen dieser Erkenntnis, sage ich, ist die wahre Krankheit unserer Bewegung. Das ist selbstverständlich nicht eine Krankheit des Verfalls, sondern eine Wachstumskrankheit. Aber gerade jetzt, wo die Welle der spontanen Empörung uns, den Führern und Organisatoren der Bewegung, sozusagen über den Kopf schlägt, ist es besonders notwendig, den unversöhnlichsten Kampf gegen jede Verteidigung der Rückständigkeit, gegen jede Legalisierung des engen Rahmens auf diesem Gebiet zu führen, ist es besonders notwendig, in jedem, der an der praktischen Arbeit teilnimmt oder die Absicht hat, sich ihr zu widmen, Unzufriedenheit mit der bei uns herrschenden *Handwerklerei* zu wecken sowie die unbeugsame Entschlossenheit, sich von dieser frei zu machen.

a) Was ist Handwerklerei?

Wir wollen versuchen, auf diese Frage dadurch zu antworten, daß wir ein kleines Bild von der Tätigkeit eines typischen sozialdemokratischen Zirkels der Jahre 1894 bis 1901 entwerfen. Wir haben bereits auf die allgemeine Begeisterung der studierenden Jugend jener Zeit für den Marxismus hingewiesen. Diese Begeisterung galt natürlich nicht nur und sogar nicht so sehr dem Marxismus als Theorie als vielmehr dem Marxismus als Antwort auf die Frage „Was tun?", als Appell zum Feldzug gegen den Feind. Und die neuen Streiter zogen mit erstaunlich primitiver Ausrüstung und Ausbildung ins Feld. In vielen Fällen hatten sie sogar fast gar keine Ausrüstung und nicht die geringste Ausbildung. Sie zogen in den Krieg wie richtige Bauern, nur mit einem Knüppel bewaffnet. Ein Studentenzirkel knüpft Beziehungen zu Arbeitern an und beginnt zu arbeiten, ohne jede Verbindung mit den alten Funktionären der Bewegung, ohne jede Verbindung mit Zirkeln an anderen Orten oder auch nur in anderen Stadtteilen (oder in anderen Lehranstalten), ohne jede Organisation der einzelnen Zweige der revolutionären Arbeit, ohne jeden systematischen Plan für eine Tätigkeit auf längere Zeit. Nach und nach entfaltet der Zirkel eine immer umfassendere Propaganda- und Agitationsarbeit, gewinnt schon allein durch sein Auftreten die Sympathien ziemlich breiter Arbeiterschichten sowie die Sympathien eines gewissen Teils der gebildeten Gesellschaft, die Gelder aufbringt und dem „Komitee" immer neue und neue Gruppen der Jugend zuführt. Die Anziehungskraft des Komitees (oder des

Kampfbundes) nimmt zu, es wächst das Ausmaß seiner Tätigkeit, und das Komitee erweitert diese Tätigkeit ganz spontan: dieselben Menschen, die vor einem Jahr oder einigen Monaten in Studentenzirkeln auftraten und die Frage „Wohin gehen?" zu beantworten suchten, die Beziehungen zu den Arbeitern anknüpften und unterhielten, Flugblätter verfaßten und verbreiteten, knüpfen nun Beziehungen zu anderen Gruppen von Revolutionären an, schaffen Literatur herbei, machen sich daran, eine lokale Zeitung herauszugeben, beginnen von der Veranstaltung einer Demonstration zu reden und gehen schließlich zu offenen Kampfhandlungen über (wobei eine solche offene Kampfhandlung, je nach den Umständen, entweder schon das erste Agitationsflugblatt oder die erste Nummer einer Zeitung oder die erste Demonstration sein kann). Und gewöhnlich führt gleich der Beginn dieser Aktionen zum sofortigen und vollständigen Auffliegen. Sofort und vollständig, eben weil diese Kampfhandlungen nicht das Resultat eines systematischen, im voraus durchdachten und von langer Hand vorbereiteten Planes für einen langen und hartnäckigen Kampf waren, sondern sich einfach aus dem spontanen Wachstum der traditionell betriebenen Zirkelarbeit ergeben haben; weil die Polizei natürlicherweise fast immer sämtliche Hauptführer der lokalen Bewegung, die sich schon in ihrer Studentenzeit „mißliebig gemacht" hatten, kannte und nur den günstigsten Augenblick für eine Razzia abwartete; dazu gab sie den Zirkeln absichtlich die Möglichkeit, sich auszubreiten und zu entfalten, um ein greifbares Corpus delicti zu haben, und ließ ein paar ihr wohlbekannte Leute stets absichtlich übrig – „zur Aufzucht" (wie der Fachausdruck lautet, der, soweit mir bekannt ist, sowohl von den Unseren als auch von den Gendarmen gebraucht wird). Man kann nicht umhin, einen solchen Krieg einem Feldzug mit Knüppeln bewaffneter Bauernhaufen gegen eine moderne Armee gleichzusetzen. Und man kann nur staunen über die Lebensfähigkeit der Bewegung, die sich ausbreitete, wuchs und Siege davontrug, trotz dieses absoluten Mangels an Schulung bei den Kämpfenden. Geschichtlich gesehen war allerdings die Primitivität der Ausrüstung anfänglich nicht nur unvermeidlich, sondern *sogar gerechtfertigt*, als eine der Bedingungen für die Gewinnung einer großen Schar von Streitern. Aber sobald ernste Kampfhandlungen einsetzten (und sie setzten eigentlich schon mit den Streiks im Sommer 1896 ein), da machten sich die Mängel unserer militärischen Organisation immer stärker und stärker fühlbar. Die Regierung war zuerst verdutzt und machte eine Reihe von Fehlern (wie z.B. der Aufruf an die Öffentlichkeit, in dem die Missetaten der Sozialisten ausgemalt wurden, oder die Ausweisung von Arbeitern aus den Hauptstädten in die Industriezentren der Provinz), sehr bald paßte sie sich aber den neuen Kampfbedingungen an und verstand es, ihre auf das vollkommenste gerüsteten Trupps von Lockspitzeln, Spionen und Gendarmen an den nötigen Stellen einzusetzen. Das Auf fliegen von Organisationen wurde so häufig, zog eine so große Menge von Menschen in Mitleidenschaft, fegte die lokalen Zirkel so gründlich hinweg, daß die Arbeitermasse buchstäblich alle Führer verlor, die Bewegung einen unglaublich sprunghaften Charakter annahm und sich absolut keine Kontinuität und kein Zusammenhang in der Arbeit herausbilden konnten. Das unvermeidliche Ergebnis der geschilderten Verhältnisse waren außerordentliche Zersplitterung der örtlichen Funktionäre, zufällige Zusammensetzung der Zirkel, Mangel an Vorbereitung und ein enger Gesichtskreis in theoretischen, politischen und organisatorischen Fragen. Infolge unseres Mangels an Ausdauer und Konspiration ist es so weit gekommen, daß an manchen Orten die Arbeiter von Mißtrauen gegen die Intellektuellen erfaßt werden und sie meiden: die Intellektuellen, sagen sie, verursachen durch ihre Leichtfertigkeit Verhaftungen!

Daß diese Handwerklerei schließlich von allen denkenden Sozialdemokraten als Krankheit empfunden wurde, weiß jeder, der die Bewegung auch nur einigermaßen kennt. Damit aber der Leser, der mit der Bewegung nicht vertraut ist, nicht etwa glaubt, daß wir ein besonderes Stadium oder eine besondere Krankheit der Bewegung künstlich „konstruieren", wollen wir uns auf einen bereits erwähnten Zeugen berufen. Man verzeihe uns das lange Zitat.

> „Wenn der allmähliche Übergang zu einer umfassenderen praktischen Tätigkeit", schreibt B-w in Nr.6 des **Rabotscheje Delo**, „ein Übergang, der in direkter Abhängigkeit von der allgemeinen Übergangszeit steht, die die russische Arbeiterbewegung durchmacht, ein charakteristischer Zug ist..., so gibt es noch

einen anderen, nicht minder interessanten Zug im allgemeinen Mechanismus der russischen Arbeiterrevolution. Wir meinen damit den *allgemeinen Mangel an aktionsfähigen revolutionären Kräften* [A] (82), der sich nicht nur in Petersburg, sondern auch in ganz Rußland fühlbar macht. Mit der allgemeinen Belebung der Arbeiterbewegung, mit der allgemeinen Entwicklung der Arbeitermasse, mit den immer häufiger werdenden Streiks, mit dem immer offener werdenden Massenkampf der Arbeiter, der zu einer Zunahme der Verfolgungen, Verhaftungen, Verbannungen und Ausweisungen durch die Regierung führt, *tritt dieser Mangel an qualitativ hochstehenden revolutionären Kräften immer deutlicher hervor* und bleibt zweifellos *nicht ohne Einfluß auf die Tiefe und den allgemeinen Charakter der Bewegung*. Viele Streiks verlaufen ohne starke und unmittelbare Einwirkung der revolutionären Organisationen ... es macht sich der Mangel an Agitationsflugblättern und illegaler Literatur geltend ... die Arbeiterzirkel bleiben ohne Agitatoren ... Gleichzeitig macht sich ein ständiger Mangel an Geld bemerkbar. Mit einem Wort, *das Wachstum der Arbeiterbewegung überflügelt das Wachstum und die Entwicklung der revolutionären Organisationen*. Der Bestand an aktiven Revolutionären ist zu unbedeutend, als daß sie den Einfluß auf die gesamte in Wallung gekommene Arbeitermasse in ihren Händen konzentrieren, als daß sie der ganzen Empörung auch nur einen Schein von Geschlossenheit und Organisiertheit verleihen könnten ... Die einzelnen Zirkel, die einzelnen Revolutionäre sind nicht zusammengefaßt, nicht vereinigt, stellen keine einheitliche, starke und disziplinierte Organisation mit planmäßig entwickelten Teilen dar ..." Und nachdem der Verfasser weiter festgestellt hat, daß das sofortige Auftauchen neuer Zirkel an Stelle der zerschlagenen „nur die Lebensfähigkeit der Bewegung beweist, ... nicht aber das Vorhandensein einer genügenden Zahl von wirklich tauglichen revolutionären Funktionären", kommt er zu der Schlußfolgerung: „Die mangelnde praktische Schulung der Petersburger Revolutionäre zeigt sich auch in den Ergebnissen ihrer Arbeit. Die letzten Prozesse, besonders die gegen die Gruppen ‚Selbstbefreiung' und ‚Kampf der Arbeit gegen das Kapital' haben klar gezeigt, daß ein junger Agitator, der die Bedingungen der Arbeit und folglich auch der Agitation in einem bestimmten Betrieb nicht in ihren Einzelheiten kennt, der mit den Grundregeln der Konspiration nicht vertraut ist und sich nur die allgemeinen Ansichten der Sozialdemokratie zu eigen gemacht hat" (hat er sie sich wirklich zu eigen gemacht?), „höchstens 4, 5 oder 6 Monate arbeiten kann. Dann erfolgt seine Verhaftung, die oft die Zerschlagung der gesamten oder zum mindesten eines Teils der Organisation zur Folge hat. Es fragt sich nun, ob eine erfolgreiche und fruchtbare Tätigkeit einer Gruppe möglich ist, wenn ihre Lebensdauer nach Monaten zu rechnen ist? ... Offensichtlich können die Mängel der vorhandenen Organisationen nicht gänzlich der Übergangszeit zur Last gelegt werden ... offensichtlich spielt hier die quantitative und vor allem die qualitative Zusammensetzung der tätigen Organisationen eine nicht geringe Rolle, und die erste Aufgabe unserer Sozialdemokraten ... muß *eine wirkliche Vereinigung der Organisationen bei strenger Auslese der Mitglieder* sein."

Fußnote von Lenin

A. (81) Alle Hervorhebungen von uns.

b) Handwerklerei und Ökonomismus

Wir müssen jetzt auf die Frage eingehen, die sich sicherlich schon jedem Leser aufdrängt. Kann man diese Handwerklerei als eine Wachstumskrankheit, die der *gesamten* Bewegung anhaftet, in Zusammenhang bringen mit dem „Ökonomismus" als *einer* der Strömungen in der russischen Sozialdemokratie? Wir sind der Ansicht, ja. Mangel an praktischer Schulung, Unvermögen in der organisatorischen Arbeit sind *uns allen* eigen, auch denen, die von Anfang an fest auf dem Boden des revolutionären Marxismus standen. Und diesen Mangel an Schulung an sich könnte natürlich niemand den Praktikern zum Vorwurf machen. Aber außer dem Mangel an Schulung gehört zum Begriff der „Handwerklerei" noch etwas anderes: der beschränkte Umfang der ganzen revolutionären Arbeit im allgemeinen, das mangelnde Verständnis dafür, daß sich bei dieser beschränkten Arbeit auch gar keine ordentliche Organisation von Revolutionären herausbilden kann, schließlich – und das ist die Hauptsache – die Versuche, diese Beschränktheit zu rechtfertigen und zu einer besonderen Theorie zu erheben, d.h. eine Anbetung der Spontaneität auch auf diesem Gebiet. Sind solche Versuche zutage getreten, so ist schon nicht mehr daran zu zweifeln, daß die Handwerklerei mit dem „Ökonomismus" zusammenhängt und daß wir uns von der Beschränktheit unserer organisatorischen Tätigkeit nicht frei machen können, ohne uns vom „Ökonomismus" überhaupt (d.h. von der engen Auffassung sowohl der Theorie des Marxismus als auch der Rolle der Sozialdemokratie und ihrer politischen Aufgaben) frei gemacht zu haben. Diese Versuche aber traten in zweifacher Richtung zutage. Die einen begannen so zu reden: Die Arbeitermasse hat noch nicht selbst solch umfassende politische Kampfaufgaben gestellt, wie sie ihr von den Revolutionären „aufgezwungen" werden, sie muß noch für die *nächsten* politischen Forderungen kämpfen, den „ökonomischen Kampf gegen die Unternehmer und gegen die Regierung" führen [B] (87) (diesem der Massenbewegung „zugänglichen" Kampf entspricht aber naturgemäß auch eine selbst der ungeschultesten Jugend „zugängliche" Organisation). Die anderen, denen jede „Allmählichkeitstheorie" fernlag, sagten: Es ist möglich und notwendig, eine „politische Revolution zu vollbringen", dazu aber ist es absolut nicht nötig, eine starke Organisation der Revolutionäre zu schaffen, die das Proletariat durch harten und zähen Kampf erzieht; dazu genügt es, daß wir alle den uns „zugänglichen" und schon bekannten Knüppel zur Hand nehmen. Um ohne Allegorien zu sprechen: daß wir einen Generalstreik organisieren [C] (87); oder daß wir den „schlappen" Gang der Arbeiterbewegung mit Hilfe des „exzitierenden Terrors" anspornen [D] (87). Diese beiden Richtungen, die Opportunisten und die „Revolutionisten", kapitulieren vor der herrschenden Handwerklerei, sie glauben nicht an die Möglichkeit, sich von ihr zu befreien, sie verstehen nicht unsere erste und dringendste praktische Aufgabe: *eine Organisation von Revolutionären* zu schaffen, die fähig ist, dem politischen Kampf Energie, Zähigkeit und Kontinuität zu verleihen.

Wir haben soeben die Worte von B-w angeführt: „Das Wachstum der Arbeiterbewegung überflügelt das Wachstum und die Entwicklung der revolutionären Organisationen." Dieser „wertvolle Bericht eines Beobachters aus der Nähe" (Urteil des **Rabotscheje Delo** über den Artikel von B-w) ist für uns von doppeltem Wert. Er zeigt, daß wir recht hatten, als wir feststellten, daß die Hauptursache der gegenwärtigen Krise in der russischen Sozialdemokratie in dem *Zurückbleiben der Führer* (der „Ideologen", der Revolutionäre, der Sozialdemokraten) hinter dem *spontanen Aufschwung der Massen* besteht. Er zeigt, daß all dieses Gerede der Verfasser des „ökonomistischen" Briefes (in Nr.12 der **Iskra**) sowie auch B. Kritschewskis und Martynows über die Gefahr der Unterschätzung des spontanen Elements, des unscheinbaren Tageskampfes, über die Taktik als Prozeß usw. eben eine Verherrlichung und Verteidigung der Handwerklerei ist. Diese Leute, die das Wort „Theoretiker" nicht in den Mund nehmen können, ohne eine verächtliche Grimasse zu ziehen, die den Mangel an praktischer Schulung und die Zurückgebliebenheit verherrlichen und dies als „Sinn fürs Leben" bezeichnen, offenbaren in Wirklichkeit, daß sie unsere dringendsten *praktischen* Aufgaben nicht verstehen. Den Zurückgebliebenen ruft man zu: Haltet Schritt! Eilt nicht voraus! Zu Leuten, die daran kranken, daß es ihnen an Energie und Initiative in der Organisationsarbeit mangelt, daß es ihnen an „Plänen" mangelt, die

Arbeit an breiter Front und kühn in Angriff zu nehmen, redet man von der „Taktik als Prozeß"! Unsere größte Sünde besteht im *Herabdrücken* unserer politischen *und organisatorischen* Aufgaben auf das Niveau der nächsten, „greifbaren", „konkreten" Interessen des ökonomischen Tageskampfes – aber wir hören immer wieder die alte Leier: Dem eigentlichen ökonomischen Kampf muß politischer Charakter verliehen werden! Noch einmal: Das ist buchstäblich derselbe „Sinn fürs Leben", wie ihn eine Gestalt der Volksdichtung kundtat, die beim Anblick eines Leichenbegängnisses rief: „Mögen euch immer so glückliche Tage beschieden sein!"

Man erinnere sich, mit welch unvergleichlichem Hochmut wahrhaft „à la Narziß" diese Neunmalweisen Plechanow zu belehren versuchten: „Die politischen Aufgaben im wirklichen, *praktischen* Sinne des Wortes, d.h. im Sinne eines zweckmäßigen und erfolgreichen *praktischen* Kampfes für die politischen Forderungen, sind den Arbeiterzirkeln überhaupt (sic!) nicht zugänglich" (*Antwort der Redaktion des* **Rabotscheje Delo**, S.24). Es gibt Zirkel und Zirkel, meine Herren! Einem Zirkel der „Handwerkler" sind freilich die politischen Aufgaben nicht zugänglich, solange diese Handwerkler ihre Handwerkerei nicht erkannt und sich nicht von ihr frei gemacht haben. Wenn aber diese Handwerkler außerdem noch in ihre Handwerkerei verliebt sind, wenn sie das Wort „praktisch" unbedingt kursiv setzen lassen und der Meinung sind, praktisch sein heiße, daß man seine Aufgaben auf das Niveau des Auffassungsvermögens der rückständigsten Schichten der Masse herabdrücke, dann ist bei diesen Handwerklern natürlich Hopfen und Malz verloren, und die *politischen Aufgaben* sind ihnen tatsächlich *überhaupt nicht zugänglich*. Aber einem Zirkel von Koryphäen, von der Art eines Alexejew und Myschkin, Chalturin und Scheljabow, sind politische Aufgaben im wahrsten, im praktischsten Sinne dieses Wortes zugänglich, sie sind ihnen gerade darum und insoweit zugänglich, als ihre leidenschaftliche Propaganda in der spontan erwachenden Masse einen Widerhall findet, als ihre sprühende Energie von der Energie der revolutionären Klasse aufgenommen und unterstützt wird. Plechanow hatte tausendmal recht, als er nicht nur auf diese revolutionäre Klasse hinwies, nicht nur die Unvermeidlichkeit, die Unabwendbarkeit ihres spontanen Erwachens nachwies, sondern auch sogar die „Arbeiterzirkel" vor eine hohe und große politische Aufgabe stellte. Ihr aber beruft euch auf die seither entstandene Massenbewegung, um diese Aufgabe *herabzudrücken*, um die Energie und den Umfang der Tätigkeit der „Arbeiterzirkel" *einzuengen*. Was ist das, wenn nicht die Verliebtheit des Handwerklers in seine Handwerkerei? Ihr brüstet euch mit eurem praktischen Sinn und seht nicht die jedem russischen Praktiker bekannte Tatsache, welche Wunder für die Sache der Revolution die Energie nicht nur eines Zirkels, sondern sogar einer einzelnen Person zu vollbringen vermag. Oder glaubt ihr etwa, daß es in unserer Bewegung keine solchen Koryphäen geben kann, wie es sie in den siebziger Jahren gab? Warum denn? Weil wir nicht genügend geschult sind? Aber wir schulen uns, werden uns schulen und werden geschult sein! Allerdings hat sich bei uns unglücklicherweise auf dem stehenden Wasser des „ökonomischen Kampfes gegen die Unternehmer und gegen die Regierung" Schimmel gebildet, es sind Leute aufgetaucht, die vor der Spontaneität einen Kotau machen und sie anbeten, wobei sie ehrfurchtsvoll (nach einem Ausdruck Plechanows) das „Hinterteil" des russischen Proletariats betrachten. Aber wir werden es verstehen, diesen Schimmel loszuwerden. Gerade jetzt kann der russische Revolutionär, geleitet von einer wahrhaft revolutionären Theorie und gestützt auf eine wahrhaft revolutionäre und spontan erwachende Klasse, sich endlich – endlich! – in seiner ganzen Größe aufrichten und all seine reckenhaften Kräfte entfalten. Dazu ist es nur notwendig, daß jeder Versuch, unsere politischen Aufgaben und den Umfang unserer Organisationsarbeit herabzudrücken, bei der Masse der Praktiker, bei der noch größeren Masse der Leute, die schon auf der Schulbank von praktischer Arbeit träumten, auf Hohn und Verachtung stößt. Und das werden wir erreichen, darauf können Sie sich verlassen, meine Herren!

Im Artikel *Womit beginnen?* schrieb ich gegen das **Rabotscheje Delo**: „Man kann in 24 Stunden die Taktik der Agitation in irgendeiner besonderen Frage, die Taktik bei der Durchführung irgendeiner Teilaufgabe der Parteiorganisation ändern; aber in 24 Stunden, ja sei es sogar in 24 Monaten, seine Ansichten darüber ändern, ob überhaupt, stets und unbedingt eine Kampforganisation und politische Agitation in den Massen notwendig sind, das bringen nur Leute ohne jegliche Prinzipien fertig." Das **Rabotscheje Delo** antwortet: „Dieser einzige, auf Sachlichkeit Anspruch erhebende Vorwurf der **Iskra** ist völlig unbegründet. Die Leser des **Rabotscheje Delo** wissen sehr gut, daß wir von Anfang an, ohne das Erscheinen der **Iskra** abzuwarten, nicht nur zur politischen Agitation aufgerufen haben"... (wobei hinzugefügt wurde: Nicht nur die Arbeiterzirkel, „auch die Massenbewegung der Arbeiter" könne sich „den Sturz des Absolutismus nicht zur ersten politischen Aufgabe machen", sondern nur der Kampf um die nächsten politischen Forderungen, und „die nächsten politischen Forderungen werden den Massen nach einem oder, im äußersten Falle, nach einigen Streiks zugänglich")... „sondern auch den in Rußland tätigen Genossen durch unsere Schriften aus dem Ausland das *einzige* sozialdemokratische politische Agitationsmaterial vermittelten"... (wobei ihr in diesem einzigen Material die politische Agitation lediglich auf dem Boden des ökonomischen Kampfes nicht nur am weitesten angewandt habt, sondern schließlich auch zu der Behauptung gelangt seid, diese eng begrenzte Agitation sei „am weitesten anwendbar". Und ihr merkt nicht, ihr Herren, daß eure Argumentation gerade in Anbetracht eines derartigen *einzigen* Materials die Notwendigkeit des Erscheinens der **Iskra** und die Notwendigkeit des Kampfes der **Iskra** gegen das **Rabotscheje Delo** beweist?)... „Anderseits hat unsere Verlagstätigkeit die taktische Einheit der Partei durch die Tat vorbereitet..." (die Einheit der Überzeugung, daß die Taktik ein Prozeß des Wachsens der Parteiaufgaben ist, die zusammen mit der Partei wachsen? Eine wertvolle Einheit!) „...und damit die Möglichkeit einer ‚Kampforganisation‘, für deren Schaffung der Auslandsbund überhaupt alles getan hat, was für eine Auslandsorganisation erreichbar ist" (**Rabotscheje Delo** Nr.10, S.15). Ein vergeblicher Versuch, sich herauszuwinden! Daß ihr alles getan habt, was für euch nur erreichbar war, wollte ich niemals abstreiten. Ich behauptete und behaupte, daß die *Grenzen* des „Erreichbaren" für euch durch die Kurzsichtigkeit eurer Auffassung eingeengt werden. Es ist lächerlich, von einer „Kampforganisation" zum Kampfe für die „nächsten politischen Forderungen" oder zum „ökonomischen Kampf gegen die Unternehmer und gegen die Regierung" auch nur zu reden.

Will aber der Leser Perlen „ökonomistischer" Verliebtheit in die Handwerkerei kennenlernen, so muß er sich selbstverständlich von dem eklektischen und schwankenden **Rabotscheje Delo** der konsequenten und entschlossenen **Rabotschaja Mysl** zuwenden. „Jetzt zwei Worte über die eigentliche sogenannte revolutionäre Intelligenz", schrieb R.M. in der **Sonderbeilage**, S.13, „sie hat allerdings mehr als einmal ihre volle Bereitschaft, ‚den entschlossenen Kampf mit dem Zarismus aufzunehmen‘, durch die Tat gezeigt. Das ganze Malheur ist nur, daß unsere revolutionäre Intelligenz, die von der politischen Polizei schonungslos verfolgt wird, den Kampf gegen diese politische Polizei für einen politischen Kampf gegen die Selbstherrschaft hielt. Darum bleibt für sie bis heute noch die Frage ungeklärt, ‚woher die Kräfte für den Kampf gegen die Selbstherrschaft nehmen?‘"

Nicht wahr, wie beispiellos ist doch diese grandiose Mißachtung des Kampfes gegen die Polizei bei einem Verehrer (Verehrer im schlechten Sinne des Wortes) der *spontanen* Bewegung? Unser Unvermögen in Fragen der Konspiration will er dadurch *rechtfertigen*, daß für uns – angesichts der spontanen Massenbewegung – der Kampf gegen die politische Polizei eigentlich gar nicht von Belang sei!! Diese ungeheuerliche Schlußfolgerung werden nur ganz wenige unterschreiben: so sehr sind jetzt für alle die Mängel unserer revolutionären Organisationen zur akuten Frage geworden. Wenn sie aber zum Beispiel Martynow nicht unterschreibt, so nur, weil er es nicht versteht oder weil er nicht den Mut aufbringt, das, was er sagt, zu Ende zu denken. Wahrhaftig, verlangt denn eine solche „Aufgabe" wie die Aufstellung konkreter, greifbare Resultate verheißender Forderungen durch die Masse besondere Sorge für die Gründung einer festen, zentralisierten Kampforganisation der Revolutionäre? Wird denn diese „Aufgabe" nicht auch von einer Masse erfüllt, die gar nicht „gegen die politische Polizei kämpft"? Mehr noch: Wäre denn diese Aufgabe zu erfüllen, wenn sie nur von den wenigen Führern und nicht auch (und zwar in übergroßer Mehrheit) von solchen Arbeitern in Angriff genommen würde, die gar *nicht fähig* sind, „gegen die politische Polizei zu kämpfen"? Solche Arbeiter, Durchschnittsmenschen aus der Masse, sind fähig, in einem Streik, einem Straßenkampf gegen Polizei und Militär riesige Energie und Opfermut an den Tag zu legen, sie sind fähig (und nur sie allein können es), den Ausgang unserer ganzen Bewegung zu *entscheiden* – aber gerade der Kampf gegen die *politische* Polizei erfordert besondere Eigenschaften, erfordert Berufsrevolutionäre. Und wir müssen nicht nur dafür sorgen, daß die Masse konkrete Forderungen „stellt", sondern auch dafür, daß die Masse der Arbeiter aus ihrer Mitte in immer größerer Zahl solche Berufsrevolutionäre „stellt". Wir sind also bei der Frage der Wechselbeziehung zwischen der Organisation der Berufsrevolutionäre und der reinen Arbeiterbewegung angelangt. Diese Frage, die in der Literatur einen geringen Widerhall gefunden hat, hat uns „Politiker" in Gesprächen und Diskussionen mit Genossen, die mehr oder weniger zum „Ökonomismus" neigen, viel beschäftigt. Es lohnt, auf diese Frage besonders einzugehen. Zunächst aber wollen wir die Illustrierung unserer These vom Zusammenhang der Handwerklerei mit dem „Ökonomismus" mit einem weiteren Zitat abschließen.

„Die Gruppe ‚Befreiung der Arbeit'," schrieb Herr N.N. in seiner *Antwort*, „fordert den direkten Kampf gegen die Regierung, ohne zu erwägen, wo die materielle Kraft für diesen Kampf ist, und ohne zu zeigen, *welche Wege es für diesen Kampf gibt*." Und die letzten Worte unterstreichend, macht der Verfasser zum Wort „Wege" folgende Bemerkung: „Dieser Umstand kann nicht durch konspirative Ziele erklärt werden, da im Programm nicht von einer Verschwörung, sondern von einer *Massenbewegung* die Rede ist. Die Masse kann aber nicht geheime Wege gehen. Ist etwa ein geheimer Streik möglich? Ist eine geheime Manifestation oder Petition möglich?" (**Vademecum**, S. 59.) Der Verfasser ist sowohl an diese „materielle Kraft" (die Organisatoren von Streiks und Demonstrationen) als auch an die „Wege" des Kampfes hart herangekommen, geriet aber dennoch in ratlose Verlegenheit, denn er „betet" die Massenbewegung an, d. h., er betrachtet sie als etwas, was uns unserer, der revolutionären Aktivität *enthebt*, und nicht als etwas, was unsere revolutionäre Aktivität ermuntern und *anspornen* soll. Einen Streik geheimhalten ist für seine Teilnehmer und alle mit ihm unmittelbar in Berührung stehenden Personen unmöglich. Aber für die Masse der russischen Arbeiter kann dieser Streik „geheim" bleiben (und meistens bleibt er es auch), denn die Regierung wird dafür sorgen, daß jede Verbindung mit den Streikenden unterbunden, jede Verbreitung von Berichten über den Streik unmöglich gemacht wird. Hier ist schon ein spezieller „Kampf gegen die politische Polizei" notwendig, ein Kampf, der niemals von einer ebenso breiten Masse, wie sie an Streiks teilnimmt, aktiv geführt werden kann. Dieser Kampf muß „nach allen Regeln der Kunst" von Leuten organisiert werden, denen die revolutionäre Arbeit zum Beruf geworden ist. Die Organisierung dieses Kampfes ist nicht *weniger notwendig* geworden, weil die Masse spontan in die Bewegung hineingezogen wird. Im Gegenteil, dadurch wird die Organisation noch *notwendiger*, denn wir Sozialisten würden unsere direkten Pflichten der Masse gegenüber nicht erfüllen, wenn wir es nicht fertigbrächten zu verhindern, daß die Polizei jeden Streik und jede Manifestation geheimhält (und wir selber nicht mitunter die Streiks und Manifestationen geheim vorbereiteten). Wir sind aber gerade deshalb in der Lage, *dies fertigzubringen*, weil diese spontan erwachende Masse *auch aus ihrer Mitte* in immer größerer Zahl „Berufsrevolutionäre" *hervorbringen wird* (wenn wir uns nicht darauf versteifen, den Arbeitern in allen Tonarten zu predigen, daß sie auf der Stelle treten müssen).

Fußnoten von Lenin

B. (83) **Rabotschaja Mysl** und **Rabotscheje Delo,** besonders die „Antwort" an Plechanow.

C. (83) Die Schrift *Wer wird die politische Revolution vollbringen?* in dem in Rußland veröffentlichten Sammelband **Der proletarische Kampf.** Die Schrift wurde auch vom Kiewer Komitee neu herausgegeben.

D. (83) **Die Wiedergeburt des Revolutionismus** und **Swoboda.**

c) Die Organisation der Arbeiter und die Organisation der Revolutionäre

Deckt sich für einen Sozialdemokraten der Begriff politischer Kampf mit dem Begriff „ökonomischer Kampf gegen die Unternehmer und gegen die Regierung", so ist natürlich zu erwarten, daß der Begriff „Organisation der Revolutionäre" sich für ihn mehr oder weniger mit dem Begriff „Organisation der Arbeiter" decken wird. Und das geschieht tatsächlich, so daß wir buchstäblich verschiedene Sprachen sprechen, wenn wir über Organisation reden. Ich erinnere mich zum Beispiel, als wäre es heute, an das Gespräch mit einem ziemlich konsequenten „Ökonomisten", den ich bis dahin nicht gekannt hatte. Das Gespräch kam auf die Broschüre **Wer wird die politische Revolution vollbringen?**, und wir waren uns sehr bald darüber einig, daß ihr Hauptmangel darin besteht, daß sie die Frage der Organisation ignoriert. Wir glaubten schon, völlig einig zu sein, aber...das Gespräch geht weiter, und da stellt sich heraus, daß wir von verschiedenen Dingen sprechen. Während mein Gesprächspartner den Verfasser beschuldigte, die Streikkassen, Gesellschaften für gegenseitige Hilfe usw. ignoriert zu haben, hatte ich die Organisation der Revolutionäre im Auge, die notwendig ist, um die politische Revolution zu „vollbringen". Und kaum war diese Meinungsverschiedenheit zutage getreten, da konnte ich mich, soweit ich mich erinnere, in keiner einzigen prinzipiellen Frage mehr mit diesem „Ökonomisten" verständigen!

Worin bestand der Ursprung unserer Meinungsverschiedenheiten? Nun, gerade darin, daß die „Ökonomisten" sowohl bei den organisatorischen als auch bei den politischen Aufgaben ständig vom Sozialdemokratismus zum Trade-Unionismus abgleiten. Der politische Kampf der Sozialdemokratie ist viel umfassender und komplizierter als der ökonomische Kampf der Arbeiter gegen die Unternehmer und die Regierung. Genauso (und infolgedessen) muß die Organisation der revolutionären sozialdemokratischen Partei unvermeidlich *anderer Art* sein als die Organisation der Arbeiter für diesen Kampf. Die Organisation der Arbeiter muß erstens eine gewerkschaftliche sein; zweitens muß sie möglichst umfassend sein; drittens muß sie möglichst wenig konspirativ sein (ich spreche natürlich hier und weiter unten nur vom autokratischen Rußland). Die Organisation der Revolutionäre dagegen muß vor allem und hauptsächlich Leute erfassen, deren Beruf die revolutionäre Tätigkeit ist (darum spreche ich auch von der Organisation der *Revolutionäre*, wobei ich die revolutionären Sozialdemokraten im Auge habe). Hinter dieses allgemeine Merkmal der Mitglieder einer solchen Organisation *muß jeder Unterschied zwischen Arbeitern und Intellektuellen*, von den beruflichen Unterschieden der einen wie der anderen ganz zu schweigen, *völlig zurücktreten*. Diese Organisation muß notwendigerweise nicht sehr umfassend und möglichst konspirativ sein. Gehen wir auf diesen dreifachen Unterschied näher ein.

In Ländern mit politischer Freiheit ist der Unterschied zwischen der gewerkschaftlichen und der politischen Organisation vollkommen klar, wie auch der Unterschied zwischen den Trade-Unions und der Sozialdemokratie klar ist. Natürlich gestalten sich notwendigerweise die Beziehungen der letzteren zu den ersteren in den verschiedenen Ländern verschieden, je nach den historischen, rechtlichen und sonstigen Bedingungen; sie können mehr oder weniger eng, kompliziert usw. sein (von unserem Standpunkt aus sollen sie möglichst eng und möglichst wenig kompliziert sein), aber davon, daß die Organisation der Gewerkschaften und die Organisation der sozialdemokratischen Partei zusammenfallen, kann in freien Ländern nicht die Rede sein. In Rußland aber wird auf den ersten Blick durch den Druck der Selbstherrschaft jeder Unterschied zwischen der sozialdemokratischen Organisation und dem Arbeiterverband verwischt, da *alle* Arbeiterverbände und *alle* Zirkel verboten sind und da das wichtigste Ausdrucksmittel und Werkzeug des wirtschaftlichen Kampfes der Arbeiter – der Streik – überhaupt als kriminelles (und mitunter sogar als politisches!) Vergehen gilt. So kommt es, daß durch unsere Verhältnisse einerseits die Arbeiter, die einen ökonomischen Kampf führen, nachdrücklich auf die politischen Fragen „gestoßen" und anderseits die Sozialdemokraten zur Verwechslung von Trade-Unionismus und Sozialdemokratismus „gestoßen" werden (und unsere Kritschewski, Martynow und Konsorten, die voller Eifer von dem „Gestoßenwerden" der ersten Art reden, merken das „Gestoßenwerden" der zweiten Art nicht). In der Tat, man stelle sich Leute vor, die zu 99 Prozent vom „ökonomischen Kampf gegen die Unternehmer und gegen die Regierung" absorbiert sind. Die einen von ihnen werden im Verlauf der *ganzen* Zeit ihrer Tätigkeit (4 bis 6 Monate lang) kein einziges Mal auf die Frage stoßen, ob die kompliziertere Organisation der Revolutionäre notwendig sei; die anderen werden womöglich auf die verhältnismäßig weitverbreitete bernsteinianische Literatur „stoßen", aus der sie die Überzeugung von der großen Bedeutung der „Vorwärtsbewegung des unscheinbaren Tageskampfes" schöpfen werden. Die dritten schließlich werden sich vielleicht von der verführerischen Idee hinreißen lassen, der Welt ein neues Vorbild der „engen und organischen Verbindung mit dem proletarischen Kampf", der Verbindung der gewerkschaftlichen mit der sozialdemokratischen Bewegung, zu zeigen. Je später ein Land die Arena des Kapitalismus und folglich auch der Arbeiterbewegung betritt – werden solche Leute sagen –, um so mehr können die Sozialisten an der Gewerkschaftsbewegung teilnehmen und ihr Unterstützung angedeihen lassen, um so weniger kann und muß es nichtsozialdemokratische Gewerkschaften geben. Bis hierher ist diese Betrachtung absolut richtig, doch schlimm ist, daß man noch weiter geht und von einer vollständigen Verschmelzung des Sozialdemokratismus mit dem Trade-Unionismus träumt. Wir werden gleich am Beispiel des „Statuts des St.-Petersburger Kampfbundes" sehen, wie schädlich sich solche Träumereien auf unsere Organisationspläne auswirken.

Die Organisationen der Arbeiter für den ökonomischen Kampf müssen Gewerkschaftsorganisationen sein. Jeder sozialdemokratische Arbeiter hat diese Organisationen nach Möglichkeit zu unterstützen und aktiv in ihnen zu arbeiten. Das ist richtig. Es liegt aber durchaus nicht in unserem Interesse, zu fordern, daß nur Sozialdemokraten Mitglieder der „Gewerk"verbände sein dürfen: das würde den Bereich unseres Einflusses auf die Massen einengen. Mag am Gewerkverband jeder Arbeiter teilnehmen, der die Notwendigkeit des Zusammenschlusses zum Kampfe gegen die Unternehmer und gegen die Regierung erkennt. Das eigentliche Ziel der Gewerkverbände wäre gar nicht zu erreichen, wenn sie nicht alle zusammenfaßten, denen diese, sei es auch nur diese eine, elementare Stufe der Erkenntnis zugänglich ist, wenn diese Gewerkverbände nicht sehr *breite* Organisationen wären. Und je breiter diese Organisationen sind, um so größer wird unser Einfluß auf sie sein, ein Einfluß, der nicht nur durch die „spontane" Entwicklung des ökonomischen Kampfes ausgeübt wird, sondern auch durch die direkte, bewußte Einwirkung der sozialistischen Mitglieder des Verbandes auf ihre Kollegen. Aber bei einer breiten Mitgliedschaft der Organisation ist strenge Konspiration unmöglich (die eine viel größere Schulung erfordert, als für die Teilnahme am ökonomischen Kampf notwendig ist). Wie ist dieser Widerspruch zwischen der Notwendigkeit einer breiten Mitgliedschaft und einer strengen Konspiration zu beheben? Wie ist es zu erreichen, daß die Gewerkorganisationen möglichst wenig konspirativ sind? Dafür kann es, allgemein gesprochen, nur zwei Wege geben: entweder die Legalisierung der Gewerkverbände (die in manchen Ländern der Legalisierung der sozialistischen und der politischen Vereinigungen voranging) oder: die Organisation bleibt geheim, ist aber so „frei", so locker, so lose Die Red.>, wie die Deutschen zu sagen pflegen, daß die Konspiration für die Masse der Mitglieder fast Null ist.

Die Legalisierung der nichtsozialistischen und nichtpolitischen Arbeiterverbände hat in Rußland bereits begonnen, und es kann keinem Zweifel unterliegen, daß jeder Schritt unserer rasch wachsenden sozialdemokratischen Arbeiterbewegung diese Legalisierungsversuche mehren und fördern wird, Versuche, die hauptsächlich von Anhängern des bestehenden Regimes, zum Teil aber auch von den Arbeitern selber und von der liberalen Intelligenz ausgehen. Das Banner der Legalisierung ist bereits von den Wassiljew und Subatow erhoben worden, die Herren Oserow und Worms haben schon ihre Unterstützung zugesagt und sie gewährt, unter den Arbeitern gibt es bereits Anhänger der neuen Strömung. Und wir können von jetzt an nicht umhin, mit dieser Strömung zu rechnen. In welcher Weise das geschehen soll, darüber kann es unter Sozialdemokraten wohl kaum zwei Meinungen geben. Wir sind verpflichtet, unentwegt jede Teilnahme der Subatow und Wassiljew, der Gendarmen und Pfaffen an dieser Strömung zu entlarven und die Arbeiter über die wahren Absichten dieser Teilnehmer aufzuklären. Wir sind auch verpflichtet, alle Töne der Versöhnung und „Harmonie" anzuprangern, die aus den Reden der liberalen Politiker in öffentlichen Arbeiterversammlungen klingen werden – einerlei, ob sie diese Töne anschlagen, weil sie aufrichtig überzeugt sind, daß eine friedliche Zusammenarbeit der Klassen erwünscht sei, oder weil sie sich bei der Obrigkeit lieb Kind machen wollen, oder weil sie einfach ungeschickt sind. Wir sind schließlich verpflichtet, die Arbeiter vor einer Falle zu warnen, die ihnen oft von der Polizei gestellt wird: die Polizei hält in diesen öffentlichen Versammlungen und polizeilich genehmigten Vereinen nach „Heißspornen" Umschau und ist bemüht, mittels der legalen Organisationen ihre Lockspitzel auch in die illegalen Organisationen hineinzubringen.

Aber all das tun heißt durchaus nicht vergessen, daß die Legalisierung der Arbeiterbewegung *letzten Endes* eben uns, und nicht den Subatow, Nutzen bringen wird. Im Gegenteil, gerade durch unsere Enthüllungskampagne sondern wir das Unkraut vom Weizen. Das Unkraut haben wir bereits genannt. Der Weizen, das bedeutet, daß die Aufmerksamkeit noch breiterer, auch der rückständigsten Arbeiterschichten auf soziale und politische Fragen gelenkt wird, das bedeutet, daß wir Revolutionäre von solchen Funktionen befreit werden, die ihrem Wesen nach legal sind (Verbreitung von legalen Schriften, gegenseitige Hilfe usw.) und deren Entwicklung uns unvermeidlich immer mehr Agitationsmaterial liefern wird. In diesem Sinne können und müssen wir zu den Subatow und den Oserow sagen: Macht nur weiter, ihr Herren, macht nur weiter! Soweit ihr den Arbeitern (durch direkte Provokation oder durch „ehrliche" Demoralisierung der Arbeiter mit Hilfe des „Struvismus") eine Falle stellt, werden wir schon für eure Entlarvung sorgen. Soweit ihr einen wirklichen Schritt vorwärts tut – wenn auch nur in der Form eines „schüchternen Zickzacks", aber immerhin einen Schritt vorwärts –, werden wir sagen: Bitte sehr! Ein wirklicher Schritt vorwärts kann nur eine tatsächliche, wenn auch nur winzige Erweiterung der Ellenbogenfreiheit für die Arbeiter sein. Und jede solche Erweiterung wird für uns von Nutzen sein und die Entstehung legaler Vereine beschleunigen, in denen nicht die Lockspitzel Sozialisten fangen, wohl aber die Sozialisten sich Anhänger fangen werden. Mit einem Wort, unsere Sache ist es jetzt, gegen das Unkraut zu kämpfen. Nicht unsere Sache ist es, in Blumentöpfen Weizen zu ziehen. Indem wir das Unkraut jäten, säubern wir den Boden, damit der Weizensamen aufgehen kann. Während die Afanassi Iwanytsch und Pulcheria Iwanowna ihre Zimmerpflanzen ziehen, müssen wir Schnitter ausbilden, die imstande sind, heute Unkraut zu jäten und morgen Weizen zu ernten. [E] (97)

Also, mit Hilfe der Legalisierung die Frage *lösen*, wie eine möglichst wenig konspirative und möglichst breite Gewerkschaftsorganisation zu schaffen sei, das können *wir* nicht (aber wir wären sehr froh, wenn die Subatow und Oserow uns wenigstens zum Teil die Möglichkeit einer solchen Lösung eröffneten, dazu aber müssen wir sie möglichst energisch bekämpfen!). Es bleibt der Weg der geheimen Gewerkschaftsorganisationen, und *wir müssen* die Arbeiter, die (wie wir genau wissen) diesen Weg bereits beschreiten, in jeder Weise unterstützen. Die Gewerkschaftsorganisationen können nicht nur für die Entwicklung und Verstärkung des ökonomischen Kampfes von gewaltigem Nutzen sein, sie können auch zu einem sehr wichtigen Helfer für die politische Agitation und revolutionäre Organisation werden. Um dieses Resultat zu erreichen, um die aufkommende Gewerkschaftsbewegung in ein für die Sozialdemokratie erwünschtes Fahrwasser zu lenken, muß man sich vor allem über die Unsinnigkeit des Organisationsplanes im klaren sein, mit dem sich die Petersburger „Ökonomisten" nun schon fast fünf Jahre beschäftigen. Dieser Plan ist dargelegt sowohl im *Statut einer Arbeiterkasse* vom Juli 1897 (**Listok Rabotnika** Nr.9/10, S.46, aus **Rabotschaja Mysl** Nr.1) als auch im *Statut einer Arbeiterverbandsorganisation* vom Oktober 1900 (besondere Flugschrift, gedruckt in St. Petersburg und erwähnt in Nr.1 der **Iskra**). Der Hauptmangel dieser beiden Statuten liegt darin, daß die Form der breiten Arbeiterorganisation bis ins Detail festgelegt und diese Organisation mit der Organisation der Revolutionäre verwechselt wird. Nehmen wir das zweite Statut, das genauer ausgearbeitet ist. Sein Hauptstück besteht aus *zweiundfünfzig* Paragraphen: In 23 Paragraphen werden der Aufbau, die Regeln für die Arbeit und die Kompetenzgrenzen der „Arbeiterzirkel" dargelegt, die in jedem Betrieb einzurichten sind („nicht mehr als zehn Personen") und die „zentrale (Betriebs-) Gruppen" zu wählen haben. „Die zentrale Gruppe", lautet § 2, „verfolgt alles, was in ihrer Fabrik oder ihrem Betrieb vor sich geht, und führt eine Chronik dieser Ereignisse." „Die zentrale Gruppe erstattet monatlich Bericht an alle zahlenden Mitglieder über den Stand der Kasse" (§ 17) usw. Zehn Paragraphen sind der „Bezirksorganisation" gewidmet und neunzehn der äußerst komplizierten Verflechtung des „Komitees der Arbeiterorganisation" mit dem „Komitee des St.-Petersburger Kampfbundes" (gewählte Vertreter jedes Bezirks und der „Vollzugsgruppen" – „der Propagandistengruppen, der Gruppen für die Verbindung mit der Provinz, für die Verbindung mit dem Ausland, zur Verwaltung der Lager, für die Verlagsarbeit, für die Kasse").

Sozialdemokratie = „Vollzugsgruppen" für den ökonomischen Kampf der Arbeiter! Man könnte wohl kaum prägnanter zeigen, wie die Gedanken des „Ökonomisten" vom Sozialdemokratismus zum Trade-Unionismus abgleiten, wie ihm jede Vorstellung davon fremd ist, daß der Sozialdemokrat vor allem an eine Organisation von Revolutionären denken muß, die fähig sind, den *gesamten* Befreiungskampf des Proletariats zu leiten. Von der „politischen Befreiung der Arbeiterklasse", vom Kampf gegen die „zaristische Willkür" reden und, solche Organisationsstatuten verfassen heißt absolut keinen Begriff von den wirklichen politischen Aufgaben der Sozialdemokratie haben. Von dem halben Hundert Paragraphen zeigt auch kein einziger nur einen Schimmer von Verständnis dafür, daß die breiteste politische Agitation unter den Massen notwendig ist, eine Agitation, die alle Seiten des russischen Absolutismus, das ganze Gepräge der verschiedenen Gesellschaftsklassen in Rußland beleuchtet. Ja, nicht nur politische, auch trade-unionistische Ziele lassen sich mit einem solchen Statut nicht erreichen, denn sie erfordern eine Organisation *nach Berufen*, die nicht einmal erwähnt wird.

Aber am charakteristischsten ist wohl die erstaunliche Schwerfälligkeit dieses ganzen „Systems", das versucht, eine ständige Verbindung von jeder einzelnen Fabrik zum „Komitee" durch gleichförmige und geradezu lächerlich kleinliche Regeln, auf Grund eines dreistufigen Wahlsystems zu schaffen. Erdrückt durch den engen Gesichtskreis des „Ökonomismus", verfängt sich der Gedanke hier in Einzelheiten, die nach Bürokratismus und Amtsschimmel geradezu stinken. In der Wirklichkeit werden natürlich drei Viertel all dieser Paragraphen nie angewandt, dagegen aber wird es durch eine solche „konspirative" Organisation mit einer Zentralgruppe in jedem Betrieb den Gendarmen leicht gemacht, Massenverhaftungen größten Ausmaßes vorzunehmen. Die polnischen Genossen haben die Periode der Bewegung bereits hinter sich, in der sich alle für eine breit angelegte Gründung von Arbeiterkassen begeisterten, aber sie gaben sehr bald diese Idee auf, da sie sich überzeugen mußten, daß sie nur den Gendarmen eine reiche Ernte verschafften. Wenn wir breite Arbeiterorganisationen und keine Massenverhaftungen wollen, wenn wir nicht den Gendarmen Vergnügen bereiten wollen, so müssen wir danach streben, daß diese Organisationen nur ganz lose aufgebaut sind. – Werden sie dann funktionieren können? – Man sehe sich diese Funktionen an: „…alles verfolgen, was in der Fabrik vor sich geht, und eine Chronik dieser Ereignisse führen." (§ 2 des Statuts.) Muß das denn unbedingt in einer festen organisatorischen Form geschehen? Kann das nicht noch besser erreicht werden durch Zuschriften an die illegalen Zeitungen, ohne daß besondere Gruppen zu diesem Zweck gebildet werden? „…den Kampf der Arbeiter um die Verbesserung ihrer Lage im Betrieb leiten." (§ 3 des Statuts.) Auch hier ist eine feste organisatorische Form überflüssig. Welche Forderungen die Arbeiter aufstellen wollen, kann jeder einigermaßen tüchtige Agitator aus einer einfachen Unterhaltung genau erfahren, und sobald er das weiß, wird er es schon an die enge – und nicht breite – Organisation der Revolutionäre weiterleiten, damit sie das entsprechende Flugblatt liefert. „…eine Kasse organisieren.., mit einem Zweikopekenbeitrag je Rubel" (§ 9) – und dann monatlich über die Kasse allen Bericht erstatten (§ 17), die nichtzahlenden Mitglieder ausschließen (§ 10) usw. Das ist für die Polizei geradezu ein wahres Paradies, denn nichts ist leichter, als in die ganze Konspiration der „zentralen Betriebskasse" einzudringen, das Geld zu beschlagnahmen und die besten Leute zu verhaften. Wäre es nicht einfacher, Einkopeken- oder Zweikopekenmarken mit dem Stempel der bekannten (sehr engen und sehr konspirativen) Organisation auszugeben oder ganz ohne Marken Sammlungen zu veranstalten, über die das illegale Blatt unter einem bestimmten verabredeten Stichwort Berichte veröffentlicht? Es wird das gleiche Ziel erreicht werden, den Gendarmen aber wird es hundertmal schwerer sein, die Fäden aufzufinden.

Ich könnte die Analyse des als Beispiel gewählten Statuts noch weiter fortsetzen, glaube aber, daß das Gesagte genügt. Ein kleiner, festgefügter Kern der zuverlässigsten, erfahrensten und gestähltesten Arbeiter, der in den wichtigsten Bezirken Vertrauensleute hat und nach allen Regeln der strengsten Konspiration mit der Organisation der Revolutionäre verbunden ist, kann, unter weitestgehender Mitwirkung der Masse und ohne der Sache feste organisatorische Formen zu geben, *sämtliche* Funktionen durchaus erfüllen, die der Gewerkschaftsorganisation obliegen, und sie zudem so erfüllen, wie es für die Sozialdemokratie erwünscht ist. Nur auf diesem Wege kann, allen Gendarmen zum Trotz, eine *Festigung* und Entfaltung der *sozialdemokratischen* Gewerkschaftsbewegung erreicht werden.

Man wird mir erwidern: Eine Organisation, die so lose Die Red.> ist, daß sie überhaupt keine bestimmte Form hat, daß sie nicht einmal eingetragene und registrierte Mitglieder hat, kann auch nicht als Organisation bezeichnet werden. – Mag sein. Mir ist es nicht um den Namen zu tun. Aber alles, was notwendig ist, wird diese „Organisation ohne Mitglieder" tun, und sie wird von Anfang an eine feste Verbindung unserer künftigen Gewerkschaften mit dem Sozialismus sichern. Wer aber unter dem Absolutismus eine *breite* Arbeiterorganisation mit Wahlen, Berichten, allgemeinen Abstimmungen usw. haben will, der ist einfach ein unverbesserlicher Utopist.

Es ergibt sich hieraus die einfache Moral: Beginnen wir mit einer festgefügten Organisation der Revolutionäre, so werden wir die Widerstandsfähigkeit der Bewegung als Ganzes sichern und sowohl die sozialdemokratischen als auch die eigentlich trade-unionistischen Ziele verwirklichen können. Beginnen wir aber mit der der Masse angeblich „zugänglichsten", breiten Arbeiterorganisation (die aber in Wirklichkeit für die Gendarmen am zugänglichsten ist und die Revolutionäre für die Polizei am zugänglichsten macht), so werden wir weder diese noch jene Ziele verwirklichen, werden uns von der Handwerklerei nicht frei machen und werden dadurch, daß wir zersplittert sind und immer wieder hochgehen, die Trade-Unions vom Subatowschen oder Oserowschen Typ für die Massen am zugänglichsten machen.

Worin sollen nun eigentlich die Funktionen dieser Organisation der Revolutionäre bestehen? Darüber werden wir uns gleich ausführlicher unterhalten. Analysieren wir aber zunächst noch eine sehr typische Ausführung unseres Terroristen, der wiederum (welch trauriges Los!) in nächster Nachbarschaft mit dem „Ökonomisten" anzutreffen ist. In der Zeitschrift für Arbeiter **Swoboda** (Nr.1) ist ein Artikel mit der Überschrift „Die Organisation" enthalten, dessen Verfasser die ihm bekannten Anhänger des „Ökonomismus" unter den Arbeitern von Iwanowo-Wosnessensk in Schutz nehmen möchte:

> Es ist schlimm – schreibt er –, wenn die Menge stumm, unaufgeklärt ist, wenn die Bewegung nicht von unten kommt. Man sehe sich das an: Die Studenten verlassen die Universitätsstadt und fahren für die Feiertage oder die Sommerferien nach Hause – und die Arbeiterbewegung kommt zum Stillstand. Kann denn eine Arbeiterbewegung, die von außen angetrieben wird, eine wirkliche Kraft darstellen? In keiner Weise... Sie hat noch nicht gelernt, auf eigenen Füßen zu gehen, sie wird noch am Gängelband geführt. Und so ist es in allem: Die Studenten sind fort – und alles steht still; man hat die Fähigsten herausgegriffen, den Rahm abgeschöpft – und die Milch wird sauer; das „Komitee" ist verhaftet, und bis ein neues zustande kommt, tritt wieder Stillstand ein; und wer weiß, was für ein Komitee zustande kommt, vielleicht wird es dem bisherigen absolut nicht ähnlich sehen; jenes hat dies gesagt, dieses wird das Gegenteil sagen. Der Zusammenhang zwischen gestern und heute geht verloren, die Erfahrung der Vergangenheit ergibt keine Lehre für die Zukunft. Und all das nur, weil die Wurzeln in der Tiefe, in der Menge fehlen; nicht ein Hundert Dummköpfe ist am Werk, sondern ein Dutzend Schlauköpfe. Ein Dutzend kann immer vom Hecht geschnappt werden, erfaßt aber die Organisation die Menge, kommt alles

aus der Menge – dann vermag bei allem Eifer niemand die Sache zu zerstören. (S.63.)

Die Tatsachen sind richtig geschildert. Das Bild unserer Handwerklerei ist nicht übel. Aber die Schlußfolgerungen sind sowohl ihrem Unverstand als auch ihrer politischen Taktlosigkeit nach der **Rabotschaja Mysl** würdig. Sie sind der Gipfel der Unvernunft, denn der Verfasser verwechselt die philosophische und die sozialhistorische Frage nach den „Wurzeln" der Bewegung in der „Tiefe" mit der technisch-organisatorischen Frage, wie der Kampf gegen die Gendarmen besser zu führen ist. Sie sind der Gipfel politischer Taktlosigkeit, denn anstatt sich von den schlechten Führern abzuwenden und an die guten Führer zu appellieren, wendet sich der Verfasser von den Führern überhaupt ab und appelliert an die „Menge". Das ist in organisatorischer Beziehung der gleiche Versuch, uns nach rückwärts zu zerren, wie es in politischer Beziehung der Gedanke ist, die politische Agitation durch den exzitierenden Terror zu ersetzen. Ich empfinde wahrhaftig einen Embarras de richesses < Verlegenheit aus Überfluß. *Die Red.*> und weiß nicht, womit ich die Analyse dieses Durcheinanders, das uns die **Swoboda** auftischt, beginnen soll. Der Anschaulichkeit halber will ich versuchen, mit einem Beispiel zu beginnen. Nehmen wir die Deutschen. Man wird doch hoffentlich nicht leugnen wollen, daß ihre Organisation die Menge erfaßt, daß alles von der Menge ausgeht, daß ihre Arbeiterbewegung gelernt hat, auf eigenen Füßen zu gehen? Und wie versteht diese millionenköpfige Menge es trotzdem, ihr „Dutzend" bewährter politischer Führer zu schätzen, wie fest hält sie zu ihnen! Im Parlament kam es wiederholt vor, daß Abgeordnete der feindlichen Parteien die Sozialisten hänselten: „Schöne Demokraten seid ihr! Nur in Worten habt ihr eine Bewegung der Arbeiterklasse, in Wirklichkeit aber tritt immer dieselbe Führersippe auf. Immer derselbe Bebel, derselbe Liebknecht, jahraus, jahrein, von einem Jahrzehnt zum anderen. Eure angeblich gewählten Abgeordneten der Arbeiterschaft sind noch weniger absetzbar als die vom Kaiser eingesetzten Beamten!" Doch die Deutschen hatten nur ein verächtliches Lächeln für diese demagogischen Versuche übrig, die „Menge" gegen die „Führer auszuspielen, in der Menge schlechte und eitle Instinkte zu entfachen, der Bewegung durch Erschütterung des Vertrauens der Masse zu einem „Dutzend Schlauköpfen" die Widerstandsfähigkeit und Festigkeit zu rauben. Das politische Denken der Deutschen ist schon entwickelt genug, sie haben genügend politische Erfahrung gesammelt, um zu verstehen, daß es ohne ein „Dutzend" talentvoller (Talente aber kommen nicht zu Hunderten zur Welt), bewährter Führer, die mit den notwendigen Kenntnissen ausgerüstet sind, eine lange Schule durchgemacht haben und die ausgezeichnet zusammenarbeiten, in der heutigen Gesellschaft keinen beharrlichen Kampf einer Klasse geben kann. Die Deutschen haben auch in ihrer Mitte Demagogen gesehen, die einem „Hundert Dummköpfen" schmeichelten, indem sie sie über das „Dutzend Schlauköpfe" stellten, die der „schwieligen Faust" der Masse schmeichelten, sie (wie Most oder Hasselmann) zu unüberlegten „revolutionären" Aktionen anstachelten und Mißtrauen gegen die bewährten und standhaften Führer säten. Und nur dank dem unentwegten und unversöhnlichen Kampf gegen alle demagogischen Elemente innerhalb des Sozialismus ist der deutsche Sozialismus so gewachsen und erstarkt. Zu einer Zeit, wo die ganze Krise der russischen Sozialdemokratie daraus zu erklären ist, daß die spontan erwachten Massen keine genügend geschulten, durchgebildeten und erfahrenen Führer besitzen, verkünden unsere Neunmalklugen mit der Tiefgründigkeit des dummen Hans: „Es ist schlimm, wenn die Bewegung nicht von unten kommt"!

„Ein Komitee aus Studenten taugt nichts, es ist nicht widerstandsfähig." – Sehr richtig. Aber hieraus muß der Schluß gezogen werden, daß man ein Komitee aus Berufs *revolutionären* braucht, einerlei, ob es ein Student oder ein Arbeiter versteht, sich zum Berufsrevolutionär zu entwickeln. Ihr aber zieht den Schluß, die Arbeiterbewegung dürfe keinen Antrieb von außen erhalten! In eurer politischen Einfalt merkt ihr nicht einmal, daß ihr damit unseren „Ökonomisten" und unserer Handwerklerei in die Hände spielt. Worin bestand, mit Verlaub zu fragen, der „Antrieb", den unsere Studenten unseren Arbeitern gegeben haben? *Einzig und allein* darin, daß der Student dem Arbeiter die Bruchstücke politischen Wissens übermittelte, die er selber besaß, die Brocken sozialistischer Ideen, die ihm zugefallen waren (denn die geistige Hauptnahrung des heutigen Studenten, der legale Marxismus, konnte ja nichts als das Abc, als Brocken geben). *Dieser* „Antrieb von außen" war für unsere Bewegung nicht zu stark, sondern, im Gegenteil, zu schwach, heillos und sträflich schwach, denn wir schmorten nur zu sehr im eigenen Saft, beteten überaus sklavisch den elementaren „ökonomischen Kampf der Arbeiter gegen die Unternehmer und gegen die Regierung" an. Mit *diesem* „Antrieb" müssen wir Berufsrevolutionäre uns in hundertmal stärkerem Maße beschäftigen und werden dies auch tun. Aber eben weil ihr ein so niederträchtiges Wort wie „Antrieb von außen" wählt, das unbedingt im Arbeiter (wenigstens im Arbeiter, der ebenso unentwickelt ist, wie ihr es seid) Mißtrauen gegen *alle* weckt, die ihm politisches Wissen und revolutionäre Erfahrung von außen bringen, das instinktiv bei ihm den Wunsch hervorruft, *allen* solchen Leuten die Tür zu weisen – eben darum seid ihr *Demagogen*, die Demagogen aber sind die ärgsten Feinde der Arbeiterklasse.

Ja, ja! Habt es nicht so eilig, über die „unkameradschaftlichen Methoden" meiner Polemik ein Geschrei zu erheben! Ich denke gar nicht daran, die Lauterkeit eurer Absichten anzuzweifeln, ich habe schon gesagt, daß man allein schon aus politischer Naivität zum Demagogen werden kann. Aber ich habe gezeigt, daß ihr bis zur Demagogie herabgesunken seid. Und ich werde nie müde werden zu wiederholen, daß die Demagogen die ärgsten Feinde der Arbeiterklasse sind. Eben darum die ärgsten, weil sie die schlechten Instinkte der Menge schüren, weil die unentwickelten Arbeiter nicht die Möglichkeit haben, diese Feinde richtig zu erkennen, die – manchmal aufrichtig – als ihre Freunde auftreten. Die ärgsten, weil in einer Zeit der Zerfahrenheit und Schwankungen, in einer Zeit, wo sich die Physiognomie unserer Bewegung erst herausbildet, nichts leichter ist, als demagogisch die Menge mitzureißen, die später nur durch die bittersten Erfahrungen über ihren Irrtum belehrt werden kann. Darum muß für den heutigen russischen Sozialdemokraten die Tageslosung sein: energischer Kampf sowohl gegen die bis zur Demagogie hinabsinkende **Swoboda** als auch gegen das bis zur Demagogie hinabsinkende **Rabotscheje Delo** (hiervon wird weiter unten noch ausführlich die Rede sein [F] (97)).

„Ein Dutzend Schlauköpfe kann leichter geschnappt werden als hundert Dummköpfe." Diese großartige Wahrheit (für die euch stets hundert Dummköpfe Beifall spenden werden) erscheint nur darum selbstverständlich, weil ihr im Laufe eurer Ausführungen von einer Frage auf die andere übergesprungen seid. Ihr habt begonnen und fahrt fort, davon zu sprechen, daß das „Komitee" geschnappt wird, daß die „Organisation" geschnappt wird, seid aber jetzt auf die Frage übergesprungen, daß die „Wurzeln" der Bewegung „in der Tiefe" geschnappt werden. Gewiß, unsere Bewegung ist nur darum nicht zu fassen, weil sie Tausende und aber Tausende Wurzeln in der Tiefe hat, aber darum handelt es sich ja gar nicht. Was die „Wurzeln in der Tiefe" betrifft, so kann man uns, trotz all unserer Handwerkerei, auch jetzt nicht „schnappen", und dennoch klagen wir alle darüber und müssen darüber klagen, daß die *„Organisationen„* geschnappt werden und dadurch jede Kontinuität der Bewegung zerstört wird. Stellt ihr aber die Frage, daß die *Organisationen* geschnappt werden, und geht davon nicht ab, so will ich euch sagen, daß es viel schwieriger ist, ein Dutzend Schlauköpfe zu schnappen als hundert Dummköpfe. Und ich werde diesen Grundsatz verfechten, sosehr ihr auch die Menge wegen meines „Antidemokratismus" usw. gegen mich aufhetzen möget. Unter den „Schlauköpfen" sind, wie ich schon wiederholt betont habe, in organisatorischer Beziehung nur die *Berufsrevolutionäre* zu verstehen, einerlei, ob sie sich aus Studenten oder Arbeitern hierzu entwickeln. Und nun behaupte ich: 1. Keine einzige revolutionäre Bewegung kann ohne eine stabile und die Kontinuität wahrende Führerorganisation Bestand haben; 2. je breiter die Masse ist, die spontan in den Kampf hineingezogen wird, die die Grundlage der Bewegung bildet und an ihr teilnimmt, um so dringender ist die Notwendigkeit einer solchen Organisation und um so fester muß diese Organisation sein (denn um so leichter wird es für allerhand Demagogen sein, die unentwickelten Schichten der Masse mitzureißen); 3. eine solche Organisation muß hauptsächlich aus Leuten bestehen, die sich berufsmäßig mit revolutionärer Tätigkeit befassen; 4. je mehr wir die Mitgliedschaft einer solchen Organisation *einengen*, und zwar so weit, daß sich an der Organisation nur diejenigen

Mitglieder beteiligen, die sich berufsmäßig mit revolutionärer Tätigkeit befassen und in der Kunst des Kampfes gegen die politische Polizei berufsmäßig geschult sind, um so schwieriger wird es in einem autokratischen Lande sein, eine solche Organisation „zu schnappen", und 5. um so *breiter* wird der Kreis der Personen aus der Arbeiterklasse und aus den übrigen Gesellschaftsklassen sein, die die Möglichkeit haben werden, an der Bewegung teilzunehmen und sich in ihr aktiv zu betätigen.

Ich stelle unseren „Ökonomisten", Terroristen und „ökonomistischen Terroristen" [G] (97) anheim, diese Sätze zu widerlegen, von denen ich die beiden letzten gleich näher betrachten werde. Die Frage, ob es leichter sei, ein „Dutzend Schlauköpfe" als „hundert Dummköpfe" zu schnappen, läuft auf die oben analysierte Frage hinaus, ob eine Massen *organisation* möglich ist, wenn strengste Konspiration geboten ist. Eine breite Organisation werden wir nie auf die Höhe der Konspiration bringen können, ohne die von einem zähen und kontinuierlichen Kampf gegen die Regierung keine Rede sein kann. Die Konzentrierung aller konspirativen Funktionen in den Händen einer möglichst geringen Zahl von Berufsrevolutionären bedeutet keineswegs, daß die Berufsrevolutionäre „für alle denken werden", daß die Menge keinen tätigen Anteil an der *Bewegung* nehmen wird. Im Gegenteil, die Menge wird diese Berufsrevolutionäre in immer größerer Anzahl hervorbringen, denn die Menge wird dann wissen, daß es nicht genügt, wenn sich ein paar Studenten und Arbeiter, die einen ökonomischen Kampf führen, zusammentun, um ein „Komitee" zu bilden, sondern daß es notwendig ist, sich durch jahrelange Arbeit zu einem Berufsrevolutionär auszubilden; und die Menge wird nicht nur an Handwerklerei „denken", sondern eben an eine solche Ausbildung. Die Zentralisierung der konspirativen Funktionen der *Organisation* bedeutet keineswegs die Zentralisierung aller Funktionen der *Bewegung*. Die aktive Mitarbeit der breitesten Massen an der illegalen Literatur wird nicht geringer, sondern zehnmal *stärker* werden, wenn ein „Dutzend" Berufsrevolutionäre die konspirativen Funktionen dieser Arbeit zentralisieren. So und nur so werden wir es erreichen, daß das Lesen der illegalen Literatur, die Mitarbeit an ihr, zum Teil auch ihre Verbreitung *fast aufhören werden, eine konspirative Angelegenheit zu sein*, denn die Polizei wird sehr bald einsehen, wie sinnlos und unmöglich es ist, wegen eines jeden Exemplars der zu Tausenden verbreiteten Schriften endlose gerichtliche und administrative Verfahren einzuleiten. Und das gilt nicht allein für die Presse, sondern auch für alle Funktionen der Bewegung, einschließlich der Demonstrationen. Die aktivste und breiteste Teilnahme der Massen an einer Demonstration wird nicht nur keinen Abbruch erleiden, sondern, im Gegenteil, viel dadurch gewinnen, daß ein „Dutzend" bewährter Revolutionäre, beruflich nicht schlechter geschult als unsere Polizei, die ganze konspirative Arbeit zentralisieren werden, wie z.B. die Herstellung von Flugblättern, die Aufstellung eines Planes in groben Umrissen, die Einsetzung eines Stabes von Leitern für jeden Stadtbezirk, für jedes Fabrikviertel, für jede Lehranstalt usw. (ich weiß, man wird mir entgegnen, meine Ansichten seien „undemokratisch", aber ich werde auf diesen recht törichten Einwand weiter unten eingehen). Die Zentralisierung der konspirativsten Funktionen durch eine Organisation der Revolutionäre wird den Umfang und den Inhalt der Tätigkeit vieler anderer Organisationen, die auf ein breites Publikum berechnet und darum möglichst lose und möglichst wenig konspirativ sind, nicht vermindern, sondern vergrößern; dazu gehören sowohl die Gewerkschaftsverbände der Arbeiter als auch die Arbeiterzirkel für Selbstbildung und die Lesezirkel für illegale Literatur, ferner die sozialistischen und auch die demokratischen Zirkel in *allen* übrigen Bevölkerungsschichten usw. usf. Solche Zirkel, Verbände und Organisationen sind überall in *möglichst großer* Zahl und mit den mannigfaltigsten Funktionen erforderlich, aber es wäre unsinnig und schädlich, sie mit einer Organisation der *Revolutionäre zu verwechseln*, die Grenzen zwischen ihnen zu verwischen, in der Masse die ohnehin sehr verblaßte Erkenntnis auszulöschen, daß zur „Bedienung" der Massenbewegung Menschen erforderlich sind, die sich speziell und uneingeschränkt der sozialdemokratischen Tätigkeit widmen, und daß diese Menschen sich mit Geduld und Zähigkeit zu Berufsrevolutionären *heranbilden* müssen.

Ja, diese Erkenntnis ist unglaublich verblaßt. Unsere größte Sünde in organisatorischer Beziehung besteht darin, daß *wir durch unsere Handwerklerei das Ansehen der Revolutionäre in Rußland herabgesetzt haben*. Schlaff und schwatzend in theoretischen Fragen, mit engem Horizont, seine Schlaffheit mit der Spontaneität der Massen rechtfertigend, eher dem Sekretär einer Trade-Union ähnlich als einem Volkstribun, unfähig, einen umfassenden und kühnen Plan aufzustellen, der auch den Gegnern Achtung abzwänge, unerfahren und ungeschickt in seiner beruflichen Kunst – im Kampf gegen die politische Polizei –, aber erlauben Sie! das ist doch kein Revolutionär, sondern ein kläglicher Handwerker.

Kein Praktiker möge mir dieses schroffe Wort übelnehmen, denn soweit es sich um mangelnde Schulung handelt, beziehe ich es vor allem auf mich selber. Ich arbeitete in einem Zirkel, der sich sehr weite, allumfassende Aufgaben stellte, und wir alle, die Mitglieder dieses Zirkels, mußten es schmerzlich, qualvoll empfinden, daß wir uns als Handwerker erweisen in einem so historischen Moment, wo man, den bekannten Ausspruch variierend, sagen könnte: Gebt uns eine Organisation von Revolutionären, und wir werden Rußland aus den Angeln heben! Und je öfter ich seitdem an dieses glühende Schamgefühl zurückdenken mußte, das ich damals empfand, um so mehr Bitternis sammelte sich in mir gegen jene Pseudosozialdemokraten, die durch ihre Predigten „dem hohen Beruf des Revolutionärs Schande machen", die nicht verstehen, daß es unsere Aufgabe ist, nicht für die Degradierung des Revolutionärs zum Handwerker einzutreten, sondern die Handwerker auf das Niveau von Revolutionären *emporzuheben*.

E. (90) Der Kampf gegen das Unkraut hat der **Iskra** vom **Rabotscheje Delo** einen wütenden Ausfall eingebracht: „Für die **Iskra** sind nicht so sehr diese großen (die Frühjahrs-) Ereignisse als vielmehr die kläglichen Versuche der Subatowschen Agenten, die Arbeiterbewegung zu ‚legalisieren', ein Zeichen der Zeit. Sie sieht nicht, daß eben diese Tatsachen gegen sie sprechen; gerade sie zeugen davon, daß die Arbeiterbewegung in den Augen der Regierung ganz bedrohliche Dimensionen angenommen hat." (**Zwei Konferenzen**, S.27.) Schuld an allem ist der „Dogmatismus" dieser „den gebieterischen Befehlen des Lebens gegenüber tauben" Orthodoxen. Sie wollen hartnäckig den meterhohen Weizen nicht sehen und bekämpfen das zollhohe Unkraut! Ist das nicht ein „entartetes Gefühl für die Perspektive der russischen Arbeiterbewegung" (**ebenda**, S.27)?

F. (94) Hier sei nur bemerkt, daß alles, was wir über den „Antrieb von außen" wie auch über alle weiteren Ausführungen der **Swoboda** zur Organisation gesagt haben, sich *voll und ganz* auch auf *sämtliche* „Ökonomisten" bezieht, einschließlich der „Rabotschedelenzen", denn zum Teil predigten und verteidigten sie aktiv dieselben Auffassungen über die Fragen der Organisation, zum anderen Teil glitten sie zu solchen Auffassungen ab.

G. (95) Diese Bezeichnung paßt vielleicht auf die **Swoboda** besser als die vorhergehende, denn in der **Wiedergeburt des Revolutionismus** wird der Terrorismus in Schutz genommen, in dem Artikel aber, von dem hier die Rede ist, der „Ökonomismus". Der Geist ist willig, aber das Fleisch ist schwach! – könnte man überhaupt von der **Swoboda** sagen. Die besten Ansätze und die besten Vorsätze, und im Resultat eine Konfusion, hauptsächlich deswegen eine Konfusion, weil die **Swoboda**, die für die Kontinuität der Organisation eintritt, von der Kontinuität des revolutionären Denkens und der sozialdemokratischen Theorie nichts wissen will. Danach streben, den Berufsrevolutionär zu neuem Leben zu erwecken (**Wiedergeburt des Revolutionismus**), und dazu erstens den exzitierenden Terror und zweitens die „Organisation der Durchschnittsarbeiter" (**Swoboda** Nr.1, S.66ff.) vorschlagen, die möglichst wenig „von außen angetrieben werden", das heißt wahrlich, zur Heizung seines Hauses das Holz verwenden, aus dem es gebaut ist.

d) Der Umfang der Organisationsarbeit

Wir haben oben B-w zitiert, der von dem „Mangel an aktionsfähigen revolutionären Kräften, der sich nicht nur in Petersburg, sondern auch in ganz Rußland fühlbar macht", spricht. Und schwerlich wird irgend jemand dies bestreiten wollen. Doch die Frage besteht darin, wie diese Tatsache zu erklären ist. B —w schreibt:

> „Wir wollen uns nicht auf eine Klarlegung der geschichtlichen Ursachen dieser Erscheinung einlassen; wir wollen nur sagen, daß die durch die andauernde politische Reaktion demoralisierte und durch die vollzogenen und sich noch vollziehenden wirtschaftlichen Veränderungen zerrissene Gesellschaft aus ihrer Mitte eine *äußerst geringe Zahl von Personen* hervorbringt, *die sich für die revolutionäre Arbeit eignen*, daß die Arbeiterklasse, die aus ihrer Mitte Revolutionäre stellt, die Reihen der illegalen Organisationen zwar teilweise auffüllt, daß aber die Zahl dieser Revolutionäre den Erfordernissen der Zeit nicht entspricht. Dies um so weniger, als der Arbeiter, der 11½ Stunden täglich in der Fabrik arbeitet, infolge seiner Lage vorwiegend die Funktionen eines Agitators ausüben kann; Propaganda und Organisation, Transport und Vervielfältigung der illegalen Literatur, Herstellung von Flugblättern usw. lasten aber mit ihrem Hauptgewicht notgedrungen auf einer äußerst geringen Anzahl intellektueller Kräfte." (**Rabotscheje Delo** Nr.6, S.38/39.)

Wir sind in vielem mit dieser Ansicht B-ws nicht einverstanden, insbesondere nicht mit den von uns hervorgehobenen Worten, die besonders plastisch zeigen, daß B-w, zermürbt (wie überhaupt jeder einigermaßen denkende Praktiker) von unserer Handwerklerei, aus der unerträglichen Lage keinen Ausweg zu finden vermag, da er unter dem Druck des „Ökonomismus" steht. Nein, die Gesellschaft bringt sehr *viele* Personen hervor, die sich für die „Sache" eignen, wir verstehen es nur nicht, sie alle auszunutzen. Der kritische, der Übergangszustand unserer Bewegung kann in der hier erörterten Beziehung mit den Worten gekennzeichnet werden: *Es fehlt an Menschen, und Menschen sind in Massen da.* Sie sind in Massen da, denn sowohl die Arbeiterklasse als auch immer neue Schichten der Gesellschaft bringen mit jedem Jahr immer mehr Menschen hervor, die unzufrieden sind, die protestieren wollen, die bereit sind, den Kampf gegen den Absolutismus, dessen Unerträglichkeit noch nicht von allen erkannt, aber von immer breiteren Massen immer schärfer empfunden wird, nach Kräften zu unterstützen. Und gleichzeitig fehlt es an Menschen, denn es sind keine Leiter, keine politischen Führer, keine organisatorischen Talente da, die imstande wären, eine so umfassende und gleichzeitig einheitliche und geschlossene Arbeit zu organisieren, in der jede, auch die geringfügigste Kraft ihre Verwendung fände. „Das Wachstum und die Entwicklung der revolutionären Organisationen" bleibt nicht nur hinter dem Wachstum der Arbeiterbewegung zurück, was auch B-w zugibt, sondern auch hinter dem Wachstum der allgemein demokratischen Bewegung in allen Schichten des Volkes. (Übrigens würde B-w heute wahrscheinlich auch das als Ergänzung zu seiner Schlußfolgerung anerkennen.) Der Umfang der revolutionären Arbeit ist im Vergleich zur breiten spontanen Grundlage der Bewegung allzu beschränkt, zu sehr durch die armselige Theorie des „ökonomischen Kampfes gegen die Unternehmer und gegen die Regierung eingeengt. Heutzutage müssen indessen nicht nur die politischen Agitatoren, sondern auch die sozialdemokratischen Organisatoren „in alle Klassen der Bevölkerung gehen". [H] (102) Und schwerlich wird auch nur ein einziger Praktiker bezweifeln wollen, daß die Sozialdemokraten Tausende von kleinen Funktionen ihrer organisatorischen Arbeit unter die einzelnen Vertreter der verschiedensten Klassen verteilen könnten. Der Mangel an Spezialisierung, über den sich B-w so bitter und mit soviel Recht beklagt, ist einer der größten Mängel unserer Technik. Je kleiner die einzelnen „Operationen" der gemeinsamen Arbeit sind, um so eher kann man Leute finden, die fähig sind, solche Operationen auszuführen (und die meist absolut unfähig sind,

Berufsrevolutionäre zu werden), und um so schwieriger wird es für die Polizei, alle diese „Teilarbeiter" zu „schnappen", um so schwieriger wird es für sie sein, aus der Verhaftung eines einzelnen Menschen auf Grund irgendeiner Kleinigkeit ein „Verfahren" zu inszenieren, das die Ausgaben der Staatskasse für „Sicherheit" aufwiegt. Was aber die Zahl der Leute betrifft, die bereit sind, uns Unterstützung zu erweisen, so haben wir bereits im vorhergehenden Kapitel auf die riesige Veränderung hingewiesen, die in dieser Beziehung in kaum fünf Jahren vor sich gegangen ist. Um aber anderseits all diese kleinen Splitter zu einem Ganzen zusammenzufassen, um mit den Funktionen der Bewegung nicht die Bewegung selbst zu zersplittern und um dem mit kleinen Funktionen Beauftragten den Glauben an die Notwendigkeit und die Bedeutung seiner Arbeit zu geben, ohne den er überhaupt nie arbeiten wird [I] (102) – für all das ist eben eine feste Organisation von erprobten Revolutionären notwendig. Besteht eine solche Organisation, so wird der Glaube an die Kraft der Partei sich um so mehr festigen und um so weiter ausbreiten, je konspirativer diese Organisation sein wird – und bekanntlich kommt es ja im Krieg vor allem darauf an, nicht nur der eigenen Armee Glauben an die eigene Kraft einzuflößen, sondern auch den Feind und alle *neutralen* Elemente von der Kraft dieser Armee zu überzeugen; eine wohlwollende Neutralität kann zuweilen die Sache entscheiden. Besteht eine solche Organisation, die eine feste theoretische Grundlage hat und über ein sozialdemokratisches Organ verfügt, so wird man nicht zu befürchten haben, daß die zahlreichen für sie gewonnenen „außenstehenden" Elemente die Bewegung vom rechten Wege abbringen könnten (im Gegenteil, gerade jetzt, bei der vorherrschenden Handwerklerei, können wir beobachten, daß viele Sozialdemokraten die Linie des *Credo* befolgen und sich einbilden, daß nur sie Sozialdemokraten seien). Mit einem Wort; die Spezialisierung setzt notwendigerweise die Zentralisierung voraus und erfordert sie ihrerseits unbedingt.

Doch B-w selber, der die ganze Notwendigkeit der Spezialisierung so trefflich dargestellt hat, schätzt sie, unseres Erachtens, im zweiten Teil seiner zitierten Ausführungen nicht genügend hoch ein. Die Zahl der Revolutionäre, die aus der Arbeiterschaft hervorgehen, sei unzureichend, sagt er. Das ist ganz richtig, und wir betonen wiederum, daß der „wertvolle Bericht eines Beobachters aus der Nähe" unsere Ansicht über die Ursachen der gegenwärtigen Krise in der Sozialdemokratie und folglich auch über die Mittel zu ihrer Heilung durchaus bestätigt. Es ist nicht nur so, daß die Revolutionäre im allgemeinen hinter dem spontanen Aufschwung der Massen zurückbleiben, sondern es bleiben sogar die Arbeiterrevolutionäre hinter dem spontanen Aufschwung der Arbeitermassen zurück. Und diese *Tatsache* bestätigt in anschaulichster Weise, sogar vom „praktischen" Standpunkt aus gesehen, nicht nur, wie unsinnig, sondern auch wie *politisch reaktionär* die „Pädagogik" ist, die man uns so häufig auf tischt, wenn die Frage unserer Pflichten gegenüber den Arbeitern erörtert wird. Diese Tatsache zeugt davon, daß es unsere allererste, allerdringendste Pflicht und Schuldigkeit ist, die Heranbildung von Revolutionären aus der Arbeiterschaft zu fördern, die *hinsichtlich der Parteitätigkeit* auf demselben Niveau stehen wie die Revolutionäre aus den Kreisen der Intellektuellen (wir betonen die Worte: hinsichtlich der Parteitätigkeit, denn in anderer Hinsicht das gleiche Niveau zu erreichen ist für die Arbeiter zwar notwendig, aber bei weitem nicht so leicht und nicht so dringend notwendig). Darum muß das Augenmerk *vornehmlich* darauf gerichtet sein, die Arbeiter auf das Niveau von Revolutionären zu *heben,* keineswegs aber darauf, sich selbst unbedingt auf das Niveau der „Arbeitermasse" *hinabzubegeben,* wie es die „Ökonomisten" wollen, oder auf das der „Durchschnittsarbeiter", wie es die **Swoboda** wünscht (die sich in dieser Beziehung auf die zweite Stufe der ökonomistischen „Pädagogik" erhebt). Ich bin weit davon entfernt, zu leugnen, daß für die Arbeiter eine populäre Literatur und für die besonders rückständigen Arbeiter eine besonders populäre (allerdings keine seichte) Literatur notwendig ist. Aber mich empört dieses ständige Vermengen von Fragen der Politik und der Organisation mit Pädagogik. Ihr Herren Sachwalter der „Durchschnittsarbeiter" beleidigt ja eigentlich die Arbeiter durch euren Wunsch, euch unbedingt zu *bücken,* bevor ihr von Arbeiterpolitik oder von Arbeiterorganisation zu reden anfangt. Redet doch von ernsten Dingen in aufrechter Haltung und überlaßt die Pädagogik den Pädagogen, nicht den Politikern und Organisatoren! Gibt es denn nicht auch unter den Intellektuellen Fortgeschrittene, „Durchschnittliche" und die „Masse„? Wird denn nicht von allen anerkannt, daß auch für die Intellektuellen eine populäre Literatur erforderlich ist, und wird diese Literatur nicht für sie geschrieben? Man stelle sich nur vor, daß in einem Artikel über die Organisation der Studenten oder Gymnasiasten der Verfasser als besondere Entdeckung des langen und breiten darlegen wollte, daß in erster Linie eine Organisation von „Durchschnittsstudenten" notwendig sei. Der Verfasser eines solchen Artikels würde sicherlich ausgelacht werden, und das mit Recht. Gebt uns doch, würde man ihm sagen, organisatorische Ideen, wenn ihr solche habt, und wir werden schon selber feststellen, wer von uns ein „Durchschnittsmensch" ist, wer höher und wer tiefer steht. Wenn ihr aber keine *eigenen* Organisationsideen habt, so wird all euer Gerede über „Masse" und „Durchschnittsmenschen" einfach langweilig sein. Begreift doch, daß die Fragen der „Politik" und der „Organisation" an sich so ernst sind, daß man von ihnen nicht anders als völlig ernsthaft reden soll: man kann und muß die Arbeiter (wie auch die Studenten und Gymnasiasten) so *schulen*, daß man mit ihnen über diese Fragen *reden kann*; wenn ihr aber schon einmal begonnen habt, darüber zu reden, so gebt wirkliche Antworten, weicht nicht zurück zu dem „Durchschnittsmenschen" oder zu der „Masse", versucht nicht, die Sache mit Redensarten oder Phrasen abzutun. [J] (102)

Der Arbeiterrevolutionär muß, um für sein Wirken vollkommen vorbereitet zu sein, ebenfalls Berufsrevolutionär werden. Darum hat B-w unrecht, wenn er sagt, daß die übrigen revolutionären Funktionen (außer der Agitation) „mit ihrem Hauptgewicht *notgedrungen* auf einer äußerst geringen Anzahl intellektueller Kräfte lasten", weil der Arbeiter elfeinhalb Stunden in der Fabrik beschäftigt ist. Das geschieht gar nicht „notgedrungen", sondern infolge unserer Rückständigkeit, weil wir es nicht als unsere Pflicht erkennen, jedem hervorragend befähigten Arbeiter zu helfen, *Berufs* agitator, *Berufs* organisator, *Berufs* propagandist, *Berufs* kurier usw. usf. zu werden. In dieser Beziehung treiben wir geradezu schändlichen Raubbau an unseren Kräften, wir verstehen es nicht, behutsam umzugehen mit dem, was besonders sorgfältig gehegt und gepflegt werden muß. Man sehe sich die Deutschen an: Sie verfügen über hundertmal mehr Kräfte als wir, aber sie wissen sehr gut, daß wirklich begabte Agitatoren usw. aus den „Durchschnittsarbeitern" gar nicht allzuoft hervorgehen. Darum sind sie sofort bemüht, für jeden begabten Arbeiter Verhältnisse zu schaffen, unter denen seine Fähigkeiten zu voller Entfaltung gelangen und restlose Verwendung finden: man macht ihn zum Berufsagitator, man veranlaßt ihn, sein Arbeitsfeld zu erweitern, es von *einer* Fabrik auf das ganze Gewerbe, von *einem* Ort auf das ganze Land auszudehnen. Er erwirbt Übung und Geschicklichkeit in seinem Beruf, er erweitert seinen Gesichtskreis und seine Kenntnisse, er hat Gelegenheit, hervorragende politische Führer anderer Gegenden und anderer Parteien aus unmittelbarer Nähe zu beobachten, er bemüht sich, das gleiche Niveau zu erreichen sowie Kenntnis des Arbeitermilieus und Frische der sozialistischen Überzeugung mit der beruflichen Schulung in sich zu vereinigen, ohne die das Proletariat den hartnäckigen Kampf gegen die ausgezeichnet geschulten Reihen seiner Feinde *nicht* führen *kann*. So, und nur so steigen aus der Arbeitermasse die Bebel und Auer empor. Aber was in einem politisch freien Lande zum großen Teil von selbst geschieht, das muß bei uns systematisch von unseren Organisationen vollbracht werden. Ein halbwegs talentierter und „zu Hoffnungen berechtigender" Agitator aus der Arbeiterklasse *darf nicht* 11 Stunden in der Fabrik arbeiten. Wir müssen dafür sorgen, daß er aus Mitteln der Partei unterhalten wird, daß er imstande ist, rechtzeitig in die Illegalität zu gehen, daß er den Ort seiner Tätigkeit oft wechselt, denn sonst wird er nicht viel Erfahrungen sammeln, wird seinen Gesichtskreis nicht erweitern, wird nicht imstande sein, sich wenigstens einige Jahre lang im Kampf gegen die Gendarmen zu halten. Je breiter und tiefer der spontane Elan der Arbeitermassen wird, um so eher bringen sie nicht nur talentvolle Agitatoren hervor, sondern auch talentvolle Organisatoren, Propagandisten und „Praktiker" im guten Sinne des Wortes (deren es unter unseren Intellektuellen, die größtenteils nach russischer Art etwas nachlässig und schwerfällig sind, so wenige gibt). Haben wir erst Trupps speziell geschulter Revolutionäre aus der Arbeiterklasse, die eine lange Lehrzeit durchgemacht haben (und zwar selbstverständlich von Revolutionären „aller Waffengattungen"), dann wird keine politische Polizei der Welt mit diesen Trupps fertig werden, denn diese Trupps der

Revolution grenzenlos ergebener Menschen werden auch das grenzenlose Vertrauen der breitesten Arbeitermassen genießen. Und es ist unsere direkte *Schuld*, daß wir die Arbeiter zuwenig auf diesen Weg der Schulung zu Berufsrevolutionären „stoßen", der für sie derselbe ist wie für die „Intellektuellen", daß wir sie allzuoft nach rückwärts ziehen durch unsere dummen Reden darüber, was der Arbeitermasse, den „Durchschnittsarbeitern" „zugänglich" sei usw.

In diesen wie auch in anderen Beziehungen steht der beschränkte Umfang der organisatorischen Arbeit unzweifelhaft in untrennbarem (wenn auch von der großen Mehrheit der „Ökonomisten" und der beginnenden Praktiker nicht erkanntem) Zusammenhang mit der Einengung unserer Theorie und unserer politischen Aufgaben. Die Anbetung der Spontaneität erzeugt eine gewisse Furcht, auch nur einen Schritt weit von dem abzuweichen, was der *Masse* „zugänglich" ist, eine Furcht, sich allzuhoch über das einfache Eintreten für die nächsten und unmittelbaren Bedürfnisse der Masse zu erheben. Habt keine Angst, ihr Herren! Denkt daran, daß wir in organisatorischer Beziehung so tief stehen, daß schon der bloße Gedanke unsinnig ist, wir *könnten* uns *allzu* hoch erheben!

<hr>

Fußnoten von Lenin

H. (98) Zum Beispiel macht sich in letzter Zeit zweifellos eine Belebung des demokratischen Geistes in Militärkreisen bemerkbar, zum Teil infolge der sich häufenden Fälle von Straßenkämpfen gegen solche „Feinde" wie Arbeiter und Studenten. Und sobald es die vorhandenen Kräfte erlauben, müssen wir unbedingt der Propaganda und Agitation unter den Soldaten und Offizieren, der Gründung von „Militärorganisationen", die unserer Partei angehören, die größte Aufmerksamkeit schenken.

I. (99) Ich erinnere mich, wie mir ein Genosse erzählte, daß ein Fabrikinspektor, der der Sozialdemokratie helfen wollte und auch half, sich bitter darüber beklagte, daß er nicht wisse, ob seine „Information" das wirkliche revolutionäre Zentrum erreiche, inwieweit seine Hilfe notwendig sei und in welchem Maße die Möglichkeit bestehe, seine kleinen und unbedeutenden Dienste auszunutzen. Jeder Praktiker kennt natürlich mehr solcher Fälle, in denen uns infolge unserer Handwerklerei Verbündete verlorengingen. Solche im einzelnen „unbedeutenden", in ihrer Summe aber unschätzbaren Dienste könnten und würden uns Angestellte und Beamte nicht nur der Fabriken, sondern auch der Post, der Eisenbahn, der Zollämter, der Adelsinstitutionen, der Kirchen und *jeder* anderen Behörde erweisen, selbst der Polizeibehörden und der Hofämter! Hätten wir bereits eine wirkliche Partei, eine wirkliche revolutionäre Kampforganisation, dann würden wir alle diese „Helfer" nicht so zu exponieren brauchen, dann würden wir es nicht so eilig haben, sie stets und unbedingt in das innerste Getriebe der illegalen Arbeit hineinzuziehen, sondern wir würden sie, im Gegenteil, besonders schonen oder sogar speziell Leute für solche Funktionen schulen, eingedenk dessen, daß viele Studenten der Partei als „Helfer" in amtlichen Stellungen viel mehr nützen könnten, als wenn sie „kurzfristige" Revolutionäre sind. Aber – ich wiederhole es nochmals – nur eine schon völlig gefestigte Organisation, die nicht unter dem Mangel an aktiven Kräften leidet, ist berechtigt, diese Taktik anzuwenden.

J. (100) **Swoboda** Nr.1 Artikel *Die Organisation*, S.66: „Schweren Schritts vorwärtsschreitend, wird der Arbeiterkoloß alle Forderungen bekräftigen, die im Namen der russischen ARBEIT aufgestellt werden" – unbedingt groß geschrieben! Und derselbe Verfasser ruft aus: „Ich stehe den Intellektuellen absolut nicht feindlich gegenüber, aber…" (das ist dasselbe *Aber*, das Schtschedrin mit den Worten übersetzte: Die Ohren wachsen nicht über die Stirn hinaus!) "…aber es ärgert mich immer fürchterlich, wenn einer daherkommt und eine Menge sehr schöne und großartige Dinge sagt und verlangt, daß sie wegen der eigenen (seiner?) Schönheit und anderer Vorzüge angenommen werden" (62). Ja, auch mich „ärgert das immer fürchterlich".

e) „Verschwörer"organisation und „Demokratismus"

Es gibt aber unter uns sehr viele Leute, die ein so feines Ohr für die „Stimme des Lebens" haben, daß sie sich gerade davor am allermeisten fürchten und diejenigen, die die hier dargelegten Ansichten teilen, des „Narodowolzentums" bezichtigen, ihnen vorwerfen, sie verstünden den „Demokratismus" nicht usw. Auf diese Beschuldigungen, die selbstverständlich auch das **Rabotscheje Delo.** aufgegriffen hat, muß näher eingegangen werden.

Dem Schreiber dieser Zeilen ist sehr gut bekannt, daß die Petersburger „Ökonomisten" schon die **Rabotschaja Gaseta** des Narodowolzentums beschuldigten (was auch verständlich wird, wenn man sie mit der **Rabotschaja Mysl** vergleicht). Es hat uns darum absolut nicht gewundert, als uns bald nach dem Erscheinen der **Iskra** ein Genosse mitteilte, die Sozialdemokraten der Stadt X bezeichneten die **Iskra** als „Narodowolzen"organ. Diese Beschuldigung empfanden wir natürlich nur als schmeichelhaft, denn welcher anständige Sozialdemokrat ist von den „Ökonomisten" nicht des Narodowolzentums bezichtigt worden?

Diese Beschuldigungen werden durch Mißverständnisse zweierlei Art hervorgerufen. Erstens kennt man bei uns die Geschichte der revolutionären Bewegung so schlecht, daß man jede Idee einer zentralisierten Kampforganisation, die dem Zarismus den entschiedensten Kampf ansagt, als „Narodowolzentum" bezeichnet. Aber jene ausgezeichnete Organisation, die die Revolutionäre der siebziger Jahre hatten und die uns allen als Vorbild dienen sollte, war gar nicht von der „Narodnaja Wolja" geschaffen worden, sondern von der *Semlja i Wolja,*, die sich in „Tschorny Peredel" und „Narodnaja Wolja" spaltete. Es ist also sowohl geschichtlich als auch logisch ein Unding, in einer revolutionären Kampforganisation etwas spezifisch Narodowolzenhaftes sehen zu wollen, denn *keine* revolutionäre Richtung, falls sie wirklich an einen ernsten Kampf denkt, kann ohne eine solche Organisation auskommen. Der Fehler der Narodowolzen bestand nicht darin, daß sie sich bemühten, *alle* Unzufriedenen für ihre Organisation zu gewinnen und diese Organisation auf einen energischen Kampf gegen die Selbstherrschaft zu orientieren. Das ist, im Gegenteil, ihr großes historisches Verdienst. Ihr Fehler aber bestand darin, daß sie sich auf eine Theorie stützten, die im Grunde genommen gar keine revolutionäre Theorie war, und daß sie es nicht vermochten oder nicht verstanden, ihre Bewegung mit dem Klassenkampf in der aufkommenden kapitalistischen Gesellschaft untrennbar zu verbinden. Und nur das gröbste Nichtverstehen des Marxismus (oder sein „Verstehen" im Geiste des „Struvismus") konnte zu der Ansicht führen, daß die Entstehung einer spontanen proletarischen Massenbewegung uns der Pflicht *enthebe*, eine ebenso gute, ja noch unvergleichlich bessere Organisation von Revolutionären zu schaffen, als die „Semlja i Wolja" sie hatte. Im Gegenteil, diese Pflicht wird uns gerade durch diese Bewegung *auferlegt*, denn der spontane Kampf des Proletariats wird nicht zu einem wirklichen „Klassenkampf" werden, solange dieser Kampf nicht von einer starken Organisation der Revolutionäre geleitet wird.

Zweitens verstehen viele – und darunter anscheinend auch B. Kritschewski (**Rabotscheje Delo** Nr.10, S.18) – die Polemik falsch, die von den Sozialdemokraten stets gegen die „verschwörerische" Auffassung des politischen Kampfes geführt worden ist. Wir wandten uns stets gegen die *Einengung* des politischen Kampfes zu einer Verschwörung und werden uns natürlich auch weiter dagegen wenden [K] (108), aber selbstverständlich bedeutete dies keineswegs, daß wir die Notwendigkeit einer festgefügten revolutionären Organisation leugneten. In der in der Fußnote genannten Broschüre wird zum Beispiel, neben der Polemik gegen die Reduzierung des politischen Kampfes auf eine Verschwörung, eine Organisation (als sozialdemokratisches Ideal) skizziert, die so stark ist, daß sie, „um dem Absolutismus den entscheidenden Schlag zu versetzen", sowohl zum „Aufstand" als auch zu jeder „anderen Angriffsmethode" greifen kann. [L] (108) Ihrer *Form* nach kann eine derartige festgefügte revolutionäre Organisation in einem autokratischen Lande auch eine „Verschwörer"organisation genannt werden, denn das französische Wort „conspiration" entspricht dem russischen Wort für „Verschwörung", Konspiration aber tut einer solchen Organisation im höchsten Grade not. Konspiration ist eine so unumgängliche Vorbedingung für eine solche Organisation, daß alle anderen Bedingungen (die Zahl der Mitglieder, ihre Auslese, ihre Funktionen usw.) ihr angepaßt werden müssen. Es wäre darum höchst naiv, die Beschuldigung zu fürchten, daß wir Sozialdemokraten eine Verschwörerorganisation schaffen wollten. Diese Beschuldigungen müssen für jeden Feind des „Ökonomismus" ebenso schmeichelhaft sein wie die Beschuldigung des „Narodowolzentums".

Man wird uns entgegenhalten: Eine so machtvolle und streng geheime Organisation, die alle Fäden der konspirativen Arbeit in ihren Händen konzentriert, eine Organisation, die notwendigerweise zentralistisch ist, kann allzuleicht einen verfrühten Angriff unternehmen, kann unüberlegt die Bewegung forcieren, bevor dies im Hinblick auf das Anwachsen der politischen Unzufriedenheit, auf die Stärke der Gärung und Erbitterung in der Arbeiterklasse usw. möglich und notwendig wäre. Darauf antworteten wir: Abstrakt gesprochen, kann natürlich nicht in Abrede gestellt werden, daß eine Kampforganisation einen unüberlegten Kampf beginnen *kann*, der mit einer Niederlage enden *kann*, die unter anderen Umständen keineswegs unvermeidlich gewesen wäre. Aber man darf sich bei einer solchen Frage nicht auf abstrakte Erwägungen beschränken, denn jede Schlacht schließt abstrakt die Möglichkeit einer Niederlage in sich ein, und es gibt kein anderes Mittel, diese Möglichkeit zu *verringern*, als die Schlacht organisiert vorzubereiten. Stellen wir die Frage aber konkret, ausgehend von den heutigen russischen Verhältnissen, so werden wir den positiven Schluß ziehen müssen, daß eine starke revolutionäre Organisation unbedingt notwendig ist, gerade um der Bewegung Widerstandsfähigkeit zu verleihen und um sie vor der Möglichkeit zu *bewahren*, unüberlegte Angriffe zu unternehmen. Gerade jetzt, bei dem Fehlen einer solchen Organisation und bei dem schnellen spontanen Wachstum der revolutionären Bewegung, *zeigen sich bereits* zwei .entgegengesetzte Extreme (die sich, wie es sich auch gehört, „berühren"): bald ein ganz unhaltbarer „Ökonomismus" und eine Propaganda der Mäßigung, bald ein ebenso unhaltbarer „exzitierender Terror", der bestrebt ist, „in der Bewegung, die sich entwickelt und festigt, aber noch dem Anfang näher steht als dem Ende, die Symptome des Endes künstlich hervorzurufen" (W. Sassulitsch in der **Sarja** Nr.2/3, S.353). Das Beispiel des **Rabotscheje Delo** zeigt, daß *es bereits*Sozialdemokraten *gibt*, die vor beiden Extremen kapitulieren. Diese Erscheinung ist, von allen übrigen Ursachen abgesehen, auch darum nicht verwunderlich, weil der „ökonomische Kampf *gegen die Unternehmer und gegen die Regierung*" den Revolutionär *nie* befriedigen wird, und entgegengesetzte Extreme werden stets bald hier, bald dort auftauchen. Nur eine zentralisierte Kampforganisation, die die sozialdemokratische Politik konsequent durchführt und sozusagen alle revolutionären Instinkte und Bestrebungen befriedigt, ist imstande, die Bewegung vor einem unüberlegten Angriff zu bewahren und den Angriff vorzubereiten, der Erfolg verspricht.

Man wird uns ferner entgegenhalten, daß die dargelegte Ansicht über die Organisation dem „demokratischen Prinzip" widerspreche. Während die vorhergehende Beschuldigung spezifisch russischen Ursprungs ist, trägt diese *spezifisch ausländischen* Charakter. Und nur eine Auslandsorganisation (der „Auslandsbund russischer Sozialdemokraten") konnte ihrer Redaktion unter anderen Instruktionen auch die folgende erteilen:

> *Organisationsprinzip*. Im Interesse einer erfolgreichen Entwicklung und Vereinigung der Sozialdemokratie muß das umfassende demokratische Prinzip ihrer Parteiorganisation betont, entwickelt und erkämpft werden, was angesichts der in den Reihen unserer Partei zutage getretenen antidemokratischen Tendenzen besonders notwendig ist. (**Zwei Konferenzen**, S.18.)

In welcher Weise das **Rabotscheje Delo** gegen die „antidemokratischen Tendenzen" der **Iskra** kämpft, werden wir aus dem nächsten Kapitel ersehen. Jetzt aber wollen wir uns das „Prinzip" näher ansehen, das von den „Ökonomisten" empfohlen wird. Jeder wird wohl zugeben, daß das „umfassende demokratische Prinzip" die beiden folgenden notwendigen Vorbedingungen einschließt: erstens vollständige Publizität und zweitens Wählbarkeit aller Funktionäre. Ohne Publizität und dazu eine Publizität, die sich nicht nur auf die Mitglieder der Organisation beschränkt, wäre es lächerlich, von Demokratismus zu reden. Als demokratisch bezeichnen wir die Organisation der deutschen sozialistischen Partei, denn in ihr geschieht alles öffentlich, die

Sitzungen des Parteitages mit inbegriffen; aber niemand wird eine Organisation als demokratisch bezeichnen, die für alle Nichtmitglieder vom Schleier des Geheimnisses verhüllt ist. Es fragt sich: Welchen Sinn hat also die Aufstellung des *umfassenden demokratischen Prinzips*", wenn die wichtigste Vorbedingung dieses Prinzips für eine Geheimorganisation *unerfüllbar* ist? Das „umfassende Prinzip" erweist sich einfach als eine tönende, aber hohle Phrase. Mehr als das. Diese Phrase zeugt von einem absoluten Unverständnis für die dringenden Aufgaben, vor denen wir gegenwärtig in organisatorischer Hinsicht stehen. Alle wissen, wie groß der Mangel an Konspiration ist, der bei uns unter der „breiten" Masse der Revolutionäre herrscht. Wir haben gesehen, wie bitter sich B-w darüber beklagt, der durchaus mit Recht eine „strenge Auslese der Mitglieder" verlangt (**Rabotscheje Delo** Nr.6, S.42). Und nun kommen Leute, die sich mit ihrem „Sinn fürs Leben" brüsten und die bei einer solchen Sachlage nicht die Notwendigkeit strengster Konspiration und der strengsten (folglich also auch einer engeren) Auslese der Mitglieder *betonen*, sondern das *„umfassende* demokratische Prinzip"! So etwas nennt man danebenhauen.

Nicht besser steht es auch mit dem zweiten Merkmal des Demokratismus, mit der Wählbarkeit. In Ländern mit politischer Freiheit ist diese Bedingung eine Selbstverständlichkeit. „Zur Partei gehörig wird jede Person betrachtet, die sich zu den Grundsätzen des Parteiprogramms bekennt und die Partei nach Kräften unterstützt" – so lautet der erste Paragraph des Organisationsstatuts der deutschen Sozialdemokratischen Partei. Und da die ganze politische Arena vor aller Augen ebenso offen daliegt wie die Bühne eines Theaters vor den Zuschauern, so ist allen und jedem sowohl aus Zeitungen als auch aus Volksversammlungen bekannt, ob einer sich zum Parteiprogramm bekennt oder nicht, ob er die Partei unterstützt oder ihr entgegenarbeitet. Alle wissen, daß der und der Politiker in bestimmter Weise angefangen, daß er eine bestimmte Entwicklung durchgemacht hat, daß er sich in einem schwierigen Augenblick des Lebens so oder so verhalten hat, daß er sich überhaupt durch bestimmte Eigenschaften auszeichnet – und darum können natürlich *alle* Parteimitglieder mit voller Sachkenntnis einen solchen Mann für eine bestimmte Parteifunktion wählen oder nicht wählen. Die (im buchstäblichen Sinne des Wortes) allgemeine Kontrolle über jeden Schritt eines Parteimitglieds in seinem politischen Wirkungsbereich schafft einen automatisch wirkenden Mechanismus, der das zeitigt, was in der Biologie als „Erhaltung der am besten Angepaßten" bezeichnet wird. Die „natürliche Auslese" durch die volle Publizität, durch die Wählbarkeit und die allgemeine Kontrolle gibt die Sicherheit, daß jeder Funktionär schließlich am rechten Platz steht, daß er die seinen Kräften und Fähigkeiten am meisten entsprechende Arbeit übernimmt, alle Folgen seiner Fehler an sich selbst erfährt und vor aller Augen seine Fähigkeit beweist, Fehler einzusehen und zu vermeiden.

Nun versuche man einmal, dieses Bild in dem Rahmen unserer Selbstherrschaft unterzubringen! Ist es bei uns denn denkbar, daß alle, „die sich zu den Grundsätzen des Parteiprogramms bekennen und die Partei nach Kräften unterstützen", jeden Schritt eines konspirativ arbeitenden Revolutionärs kontrollieren? Daß sie alle den einen oder anderen aus der Zahl der konspirativ arbeitenden Revolutionäre wählen, während doch der Revolutionär im Interesse der Arbeit *verpflichtet* ist, vor neun Zehnteln dieser „allen" zu verbergen, wer er ist? Man überlege sich nur ein wenig die wirkliche Bedeutung dieser hochtrabenden Worte des **Rabotscheje Delo**, und man wird sehen, daß der „umfassende Demokratismus" der Parteiorganisation in der Finsternis der Selbstherrschaft, wo die Gendarmen es sind, die eine Auslese vornehmen, nur eine *leere und schädliche Spielerei* ist. Das ist eine leere Spielerei, denn in Wirklichkeit hat nie eine revolutionäre Organisation einen *umfassenden* Demokratismus durchgeführt, und sie kann es auch selbst beim besten Willen nicht tun. Das ist eine schädliche Spielerei, denn die Versuche, das „umfassende demokratische Prinzip" in der Praxis anzuwenden, erleichtern der Polizei nur, Massenverhaftungen vorzunehmen, und verewigen die herrschende Handwerklerei, lenken die Gedanken der Praktiker nicht auf die ernste und dringende Aufgabe, sich zu Berufsrevolutionären auszubilden, sondern auf die Abfassung ausführlicher „papierner" Statuten über Wahlsysteme. Nur im Ausland, wo sich oft Leute zusammenfinden, denen es unmöglich ist, eine wirkliche, lebendige

Arbeit für sich zu finden, konnte sich hie und da und insbesondere innerhalb verschiedener kleiner Gruppen diese „Spielerei mit dem Demokratismus" entwickeln.

Um dem Leser zu zeigen, wie unschön die vom **Rabotscheje Delo** mit Vorliebe angewandte Methode ist, ein so schönes „Prinzip" aufzustellen, wie es der Demokratismus in der revolutionären Arbeit ist, wollen wir uns wieder auf einen Zeugen berufen. Dieser Zeuge, J. Serebrjakow, der Redakteur der Londoner Zeitschrift **Nakanune**, hat eine ausgesprochene Schwäche für das **Rabotscheje Delo** und ist von heftigem Haß gegen Plechanow und die „Plechanowisten" erfüllt. In den Artikeln über die Spaltung des „Auslandsbundes russischer Sozialdemokraten" hat sich das **Nakanune** entschieden auf die Seite des **Rabotscheje Delo** gestellt und einen ganzen Schwall jämmerlicher Phrasen gegen Plechanow losgelassen. Um so wertvoller ist für uns dieser Zeuge in der hier aufgeworfenen Frage. In Nr. 7 des **Nakanune** (Juli 1899), im Artikel „Zum Aufruf der Gruppe der Selbstbefreiung der Arbeiter" wies J. Serebrjakow darauf hin, wie „unanständig" es sei, Fragen „der Selbstüberhebung, der Führerrolle, des sogenannten Areopag, in einer ernsten revolutionären Bewegung" aufzurollen, wobei er u.a. schrieb:

> Myschkin, Rogatschow, Sheljabow, Michailow, Perowskaja, Figner u.a. haben sich nie als Führer betrachtet und sind auch nie von irgend jemand gewählt oder ernannt worden, obgleich sie in Wirklichkeit Führer waren, denn sowohl zur Zeit der Propaganda als auch zur Zeit des Kampfes gegen die Regierung haben sie die größte Last der Arbeit auf sich genommen, sind sie an die gefährlichsten Stellen gegangen, und ihre Tätigkeit war am produktivsten. Ihre. Führerrolle war nicht das Ergebnis ihrer Wünsche, sondern des Vertrauens, das die Genossen ihrer Umgebung zu ihrem Verstand, ihrer Tatkraft und ihrer Zuverlässigkeit hatten. Sich aber vor irgendeinem Areopag zu fürchten (wenn man ihn aber nicht fürchtet, warum dann von ihm schreiben), der die Bewegung eigenmächtig leiten könnte, das ist doch zu naiv. Wer würde denn auf ihn hören?

Wir fragen den Leser: Wodurch unterscheidet sich der „Areopag" von den „antidemokratischen Tendenzen"? Ist es denn nicht augenscheinlich, daß das „schöne" Organisationsprinzip des **Rabotscheje Delo** ebenso naiv wie unanständig ist: naiv, weil auf den „Areopag" oder auf die Leute mit „antidemokratischen Tendenzen" einfach niemand hören würde, wenn „die Genossen ihrer Umgebung das Vertrauen zu ihrem Verstand, ihrer Tatkraft und ihrer Zuverlässigkeit" nicht haben; unanständig als demagogischer Ausfall, der bei den einen auf die Eitelkeit, bei den anderen auf die Unkenntnis des wahren Zustandes unserer Bewegung und bei den dritten auf ungenügende Schulung und mangelnde Vertrautheit mit der Geschichte der revolutionären Bewegung spekuliert. Das einzige ernste Organisationsprinzip muß für die Funktionäre unserer Bewegung sein: strengste Konspiration, strengste Auslese der Mitglieder, Heranbildung von Berufsrevolutionären. Sind diese Eigenschaften gegeben, so ist noch etwas Größeres gesichert als der „Demokratismus", nämlich: das volle kameradschaftliche Vertrauen der Revolutionäre „zueinander. Und dieses Größere ist für uns unbedingt notwendig, denn bei uns in Rußland kann gar keine Rede davon sein, es durch eine allgemeine demokratische Kontrolle zu ersetzen. Und es wäre ein großer Fehler, wollte man glauben, daß die Unmöglichkeit einer wirklich „demokratischen" Kontrolle die Mitglieder der revolutionären Organisation unkontrollierbar macht: sie haben keine Zeit, an spielerische Formen des Demokratismus zu denken (des Demokratismus innerhalb eines engen Kreises von Genossen, die vollkommenes Vertrauen zueinander haben), aber ihre *Verantwortlichkeit* empfinden sie sehr lebhaft, und zudem wissen sie – aus Erfahrung, daß eine aus wirklichen Revolutionären bestehende Organisation vor keinem Mittel zurückschrecken wird, wenn es gilt, sich von einem untauglichen Mitglied zu befreien. Und außerdem gibt es ja bei uns eine ziemlich entwickelte, bereits ihre eigene Geschichte aufweisende, öffentliche Meinung der russischen (und der internationalen) revolutionären Kreise, die mit schonungsloser Härte jede Verletzung der Pflichten der Kameradschaft straft (der „Demokratismus" aber, der wirkliche, nicht der spielerische Demokratismus, gehört ja zu diesem Begriff der Kameradschaftlichkeit wie ein Teil zum Ganzen!). Man ziehe das alles in Betracht, und man wird begreifen, welch muffiger Geruch einer im Ausland betriebenen Generalsspielerei aus diesen Reden und Resolutionen über „antidemokratische Tendenzen" aufsteigt!

Es sei noch bemerkt, daß die andere Quelle dieser Reden, nämlich die Naivität, auch durch die Verworrenheit der Vorstellungen darüber genährt wird, was Demokratie ist. Im Buche des Ehepaars Webb über die englischen Trade-Unions gibt es ein interessantes Kapitel: „Die primitive Demokratie". Die Verfasser erzählen darin, wie die englischen Arbeiter in der ersten Periode des Bestehens ihrer Gewerkschaften es als notwendiges Merkmal der Demokratie betrachteten, daß in Sachen der Leitung der Gewerkschaften alles von allen getan werde: nicht nur wurden alle Fragen durch Abstimmung aller Mitglieder entschieden, sondern auch die Ämter wurden von allen Mitgliedern der Reihe nach ausgeübt. Es bedurfte einer langen geschichtlichen Erfahrung, damit die Arbeiter das Sinnlose einer solchen Vorstellung von der Demokratie einsahen und erkannten, daß man einerseits Vertretungskörperschaften und anderseits Berufsfunktionäre braucht. Es bedurfte einiger Fälle des finanziellen Zusammenbruchs von Gewerkschaftskassen, damit die Arbeiter begriffen, daß die Frage des Verhältnisses zwischen den eingezahlten Beträgen und den ausgezahlten Unterstützungen nicht allein durch demokratische Abstimmung entschieden werden kann, sondern daß auch die Stimme eines Fachmannes in Versicherungsfragen erforderlich ist. Man nehme ferner das Buch Kautskys über Parlamentarismus und Volksgesetzgebung, und man wird sehen, daß die Schlußfolgerungen des marxistischen Theoretikers mit den Lehren aus der langjährigen Praxis der Arbeiter übereinstimmen, die sich „spontan" zusammengeschlossen hatten. Kautsky wendet sich entschieden gegen die primitive Auffassung, die Rittinghausen von der Demokratie hat, er verspottet die Leute, die es fertigbringen, im Namen der Demokratie zu fordern, daß die „Volkszeitungen direkt vom Volke redigiert werden", er weist nach, daß *Berufs*journalisten, *Berufs*parlamentarier usw. für die sozialdemokratische Führung des proletarischen Klassenkampfes notwendig sind, er greift den „Sozialismus der Anarchisten und Literaten" an, die in ihrer „Effekthascherei" die direkte Volksgesetzgebung verherrlichen und nicht begreifen, daß diese in der modernen Gesellschaft nur sehr bedingte Anwendung finden kann.

Wer in unserer Bewegung praktisch gearbeitet hat, der weiß, wie stark verbreitet unter der Masse der studierenden Jugend und der Arbeiter die „primitive" Auffassung von Demokratie ist. Kein Wunder, daß diese Auffassung sowohl in die Statuten als auch in die Literatur eindringt. Die „Ökonomisten" von Bernsteinschem Schlage haben in ihrem Statut geschrieben: „§ 10. Alle Angelegenheiten, die die Interessen der gesamten Verbandsorganisation berühren, werden durch Stimmenmehrheit aller ihrer Mitglieder entschieden." Die „Ökonomisten" von terroristischem Schlage sprechen ihnen nach: „Es ist notwendig, daß die Komiteebeschlüsse durch alle Zirkel die Runde machen, um erst dann zu gültigen Beschlüssen zu werden." (**Swoboda** Nr.1, S.67.) Man beachte, daß diese Forderung, das Referendum weitgehend anzuwenden, *zusätzlich* zu der Forderung aufgestellt wird, die *gesamte* Organisation auf dem Prinzip der Wählbarkeit aufzubauen! Wir sind natürlich weit davon entfernt, deswegen die Praktiker zu verdammen, die zuwenig Gelegenheit hatten, die Theorie und Praxis wirklich demokratischer Organisationen kennenzulernen. Wenn aber das **Rabotscheje Delo**, das auf eine führende Rolle Anspruch erhebt, sich unter diesen Umständen auf eine Resolution über das umfassende demokratische Prinzip beschränkt, wie soll man das nicht als einfache „Effekthascherei" bezeichnen?

K. (103) Vgl. **Die Aufgaben der russischen Sozialdemokraten**, S.21. Polemik gegen P. L. Lawrow.

L. (103) **Die Aufgaben der russischen Sozialdemokraten**, S.23. Hier übrigens noch eine Illustration dafür, daß das **Rabotscheje Delo** entweder nicht versteht, was es sagt, oder seine Ansichten „mit dem Winde" wechselt. In Nr.1 des **Rabotscheje Delo** liest man in Kursiv: *„Der dargelegte Inhalt der Broschüre stimmt mit dem Redaktionsprogramm des* **Rabotscheje Delo** *voll überein„* (S.142). Wirklich? Mit den **Aufgaben** soll die Ansicht übereinstimmen, daß man der Massenbewegung den Sturz der Selbstherrschaft nicht als erste Aufgabe stellen darf? soll die Theorie des „ökonomischen Kampfes gegen die Unternehmer und gegen die Regierung" übereinstimmen? soll die Stadientheorie übereinstimmen? Wir überlassen es dem Leser, darüber zu urteilen, ob bei einem Organ, das vom Begriff „Übereinstimmung" eine so originelle Auffassung hat, von Prinzipienfestigkeit die Rede sein kann.

f) Örtliche und gesamtrussische Arbeit

Sind auch die Einwände gegen den hier dargelegten Plan der Organisation, sie sei undemokratisch und trage verschwörerischen Charakter, völlig unbegründet, so bleibt doch noch eine Frage zu beantworten, die oft aufgeworfen wird und eingehende Betrachtung verdient. Das ist die Frage der Wechselbeziehung zwischen der örtlichen und der gesamtrussischen Arbeit. Es wird die Befürchtung geäußert: Wird nicht die Gründung einer zentralisierten Organisation zu einer Verschiebung des Schwerpunkts von der örtlichen Arbeit auf die gesamtrussische führen? wird sie nicht der Bewegung schaden, indem sie unsere Verbindung mit der Arbeitermasse und überhaupt die Beständigkeit der lokalen Agitation schwächt? Wir antworten darauf, daß unsere Bewegung in den letzten Jahren gerade darunter leidet, daß die örtlichen Funktionäre zu sehr von der örtlichen Arbeit in Anspruch genommen sind; daß es darum unbedingt notwendig ist, den Schwerpunkt ein wenig auf die gesamtrussische Arbeit zu verschieben; daß eine solche Verschiebung unsere feste Verbindung mit den Massen und die Beständigkeit unserer örtlichen Agitation nicht schwächen, sondern stärken wird. Wir wollen die Frage der zentralen und der lokalen Zeitungen betrachten und bitten den Leser, nicht zu vergessen, daß das Zeitungswesen uns nur als *Beispiel* dient, durch das die unermeßlich viel umfassendere und vielseitigere revolutionäre Arbeit überhaupt illustriert wird.

In der ersten Periode der Massenbewegung (1896 bis 1898) wird von den örtlichen Funktionären der Versuch gemacht, eine gesamtrussische Zeitung herauszugeben – die **Rabotschaja Gaseta**; in der darauffolgenden Periode (1898 bis 1900) macht die Bewegung einen enormen Schritt vorwärts, aber die Aufmerksamkeit der führenden Genossen wird durch die lokalen Zeitungen vollkommen in Anspruch genommen. Zählt man alle diese lokalen Zeitungen zusammen, so ergibt sich, daß, rund gerechnet, auf den Monat eine Zeitungsnummer entfällt. [M] (114) Ist das nicht eine anschauliche Illustration unserer Handwerklerei? Zeigt das nicht mit aller Klarheit, wie unsere revolutionäre Organisation hinter dem spontanen Aufschwung der Bewegung zurückgeblieben ist? Wäre *die gleiche Anzahl* von Zeitungsnummern nicht von vereinzelten lokalen Gruppen herausgegeben worden, sondern von einer einheitlichen Organisation, so würden wir nicht nur viel Kraft gespart haben, sondern wir hätten auch unserer Arbeit eine unvergleichlich höhere Stabilität und Kontinuität gesichert. Diese einfache Erwägung wird nur zu oft sowohl von den Praktikern außer acht gelassen, die *aktiv* fast ausschließlich an lokalen Zeitungen arbeiten (leider ist es in den allermeisten Fällen auch heute noch so), als auch von den Publizisten, die in dieser Frage eine erstaunliche Donquichotterie an den Tag legen. Der Praktiker begnügt sich gewöhnlich mit der Erwägung, daß es für die örtlichen Funktionäre „schwierig" [N] (114) sei, sich mit der Arbeit für eine gesamtrussische Zeitung zu befassen, und daß lokale Zeitungen besser seien als gar keine. Dieses letzte Argument ist natürlich völlig richtig, und in der Anerkennung der gewaltigen Bedeutung und des gewaltigen Nutzens der lokalen Zeitungen *überhaupt* stehen wir hinter keinem Praktiker zurück. Aber doch nicht darum handelt es sich, sondern es geht um die Frage, ob man die Zersplitterung und Handwerklerei nicht loswerden könnte, die so anschaulich darin zum Ausdruck kommen, daß in 2½ Jahren in ganz Rußland nur 30 Nummern lokaler Zeitungen erschienen sind. Man darf sich also nicht auf zwar unbestrittene, aber zu allgemeine Behauptungen über den Nutzen lokaler Zeitungen überhaupt beschränken, sondern man muß auch den Mut haben, ihre negativen Seiten, die die Erfahrung der zweieinhalb Jahre klar gezeigt hat, offen festzustellen. Diese Erfahrung zeugt davon, daß lokale Zeitungen unter unseren Verhältnissen in den meisten Fällen nicht prinzipienfest, daß sie politisch bedeutungslos sind, daß sie, was den Aufwand an revolutionären Kräften betrifft, übermäßig kostspielig und in technischer Beziehung völlig unzulänglich sind (ich meine natürlich nicht die Drucktechnik, sondern die Häufigkeit und Regelmäßigkeit des Erscheinens). Alle genannten Mängel sind kein Zufall, sondern das unvermeidliche Ergebnis der Zersplitterung, aus der sich einerseits das Überwiegen der lokalen Zeitungen in der hier behandelten Periode erklärt und die anderseits durch dieses Überwiegen *gefördert* wird. Es geht geradezu *über die Kraft* einer einzelnen lokalen Organisation, ihrer Zeitung Prinzipienfestigkeit zu sichern und sie auf das Niveau zu bringen, das ein politisches Organ haben muß, es geht *über ihre Kraft*, genügend Material für die Beleuchtung unseres gesamten politischen Lebens zu sammeln und auszuwerten. Das Argument aber, mit dem die Notwendigkeit zahlreicher lokaler Zeitungen in freien Ländern verteidigt zu werden pflegt – die Billigkeit der Herstellung mit Hilfe der örtlichen Arbeiter und die umfassendere und raschere Information der örtlichen Bevölkerung – dieses *Argument* kehrt sich bei uns, wie die Erfahrung zeigt, *gegen* die lokalen Zeitungen. Es erweist sich, daß sie, was den Aufwand an revolutionären Kräften betrifft, übermäßig kostspielig sind und daß sie aus dem einfachen Grund *besonders* selten erscheinen, weil für eine *illegale* Zeitung, wie klein sie auch sein mag, ein gewaltiger konspirativer Apparat notwendig ist, der einen fabrikmäßigen Großbetrieb erfordert, denn in der Werkstatt eines Handwerkers ist ein solcher Apparat nicht herzustellen. Die Primitivität des konspirativen Apparats, führt aber auf Schritt und Tritt dazu (jeder Praktiker kennt eine Menge solcher Beispiele), daß die Polizei das Erscheinen und die Verbreitung von ein, zwei Nummern ausnützt, um *Massen* verhaftungen vorzunehmen, durch die alles so ratzekahl hinweggefegt wird, daß man wieder von vorn anfangen muß. Ein guter konspirativer Apparat erfordert eine gute berufliche :Schulung der Revolutionäre und eine aufs konsequenteste durchgeführte Arbeitsteilung; diese beiden Forderungen übersteigen aber weit die Kraft einer einzelnen lokalen Organisation, wie stark sie im gegebenen Moment auch sein mag. Ganz abgesehen von den allgemeinen Interessen unserer gesamten Bewegung (die prinzipiell konsequente sozialistische und politische Erziehung der Arbeiter), werden auch die speziell lokalen Interessen durch *nichtlokale Zeitungen besser vertreten*, das erscheint nur auf den ersten Blick paradox, in Wirklichkeit aber wird es durch die geschilderten Erfahrungen von zweieinhalb Jahren unwiderleglich bewiesen. Jeder wird zugeben: Hätten alle lokalen Kräfte, die 30 Zeitungsnummern herausgebracht haben, an *einer* Zeitung gearbeitet, so hätten von dieser leicht 60, wenn nicht gar 100 Nummern erscheinen können, und in ihr wären infolgedessen alle Besonderheiten der Bewegung rein lokalen Charakters vollständiger beleuchtet worden. Unzweifelhaft ist eine solche Organisiertheit keine leichte Sache, doch müssen wir einsehen, daß sie notwendig ist, jeder lokale Zirkel muß über sie nachdenken und an ihr *aktiv arbeiten*, ohne auf einen Anstoß von außen zu warten, ohne sich durch die Zugänglichkeit, die Nähe des lokalen Organs verlocken zu lassen, die, wie unsere revolutionäre Erfahrung zeigt, in hohem Maße illusorisch ist.

Einen schlechten Dienst erweisen der praktischen Arbeit jene Publizisten, die sieh einbilden, den Praktikern besonders nahezustehen, aber nicht sehen, wie illusorisch das ist, und die Sache mit der erstaunlich billigen und erstaunlich hohlen Erklärung abtun: notwendig seien lokale Zeitungen, notwendig seien Bezirkszeitungen, notwendig seien gesamtrussische Zeitungen. Natürlich ist das alles, allgemein gesprochen, notwendig, aber wenn man eine konkrete organisatorische Frage anpackt, muß man doch auch an die Bedingungen denken, die durch die Verhältnisse und den Zeitpunkt gegeben sind. Ist es denn nicht wirklich Donquichotterie, wenn die **Swoboda** (Nr.1, S.68), speziell „auf die *Frage der Zeitung* eingehend", schreibt: „Uns dünkt, daß jeder Ort mit halbwegs bedeutender Konzentration von Arbeitern eine eigene Arbeiterzeitung haben muß. Nicht eine von irgendwo importierte, sondern eben seine eigene." Will dieser Publizist nicht über die Bedeutung seiner Worte nachdenken, so mag es wenigstens der Leser für ihn tun: Wieviel Dutzende, ja Hunderte solcher „Orte mit halbwegs bedeutender Konzentration von Arbeitern" gibt es in Rußland, und was für eine Verewigung unserer Handwerklerei wäre es, wenn tatsächlich jede lokale Organisation ihre eigene Zeitung herausgeben wollte! Wie sehr würde diese Zersplitterung die Aufgabe unserer Gendarmen erleichtern, alle örtlichen Funktionäre – und zwar ohne jede „halbwegs bedeutende" Schwierigkeit – schon zu Beginn ihrer Tätigkeit zu schnappen, ohne ihnen erst die Möglichkeit zu geben, wirkliche Revolutionäre zu werden! In einer gesamtrussischen Zeitung, fährt der Verfasser fort, wären die Schilderungen der Machenschaften der Fabrikbesitzer und der „Einzelheiten des Fabriklebens in verschiedenen fremden Städten" nicht interessant, aber „dem Leser in Orjol wird es nicht langweilig sein, von seinen eigenen Orjoler Angelegenheiten zu lesen. Er weiß dann immer, wen man sich ‚vorgeknöpft' hat, wer ‚festgenagelt' worden ist, und das Herz hüpft ihm im Leibe"

(S.69). Ja ja, das Herz des Lesers in Orjol hüpft, aber allzusehr „hüpfen" auch die Gedanken unseres Publizisten. Ist diese Verteidigung der Kleinkrämerei taktisch richtig? – darüber sollte er nachdenken. Wir stehen hinter niemand zurück in der Erkenntnis, daß Fabrikenthüllungen notwendig und wichtig sind, aber man darf doch nicht vergessen: Wir sind schon so weit gekommen, daß es den Petersburgern langweilig geworden ist, die Petersburger Korrespondenzen der Petersburger Zeitung **Rabotschaja Mysl** zu lesen. Für die Fabrikenthüllungen an den einzelnen Orten hatten wir stets Flugblätter und *werden wir auch stets Flugblätter haben müssen*, aber den Typus der *Zeitung* müssen wir auf ein höheres Niveau bringen und sie nicht zu einem Fabrikflugblatt degradieren. Für eine „Zeitung" brauchen wir nicht so sehr Enthüllungen der „Kleinigkeiten" als vielmehr Enthüllungen der großen, typischen Übelstände des Fabriklebens, Enthüllungen an Hand besonders prägnanter Beispiele, die geeignet sind, *alle* Arbeiter und alle Führer der Bewegung zu interessieren, die geeignet sind, ihr Wissen wirklich zu bereichern, ihren Gesichtskreis zu erweitern und das Erwachen eines neuen Bezirks, einer neuen Berufsschicht von Arbeitern in die Wege zu leiten.

„Ferner können in der lokalen Zeitung alle Machenschaften der Fabrikverwaltung oder anderer Behörden sofort an Ort und Stelle aufgegriffen werden. Wie lange dauert es aber, bis die Nachricht in die allgemeine, weit entfernte Zeitung kommt – bis dahin hat man am Ort längst vergessen, was geschehen ist: ‚Wann war das doch bloß – wer denkt noch daran!'" (**Ebenda.**) Eben – wer denkt noch daran! Die im Verlaufe von 2½ Jahren erschienenen 30 Nummern verteilen sich, wie wir aus derselben Quelle erfahren, auf 6 Städte. Dann kommt also durchschnittlich auf *eine* Stadt *eine Nummer der Zeitung in einem halben Jahre!* Und selbst wenn unser leichtfertiger Publizist in seinen Annahmen die Produktivität der örtlichen Arbeit *verdreifacht* (was zweifellos, im Durchschnitt auf *eine* Stadt genommen, falsch wäre, denn im Rahmen der Handwerkerlei ist eine bedeutende Steigerung der Produktivität unmöglich), so erhalten wir trotzdem nur *eine* Nummer in zwei Monaten, d.h. etwas, was einem „Aufgreifen an Ort und Stelle" absolut nicht ähnlich sieht. Dabei würde es genügen, daß sich zehn lokale Organisationen zusammentun und ihre Delegierten mit aktiven Funktionen für die Herausgabe einer allgemeinen Zeitung betrauen – und es wäre möglich, *in ganz Rußland* nicht Kleinigkeiten „aufzugreifen", sondern einmal in vierzehn Tagen tatsächlich hervorstechende und typische Mißstände zu enthüllen. Daran wird niemand zweifeln, der die Lage in unseren Organisationen kennt. Den Feind auf frischer Tat erwischen – wenn man das ernst meint und es nicht nur eine schöne Redensart ist –, daran kann eine illegale Zeitung überhaupt nicht denken: dazu taugt nur ein heimlich zugestecktes Flugblatt, denn die äußerste Frist für ein solches Erwischen beläuft sich meist auf höchstens ein oder zwei Tage (man denke zum Beispiel an einen gewöhnlichen kurzfristigen Streik oder an einen Zusammenstoß in einer Fabrik oder an eine Demonstration usw.).

„Der Arbeiter lebt nicht nur in der Fabrik, sondern auch in der Stadt", fährt unser Verfasser fort, der mit strenger Konsequenz, die selbst einem Boris Kritschewski Ehre machen würde, vom Besonderen zum Allgemeinen emporsteigt. Er weist auf Fragen der Stadtdumas, der städtischen Krankenhäuser und Schulen hin und verlangt, daß die Arbeiterzeitung die städtischen Angelegenheiten nicht mit Schweigen übergehe. – Die Forderung ist an und für sich sehr schön, aber sie illustriert besonders anschaulich die inhaltslose Abstraktheit, auf die man sich zu oft bei Erörterungen über lokale Zeitungen beschränkt. Erstens, wenn tatsächlich in „jedem Ort mit halbwegs bedeutender Konzentration von Arbeitern" Zeitungen mit einer so ausführlichen Stadtchronik, wie die **Swoboda** es wünscht, erschienen, so würde das unter unseren russischen Verhältnissen unvermeidlich in eine wahre Kleinkrämerei ausarten, es würde das Bewußtsein von der Wichtigkeit eines gesamtrussischen revolutionären Ansturms gegen die zaristische Selbstherrschaft schwächen und die lebenszähen, eher verborgenen oder unterdrückten als mit der Wurzel entfernten Keime derjenigen Richtung stärken, die schon bekannt geworden ist durch den denkwürdigen Ausspruch über die Revolutionäre, die zuviel von dem nicht vorhandenen Parlament und zuwenig von den vorhandenen Stadtdumas reden. Wir sagen: unvermeidlich, und betonen damit, daß die **Swoboda** zweifellos nicht das will, sondern das Gegenteil. Aber gute Vorsätze allein genügen nicht. – Um die städtischen Angelegenheiten in der richtigen Perspektive zu unserer Gesamtarbeit zu erläutern, ist *zuerst* notwendig, daß diese Perspektive völlig klar sei, daß sie nicht allein durch Behauptungen, sondern an Hand von zahlreichen Beispielen genau festgelegt sei, daß sie bereits die Festigkeit einer *Tradition* gewonnen habe. So weit sind wir noch lange nicht, dies ist aber gerade *zuerst* notwendig, bevor man sich erlauben kann, an eine umfassende lokale Presse zu denken und von einer solchen Presse zu reden.

Zweitens ist es notwendig, um wirklich gut und interessant über die städtischen Angelegenheiten zu berichten, sie genau und nicht nur aus Büchern zu kennen. Aber Sozialdemokraten, die ein solches Wissen haben, gibt es *in ganz Rußland* fast gar nicht. Um in der Zeitung (und nicht in einer populären Broschüre) über städtische und staatliche Angelegenheiten zu schreiben, muß man frisches, vielseitiges, von einem tüchtigen Menschen gesammeltes und bearbeitetes Material haben. Um aber solches Material zu sammeln und zu bearbeiten, genügt die „primitive Demokratie" eines primitiven Zirkels nicht, in dem alle alles tun und sich mit Referendumspielen die Zeit vertreiben. Hierzu ist ein Stab von Schriftstellern mit Fachwissen, von speziellen Korrespondenten, eine Armee von sozialdemokratischen Reportern notwendig, die überall Verbindungen anknüpfen, die es versteifen, in alle „Staatsgeheimnisse" (mit denen der russische Beamte so wichtig tut und die er so leicht ausplaudert) einzudringen, hinter alle „Kulissen" zu schauen, eine Armee von Menschen, die „von Amts wegen" verpflichtet sind, allgegenwärtig und allwissend zu sein. Und wir, die Partei des Kampfes gegen *jede* wirtschaftliche, politische, soziale, nationale Unterdrückung, können und müssen eine solche Armee allwissender Menschen sammeln, ausbilden, mobilisieren und in den Kampf schicken – aber das muß erst noch getan werden! Bei uns jedoch ist nicht nur in den meisten Gegenden noch kein Schritt in dieser Richtung getan worden, sondern es fehlt sogar oft die *Erkenntnis*, daß das getan werden muß. Man suche in unserer sozialdemokratischen Presse lebendige und interessante Artikel, Zuschriften und Enthüllungen über unsere großen und kleinen diplomatischen, militärischen, kirchlichen, städtischen, finanziellen usw. usw. Angelegenheiten, und man wird *fast nichts* oder sehr wenig finden. [O] (114) Darum „ärgert es mich immer fürchterlich, wenn einer daherkommt und eine Menge sehr schöne und großartige Dinge sagt" von der Notwendigkeit, „in jedem Ort mit halbwegs bedeutender Konzentration von Arbeitern" Zeitungen herauszugeben, in denen die Mißstände in der Fabrik, in der Stadtverwaltung, im Staatsapparat enthüllt werden!

Das Überwiegen der lokalen Presse über die zentrale ist ein Anzeichen entweder von Mangel oder von Überfluß. Von Mangel, wenn die Bewegung noch nicht die Kräfte für einen Großbetrieb hervorgebracht hat, wenn sie noch in der Handwerklerei steckt und in den „Kleinigkeiten des Fabriklebens" fast untergeht; von Überfluß, wenn die Bewegung die Aufgabe der allseitigen Enthüllungen und der allseitigen Agitation *bereits vollkommen bewältigt hat*, so daß neben dem Zentralorgan zahlreiche lokale Zeitungen notwendig werden. Mag jeder für sich entscheiden, wovon das Überwiegen der lokalen Zeitungen bei uns in der Gegenwart zeugt. Ich aber will mich auf eine genaue Formulierung meiner Schlußfolgerung beschränken, um keinen Anlaß zu Mißverständnissen zu geben. Bis jetzt denkt die Mehrheit unserer lokalen Organisationen fast ausschließlich an lokale Zeitungen und arbeitet aktiv fast nur für sie. Das ist nicht normal. Es müßte umgekehrt sein: Die Mehrheit der lokalen Organisationen müßte hauptsächlich an ein gesamtrussisches Organ denken und vorwiegend für dieses arbeiten. Solange das nicht geschieht, werden wir *nicht eine einzige* Zeitung herausbringen, die halbwegs imstande wäre, der Bewegung wirklich mit einer *allseitigen* Presseagitation zu dienen. Geschieht das aber, dann wird sich ein normales Verhältnis zwischen dem notwendigen Zentralorgan und den notwendigen lokalen Organen von selbst herausbilden.

*

Es mag auf den ersten Blick scheinen, daß die Schlußfolgerung, es sei notwendig, den Schwerpunkt von der lokalen auf die gesamtrussische Arbeit zu verlegen, auf den speziell wirtschaftlichen Kampf nicht anwendbar sei: die unmittelbaren Feinde der Arbeiter sind hier einzelne Unternehmer oder Gruppen von Unternehmern, und diese sind in keiner Organisation zusammengefaßt, die auch nur annähernd an die rein militärische, streng zentralistische, bis in die kleinsten Dinge von einem einheitlichen Willen geleitete Organisation. der russischen Regierung, unseres unmittelbaren Feindes im politischen Kampf, erinnert.

Aber dem ist nicht so. Der ökonomische Kampf ist – wir haben schon oft darauf hingewiesen – ein gewerkschaftlicher Kampf, und darum erfordert er den Zusammenschluß der Arbeiter nach Berufen, und nicht nur nach dem Betrieb. Und diese gewerkschaftliche Vereinigung wird um so dringender notwendig, je rapider der Zusammenschluß unserer Unternehmer zu Gesellschaften und Syndikaten aller Art vorwärtsschreitet. Unsere Zersplitterung und unsere Handwerklerei hemmen direkt diese Vereinigung, für die eine einheitliche gesamtrussische Organisation der Revolutionäre notwendig ist, die fähig wäre, die Leitung der Gewerkschaftsverbände der Arbeiter ganz Rußlands zu übernehmen. Wir haben schon weiter oben von dem Organisationstypus gesprochen, der für diesen Zweck wünschenswert ist, und wollen jetzt im Zusammenhang mit der Frage unserer Presse nur noch einige Worte hinzufügen.

Daß jede sozialdemokratische Zeitung eine *Rubrik* für den gewerkschaftlichen (wirtschaftlichen) Kampf enthalten muß, das wird kaum jemand bezweifeln. Aber die Ausbreitung der Gewerkschaftsbewegung veranlaßt uns, auch an eine Gewerkschaftspresse zu denken. Wir glauben jedoch, daß von Gewerkschaftszeitungen in Rußland, mit wenigen Ausnahmen, vorläufig noch keine Rede sein kann: das wäre ein Luxus, und uns fehlt nur allzuoft selbst das tägliche Brot. Die den Bedingungen der illegalen Arbeit entsprechende und schon jetzt notwendig gewordene Form der Gewerkschaftspresse müßten bei uns *Gewerkschaftsbroschüren* sein. In ihnen müßte das *legale* [P] (114) und das illegale Material gesammelt und systematisch gruppiert werden: über die Arbeitsbedingungen in dem betreffenden Gewerbe, über die in dieser Hinsicht bestehenden Unterschiede zwischen den verschiedenen Gegenden Rußlands, über die Hauptforderungen der Arbeiter des betreffenden Berufs, über die Mängel der Gesetzgebung für diesen Beruf, über die besonders bemerkenswerten Fälle des wirtschaftlichen Kampfes der Arbeiter dieses Berufszweiges, über die Anfänge, den gegenwärtigen Stand und die Erfordernisse ihrer gewerkschaftlichen Organisation usw. Solche Broschüren würden erstens unsere sozialdemokratische Presse von einer Unmenge Berufsdetails befreien, die speziell nur die Arbeiter einer bestimmten Branche interessieren; zweitens würden sie die Resultate unserer Erfahrungen im Gewerkschaftskampf festhalten, sie würden das gesammelte Material, das jetzt in der Menge von Flugblättern und fragmentarischen Korrespondenzen buchstäblich untergeht, sammeln und verallgemeinern; drittens könnten sie als eine Art Anleitung für Agitatoren dienen, denn die Arbeitsbedingungen ändern sich verhältnismäßig langsam, die grundlegenden Forderungen der Arbeiter eines bestimmten Berufes sind außerordentlich beständig (man vergleiche die Forderungen der Weber des Moskauer Bezirks im Jahre 1885 und die des Petersburger Bezirks im Jahre 1896), und eine Zusammenstellung dieser Forderungen und Nöte könnte Jahre hindurch als ausgezeichneter Leitfaden für die wirtschaftliche Agitation in den rückständigen Gebieten oder unter den rückständigen Arbeiterschichten dienen; Beispiele erfolgreicher Streiks in dem einen Bezirk, Angaben über höhere Lebenshaltung, über bessere Arbeitsbedingungen an dem einen Ort würden die Arbeiter an anderen Orten zu neuem und immer neuem Kampf anfeuern; viertens würde die Sozialdemokratie dadurch, daß sie die Initiative zur Verallgemeinerung des Gewerkschaftskampfes auf sich nimmt und auf diese Weise die Verbindung zwischen der russischen Gewerkschaftsbewegung und dem Sozialismus festigt, gleichzeitig dafür sorgen, daß unsere Gewerkschaftsarbeit weder einen zu kleinen noch einen zu großen Teil der Gesamtheit unserer sozialdemokratischen Arbeit ausmacht. Ist eine lokale Organisation von den Organisationen anderer Städte losgelöst, so ist es für sie sehr schwer, oft sogar fast unmöglich, dabei die richtige Proportion einzuhalten (und das Beispiel der **Rabotschaja Mysl** zeigt, zu welch ungeheuerlicher Übertreibung in der Richtung zum Trade-Unionismus man dabei kommen kann). Eine gesamtrussische Organisation der Revolutionäre aber, die streng auf dem Standpunkt des Marxismus stünde, die den ganzen politischen Kampf leitete und über einen Stab von Berufsagitatoren verfügte, würde bei der Bestimmung dieser richtigen Proportion niemals Schwierigkeiten haben.

Fußnoten von Lenin

M. (109) Siehe den **Bericht an den Pariser Internationalen Sozialistenkongreß**, S.14: „Seit jener Zeit (1897) bis zum Frühjahr 1900 sind an verschiedenen Orten 30 Nummern verschiedener Zeitungen erschienen…Im Durchschnitt erschien mehr als eine Nummer monatlich."

N. (109) Diese Schwierigkeit ist nur eine scheinbare. In Wirklichkeit *gibt es keinen* örtlichen Zirkel, der nicht die Möglichkeit hätte, die eine oder die andere Funktion der gesamtrussischen Arbeit aktiv in Angriff zu nehmen. „Sage nicht: Ich kann nicht, sondern sage: Ich will nicht."

O. (112) Aus diesem Grunde wird unser Standpunkt sogar durch das Beispiel außerordentlich guter Lokalorgane nur bestätigt. Der **Jushny Rabotschi** ist zum Beispiel eine ausgezeichnete Zeitung, der man keineswegs Mangel an Prinzipienfestigkeit vorwerfen kann. Aber das, was sie für die örtliche Bewegung leisten wollte, ist infolge des seltenen Erscheinens der Zeitung und der zahlreichen Verhaftungen nicht erreicht worden. Das, was für die Partei heute am dringendsten ist, die prinzipielle Erörterung der Grundfragen der Bewegung und die allseitige politische Agitation, überstieg die Kraft einer lokalen Zeitung. Was aber besonders gut an ihr war, z.B. die Artikel über die Konferenz der Bergwerksbesitzer, über die Arbeitslosigkeit usw., stellte kein streng lokales Material dar *und wurde für ganz Rußland gebraucht*, und nicht nur für den Süden. Solche Artikel hat es in unserer ganzen sozialdemokratischen Presse nicht gegeben.

P. (113) Das legale Material ist in dieser Beziehung besonders wichtig, und wir sind besonders zurückgeblieben in der Kunst, es systematisch zu sammeln und auszunutzen. Es wird keine Übertreibung sein, wenn man sagt, daß legales Material allein genügt, um eine noch einigermaßen annehmbare Gewerkschaftsbroschüre zu schreiben, daß aber illegales Material allein nicht genügt. Wenn wir von Arbeitern illegales Material über Fragen, wie sie zum Beispiel die **Rabotschaja Mysl** behandelt hat, sammeln, so vergeuden wir viel Kraft eines Revolutionärs (der in diesem Falle leicht durch eine legal tätige Person ersetzt werden könnte), und trotzdem bekommen wir nie ein brauchbares Material, denn den Arbeitern, die meist nur *eine* Abteilung der großen Fabrik und fast immer die wirtschaftlichen Resultate, nicht aber die allgemeinen Bedingungen und Normen ihrer eigenen Arbeit kennen, fehlt die Möglichkeit, die Informationen zu erhalten, die die Fabrikangestellten, Inspektoren, Ärzte usw. besitzen und die zum größten Teil in kleinen Zeitungskorrespondenzen sowie in speziellen Industrie-, Sanitäts-, Semstwo- und anderen Publikationen verstreut sind.

Ich erinnere mich lebhaft meines „ersten Versuchs", den ich nie wiederholen würde. Viele Wochen hindurch befaßte ich mich damit, einen Arbeiter, der mich öfters besuchte, einem „peinlichen Verhör" über alle möglichen Zustände in der großen Fabrik, in der er arbeitete, zu unterziehen. Es gelang mir zwar, wenn auch mit ungeheurer Mühe, irgendwie eine Beschreibung (nur der einen Fabrik!) zustande zu bringen, aber der Arbeiter sagte mir manches Mal am Schluß der Unterredung lächelnd und sich den Schweiß von der Stirn wischend: „Es fällt mir leichter, eine Extraschicht zu machen, als Ihre Fragen zu beantworten

Je energischer. wir den revolutionären Kampf führen werden, um so mehr wird die Regierung

gezwungen sein, einen Teil der „gewerkschaftlichen" Arbeit zu legalisieren, wodurch sie uns unsere Last zum Teil abnehmen wird.

V

„Plan" einer gesamtrussischen politischen Zeitung

„Der größte Fehler der **Iskra** in dieser Beziehung", schreibt B. Kritschewski (**Rabotscheje Delo** Nr.10, S.30), der uns die Tendenz vorwirft, „die Theorie durch ihre Isolierung von der Praxis in eine tote Doktrin zu verwandeln", „ist ihr ‚Plan' einer Organisation, die die gesamte Partei erfaßt" (gemeint ist der Artikel *Womit beginnen?*). Und Martynow sekundiert ihm, indem er erklärt, daß „die Tendenz der **Iskra**, die Bedeutung der Vorwärtsbewegung des unscheinbaren Tageskampfes im Vergleich zur Propaganda glänzender und vollendeter Ideen herabzusetzen..., durch den Plan einer Parteiorganisation gekrönt worden ist, den sie in Nr.4 im Artikel *Womit beginnen?* vorschlägt" (**ebenda**, S.61). Schließlich gesellte sich in allerletzter Zeit zu den Leuten, die dieser „Plan" (die Anführungsstriche sollen die Ironie zum Ausdruck bringen, mit der man den Plan behandelt) empörte, auch L. Nadeshdin, und zwar in der uns eben zugegangenen Broschüre **Der Vorabend der Revolution** (herausgegeben von der uns bereits bekannten „revolutionär-sozialistischen Gruppe" **Swoboda**), in der erklärt wird: „Jetzt von einer Organisation sprechen, die wie Fäden von einer gesamtrussischen Zeitung ausginge, hieße Studierstubenideen aushecken und die Studierstubenarbeit vermehren" (S.126) – das sei eine Erscheinung des „Literatentums" u.a.m.

Daß unser Terrorist sich mit den Verteidigern der „Vorwärtsbewegung des unscheinbaren Tageskampfes" solidarisch gezeigt hat, kann uns nicht verwundern, nachdem wir in den Kapiteln über Politik und über Organisation den Wurzeln dieser Verwandtschaft nachgegangen sind. Aber wir müssen jetzt schon bemerken, daß L. Nadeshdin, und nur er allein, den Versuch gemacht hat, gewissenhaft in den Gedankengang des Artikels, der ihm mißfallen hat, einzudringen, daß er den Versuch gemacht hat, ihn sachlich zu beantworten, während das **Rabotscheje Delo** absolut nichts zur Sache selbst vorgebracht hat, sondern nur bemüht war, die Frage mit Hilfe eines ganzen Haufens unanständiger demagogischer Ausfälle zu verwirren. Und wie unerfreulich es auch sein mag, wir müssen zunächst einige Zeit auf die Säuberung des Augiasstalles verwenden.

a) Wer fühlt sich durch den Artikel *Womit beginnen?* gekränkt?

Wir wollen eine kleine Auslese von Ausdrücken und Ausrufen präsentieren, mit denen das **Rabotscheje Delo** über uns hergefallen ist. „Nicht durch die Zeitung kann eine Parteiorganisation geschaffen werden, sondern umgekehrt..." „Eine Zeitung, die *über* der Partei und *außerhalb ihrer Kontrolle* steht und dank einem eigenen Netz von Agenten von ihr unabhängig ist..." „Durch welches Wunder konnte es geschehen, daß die **Iskra** die faktisch existierenden sozialdemokratischen Organisationen der Partei vergessen hat, der sie angehört?..." „Wer feste Grundsätze und einen entsprechenden Plan besitzt, der ist auch der oberste Regulator des realen Kampfes der Partei, der diktiert ihr die Ausführung seines Plans..." „Der Plan verbannt unsere lebendigen und lebensfähigen Organisationen in das Reich der Schatten und will ein irreales Netz von Agenten ins Leben rufen..." „Würde der Plan der **Iskra** verwirklicht werden, so würde er dazu führen, daß von der sich bei uns herausbildenden Sozialdemokratischen Arbeiterpartei Rußlands auch die letzte Spur ausgemerzt wird.. ." „Das propagandistischen Organ wird zum unkontrollierbaren autokratischen Gesetzgeber des ganzen praktischen revolutionären Kampfes..." „Wie soll sich unsere Partei zu ihrer *völligen* Unterordnung unter eine autonome Redaktion verhalten?" usw. usw.

Wie der Leser aus dem Inhalt und dem Ton dieser Zitate ersieht, fühlt sich das **Rabotscheje Delo** *gekränkt*. Aber es ist nicht seiner selbst wegen gekränkt, sondern wegen der Organisationen und Komitees unserer Partei, die die **Iskra** angeblich in das Reich der Schatten verbannen und deren Spuren sie sogar ausmerzen will. Wie entsetzlich, man denke nur! Merkwürdig ist nur eins. Der Artikel „Womit beginnen?" ist im Mai 1901 erschienen, die Artikel des **Rabotscheje**

Delo im September 1901, und jetzt haben wir bereits Mitte Januar 1902. In diesen ganzen fünf Monaten (sowohl vor wie nach dem September) ist *kein einziges* Parteikomitee und *keine einzige* Parteiorganisation mit einem formellen Protest gegen dieses Monstrum hervorgetreten, das die Komitees und die Organisationen in das Reich der Schatten verbannen will! In dieser Zeit sind aber doch sowohl in der **Iskra** als auch in einer Menge anderer, lokaler und nichtlokaler Publikationen Dutzende und Hunderte von Berichten aus allen Ecken und Enden Rußlands erschienen. Wie war es möglich, daß diejenigen, die man in das Reich der Schatten verbannen will, das nicht merkten und sich nicht gekränkt fühlten, während sich eine dritte Person gekränkt fühlte?

Das geschah, weil die Komitees und anderen Organisationen durch wirkliche Arbeit in Anspruch genommen sind und nicht durch Spielerei mit „Demokratismus". Die Komitees haben den Artikel „Womit beginnen?" gelesen, sie. haben gesehen, daß das ein Versuch ist, „einen bestimmten Plan der Organisation auszuarbeiten, *damit von allen Seiten an ihren Aufbau geschritten werden kann„* und da sie sehr gut wußten und sahen, daß *keine einzige* von „allen" diesen „Seiten" „an den Aufbau zu schreiten" gedenkt, solange sie sich nicht von seiner Notwendigkeit und von der Richtigkeit des architektonischen Plans überzeugt hat, so haben sie natürlich auch gar nicht daran gedacht, sich durch die Verwegenheit der Leute „gekränkt zu fühlen", die in der **Iskra** erklärten: „In Anbetracht der unaufschiebbaren Dringlichkeit der Frage haben wir beschlossen, unserseits den Genossen den Entwurf eines Plans zu unterbreiten, den wir in einer Broschüre, die für den Druck vorbereitet wird, ausführlicher entwickeln werden." War denn bei einer gewissenhaften Behandlung der Sache überhaupt etwas anderes möglich als einzusehen, daß die Genossen, wenn sie den ihnen unterbreiteten Plan *annehmen*, diesen Plan durchführen werden, nicht weil sie sich „unterordnen", sondern weil sie von seiner Notwendigkeit für unsere gemeinsame Sache überzeugt sind und, wenn sie diesen „Entwurf" (welch anspruchsvolles Wort, nicht wahr?) *nicht annehmen*, er einfach ein Entwurf bleiben wird? Ist es denn nicht Demagogie, wenn man gegen den Entwurf eines Plans nicht nur dadurch kämpft, daß man ihn „verreißt" und den Genossen den Rat gibt, ihn abzulehnen, sondern auch dadurch, daß man in revolutionären Dingen wenig erfahrene Leute gegen die Verfasser des Entwurfs *aufhetzt, nur weil* diese es *wagen*, „Gesetze zu erlassen", als „oberste Regulatoren" aufzutreten, d.h. es wagen, den Entwurf eines Plans *vorzuschlagen??* Kann unsere Partei sich entwickeln und vorwärtsschreiten, wenn man den Versuch, die örtlichen Funktionäre auf das Niveau umfassenderer Ansichten, Aufgaben, Pläne usw. zu *heben*, nicht nur damit beantwortet, daß man diese Ansichten als falsch bezeichnet, sondern daß man sich „gekränkt" fühlt, weil man uns *auf ein höheres Niveau heben„* „will"? Auch L. Nadeshdin hat ja unseren Plan „verrissen", aber zu einer solchen Demagogie, die nicht mehr mit bloßer Naivität oder Primitivität der politischen Ansichten erklärt werden kann, ist er nicht hinabgesunken; den Vorwurf der „Beaufsichtigung der Partei" hat er von Anfang an und entschieden abgelehnt. Und darum kann und muß man Nadeshdins Kritik an dem Plan sachlich beantworten, während man dem **Rabotscheje Delo** nur mit Verachtung antworten kann.

Aber die Verachtung für einen Schriftsteller, der sich so weit erniedrigt, daß er von „Autokratie" und „Unterordnung" schreit, enthebt uns noch nicht der Pflicht, das Durcheinander zu entwirren, das solche Leute dem Leser auftischen. Und hier können wir aller Welt anschaulich zeigen, von welcher Beschaffenheit diese Schlagworte vom „umfassenden Demokratismus" sind. Man beschuldigt uns, die Komitees vergessen zu haben, sie in das Reich der Schatten verbannen zu wollen oder dies zu versuchen u.dgl. Wie sollen wir auf diese Beschuldigungen antworten, wenn wir dem Leser über unsere wirklichen Beziehungen zu den Komitees *fast nichts Konkretes* erzählen *können*, es aus Gründen der Konspiration nicht können? Leute, die eine heftige und die Masse aufreizende Beschuldigung erheben, sind gegen uns im Vorteil infolge ihrer Hemmungslosigkeit, infolge ihrer Geringschätzung der Pflichten eines Revolutionärs, der die Beziehungen und Verbindungen, die er hat, die er anknüpft oder anzuknüpfen sucht, vor dem Auge der Welt sorgfältig verborgen hält. Selbstverständlich lehnen wir es ein für allemal ab, auf dem Felde des „Demokratismus" mit solchen Leuten zu konkurrieren. Was aber den Leser betrifft, der nicht in alle Parteiangelegenheiten eingeweiht ist, so besteht das einzige Mittel, ihm gegenüber unsere Pflicht zu erfüllen, darin, ihm nicht das zu erzählen, was vorhanden und was im Werden Die

Red.> ist, sondern *einen kleinen Teil* von dem, was war und wovon zu erzählen erlaubt ist, da es bereits der Vergangenheit angehört.

Der „Bund" macht Anspielungen auf unser „Usurpatorentum" [A] (119), der „Auslandsbund" beschuldigt uns, von der Partei jede Spur ausmerzen zu wollen. Bitte, meine Herren. Sie werden volle Genugtuung erhalten, wenn wir den Lesern *vier Tatsachen* aus der Vergangenheit unterbreiten.

Die erste [B] (119) Tatsache. Mitglieder eines der „Kampfbünde", die an der Gründung unserer Partei und an der Entsendung eines Delegierten zum Gründungsparteitag unmittelbar teilgenommen haben, verhandeln mit einem Mitglied der **Iskra**-Gruppe über die Herausgabe einer besonderen Arbeiterbibliothek, die die Bedürfnisse der gesamten Bewegung befriedigen sollte. Es gelingt nicht, die Arbeiterbibliothek zustande zu bringen, und die für sie geschriebenen Broschüren **Die Aufgaben der russischen Sozialdemokraten** und **Das neue Fabrikgesetz** geraten auf

Umwegen und durch dritte Personen ins Ausland, wo sie auch gedruckt werden.

Die zweite Tatsache. Mitglieder des Zentralkomitees des „Bund" wenden sich an ein Mitglied der **Iskra**-Gruppe mit dem Vorschlag, ein – wie der „Bund" sich damals ausdrückte – „literarisches Laboratorium" zu organisieren. Dabei meinen sie, daß ein Nichtzustandekommen dieses Unternehmens unsere Bewegung stark zurückwerfen könnte. Das Ergebnis der Verhandlungen ist die Broschüre **Die Arbeitersache in Rußland**. [C] (119)

Die dritte Tatsache. Das Zentralkomitee des „Bund" wendet sich durch Vermittlung eines Provinzstädtchens an ein Mitglied der **Iskra** mit dem Vorschlag, die Redaktion der **Rabotschaja Gaseta**, die wieder erscheinen sollte, zu übernehmen, und erhält natürlich eine Zusage. Der Vorschlag wird dann geändert: in Anbetracht eines neuen Plans über die Zusammensetzung der Redaktion wird Mitarbeit vorgeschlagen. Auch hierzu erhält man selbstverständlich die Zustimmung. Es werden Artikel geschickt (sie blieben erhalten): *Unser Programm* mit einem direkten Protest gegen die Bernsteiniade, gegen die Wendung in der legalen Literatur und in der **Rabotschaja Mysl**; *Unsere nächste Aufgabe* („ein regelmäßig erscheinendes und mit allen lokalen Gruppen eng verbundenes Parteiorgan zu schaffen" die Mängel der herrschenden „Handwerkerlei"); *Eine dringende Frage* (Analyse der Entgegnung, daß man *zunächst* die Tätigkeit der lokalen Gruppen entfalten müsse, bevor man darangeht, ein Gesamtorgan zu gründen; es wird darauf bestanden, daß die „revolutionäre Organisation" von erstrangiger Bedeutung ist, daß es notwendig ist, „die Organisation, Disziplin und Konspirationstechnik auf die höchste Stufe der Vollkommenheit zu bringen") Der Vorschlag, die **Rabotschaja Gaseta** wieder herauszugeben, wird nicht in die Tat umgesetzt, und die Artikel bleiben unveröffentlicht.

Die vierte Tatsache. Das Mitglied eines Komitees, das den zweiten ordentlichen Parteitag unserer Partei organisieren sollte, übermittelt einem Mitglied der **Iskra**-Gruppe das Programm des Parteitags und schlägt diese Gruppe als Kandidaten für die Redaktion der neu herauszugebenden **Rabotschaja Gaseta** vor. Sein sozusagen vorbereitender Schritt wird dann auch von dem Komitee, dem er angehörte, und vom Zentralkomitee des „Bund" sanktioniert; die **Iskra**-Gruppe wird von Ort und Zeit des Parteitags unterrichtet, verfaßt aber auch (da sie nicht sicher ist, ob sie nicht aus verschiedenen Gründen verhindert sein wird, einen Delegierten zu diesem Parteitag zu entsenden) einen schriftlichen Bericht an den Parteitag. In diesem Bericht wird der Gedanke vertreten, daß wir in einer Zeit so völliger Zerfahrenheit wie der jetzigen das Problem der Vereinigung allein durch die Wahl eines Zentralkomitees nicht nur nicht lösen werden, sondern außerdem noch Gefahr laufen, die große Idee der Gründung der Partei zu kompromittieren, falls die Organisation wiederum schnell und vollständig zerschlagen werden sollte, was bei dem herrschenden Mangel an Konspiration mehr als wahrscheinlich ist; daß man darum beginnen muß mit einer an alle Komitees und an alle übrigen Organisationen gerichteten Aufforderung, das wieder erscheinende Zentralorgan zu unterstützen, welches auf *reale* Weise alle Komitees *faktisch* miteinander verbinden und *real* eine Führergruppe für die ganze Bewegung heranbilden wird – und eine solche von den Komitees geschaffene Gruppe in ein Zentralkomitee zu verwandeln wird für die Komitees und die Partei nicht schwer sein, wenn sich diese Gruppe festigt und erstarkt. Infolge einer Reihe von Verhaftungen konnte der Parteitag jedoch nicht stattfinden, und der Bericht mußte aus konspirativen Gründen vernichtet werden, nachdem ihn nur wenige Genossen, darunter die Bevollmächtigten eines Komitees, gelesen hatten.

Mag jetzt der Leser selbst über den Charakter solcher Methoden urteilen wie die vom „Bund" gemachte, Anspielung auf Usurpatorentum oder wie die Bemerkung des **Rabotscheje Delo,** daß wir die Komitees in das Reich der Schatten verbannen und die Parteiorganisation durch eine Organisation zur Verbreitung der Ideen *einer* Zeitung „ersetzen" wollen. Es waren doch gerade die Komitees, denen wir *auf ihre mehrfache Aufforderung hin* auseinandergesetzt haben, daß es nötig ist, einen bestimmten Plan der gemeinsamen Arbeit anzunehmen. Gerade für die Parteiorganisation haben wir diesen Plan in den Artikeln für die **Rabotschaja Gaseta** und im Bericht an den Parteitag ausgearbeitet, und zwar wiederum auf Grund der Aufforderung jener Genossen, die in der Partei eine so einflußreiche Stellung innehatten, daß sie die Initiative zur (faktischen) Wiederherstellung der Partei übernahmen. Und erst nachdem der *zweimalige* Versuch der Parteiorganisation, *mit uns zusammen offiziell* das Zentralorgan der Partei wieder herauszugeben, Schiffbruch erlitten hatte, hielten wir es für unsere direkte Pflicht, mit einem *nichtoffiziellen* Organ hervorzutreten, damit die Genossen bei einem *dritten* Versuch es schon mit bestimmten Ergebnissen des *Versuchs* und nicht nur mit vagen Mutmaßungen zu tun hätten. Jetzt haben bereits alle einige Ergebnisse dieses Versuchs vor Augen, und alle Genossen können beurteilen, ob wir unsere Pflicht richtig aufgefaßt haben und was man von Leuten denken muß, die – aus Ärger darüber, daß wir den einen Inkonsequenz in der „nationalen" Frage und den anderen die Unzulässigkeit prinzipienloser Schwankungen nachwiesen – diejenigen irreführen wollen, die die jüngste Vergangenheit nicht kennen.

Fußnoten von Lenin

A. (117) **Iskra** Nr.8, *Antwort des Zentralkomitees des Allgemeinen Jüdischen Arbeiterverbandes in Rußland und Polen auf unseren Artikel zur nationalen Frage.*

B. (117) Wir bringen diese Tatsachen absichtlich nicht in der Reihenfolge, in der sie sich ereignet haben.

C. (117) Übrigens bittet mich der Verfasser dieser Broschüre, zu erklären, daß sie, wie auch seine früheren Broschüren, dem „Auslandsbund" in der Annahme zugeschickt wurde, der Herausgeber seiner Schriften sei die Gruppe „Befreiung der Arbeit" (aus bestimmten Gründen konnte er damals, d.h. im Februar 1899, nicht wissen, daß in der Redaktion ein Wechsel eingetreten war). Diese Broschüre wird in Kürze von der Liga neu herausgegeben werden.

b) Kann eine Zeitung ein kollektiver Organisator sein?

Die Quintessenz des Artikels *Womit beginnen?* besteht darin, daß er *eben* diese Frage aufgeworfen und sie im positiven Sinne entschieden hat. Den einzigen uns bekannten Versuch, diese Frage sachlich zu analysieren und zu beweisen, daß sie im negativen Sinne entschieden werden müsse, macht L. Nadeshdin, dessen Argumente wir hier ungekürzt anführen:

> ...Es gefällt uns sehr, daß die **Iskra** (Nr.4) die Frage aufwirft, daß eine gesamt-russische Zeitung notwendig sei, aber wir können uns durchaus nicht damit ein-verstanden erklären, daß diese Frage in einen Artikel mit dem Titel *Womit be-ginnen?* gehört. Das ist zweifellos eine der Angelegenheiten, die äußerst wichtig sind, aber nicht durch sie, nicht durch eine ganze Serie populärer Flugschrif-ten, nicht durch einen Berg von Proklamationen kann der Grundstein zu einer Kampforganisation für den revolutionären Zeitpunkt gelegt werden. Es ist not-wendig, zur Bildung starker politischer Organisationen an den einzelnen Orten zu schreiten. Wir haben sie nicht, wir haben hauptsächlich unter den gebildeten Arbeitern gearbeitet, während die Massen fast ausschließlich den wirtschaftli-chen Kampf führten. *Wenn nicht starke politische Organisationen an den einzelnen Orten herangebildet werden, welche Bedeutung hat dann eine sei es auch vorzüglich geleitete gesamtrussische Zeitung?* Ein brennender Busch, der selbst brennt, nie verbrennt, aber auch niemand entflammt! Die **Iskra** glaubt, daß sich die Leute um die Zeitung und bei der Arbeit für sie sammeln und organisieren. *Es liegt ihnen aber viel näher, sich um eine konkretere Sache zu sammeln und zu organisieren!* Eine solche konkretere Sache kann und muß sein: großzügige Herausgabe loka-ler Zeitungen, die sofortige Vorbereitung der Arbeiter zu Demonstrationen, die ständige Arbeit der örtlichen Organisationen unter den Arbeitslosen (unter de-nen unermüdlich Flugblätter und Schriften zu verbreiten sind, die zu Versamm-lungen und Protestaktionen gegen die Regierung aufzurufen sind usw.). Es ist notwendig, an den einzelnen Orten eine lebendige politische Arbeit in Angriff zu nehmen, und wenn auf diesem realen Boden die Vereinigung zur Notwen-digkeit wird, dann wird sie nicht künstlich, nicht nur auf dem Papier sein; – nicht durch Zeitungen kann eine solche Vereinigung der lokalen Arbeit zu einer gesamtrussischen Sache bewerkstelligt werden! (**Der Vorabend der Revolution**, S.54.)

Wir haben jene Stellen der wortreichen Tirade unterstrichen, die besonders deutlich zeigen, daß sowohl die Beurteilung unseres Planes durch den Verfasser falsch ist als auch der hier der **Iskra** entgegengestellte Standpunkt überhaupt. Wenn nicht starke politische Organisationen an den einzelnen Orten herangebildet werden, dann wird auch die beste gesamtrussische Zeitung ohne Belang sein. – Vollkommen richtig. Aber das ist es ja gerade, daß es *kein anderes Mittel gibt*, starke politische Organisationen **heranzubilden**, als eine gesamtrussische Zeitung. Der Verfasser hat die wichtigste Erklärung der **Iskra** übersehen, die sie gemacht hat, *bevor* sie zur Darlegung ihres „Planes" *überging*: Notwendig ist die „Aufforderung, eine revolutionäre Organisation zu schaffen, die fähig ist, alle Kräfte zu vereinigen, die *sich nicht nur Leitung nennt*, sondern die Bewegung tatsächlich leitet, d.h. *stets bereit ist, jeden Protest und jeden Ausbruch zu unterstützen* und zur Vermehrung und Festigung der für den entscheidenden Kampf tauglichen Streitkräfte auszunutzen". Prinzipiell werden jetzt, nach dem Februar und März, alle damit einverstanden sein, fährt die **Iskra** fort, wir brauchen aber keine prinzipielle, sondern *eine praktische Entschei-dung der Frage*; es ist notwendig, sofort einen bestimmten Plan der Organisation auszuarbeiten, damit alle sofort *von verschiedenen Seiten her* an ihren Aufbau schreiten können. Und nun will man uns von der praktischen Entscheidung wieder zurückzerren zu einer zwar prinzipiell rich-tigen, unbestreitbaren, großen, aber für die breiten Massen der Arbeitenden völlig ungenügen-den und völlig unverständlichen These: „starke politische Organisationen heranbilden"! Nicht mehr darum handelt es sich, verehrter Herr Verfasser, sondern darum, *wie sie eben* zu bilden und heranzubilden sind!

Es ist nicht wahr, daß „wir hauptsächlich unter den gebildeten Arbeitern gearbeitet haben, während die Massen fast ausschließlich den wirtschaftlichen Kampf führten". In dieser Form verwandelt sich dieser Satz in die für die **Swoboda** charakteristische und grundfalsche Gegenüberstellung der gebildeten Arbeiter und der „Masse". Auch die gebildeten Arbeiter haben bei uns in den letzten Jahren „fast ausschließlich den wirtschaftlichen Kampf geführt". Das einerseits. Und anderseits werden es auch die Massen nie lernen, den politischen Kampf zu führen, solange wir nicht dazu beitragen, daß sowohl aus den Kreisen der gebildeten Arbeiter als auch aus den Kreisen der Intellektuellen für diesen Kampf Führer *herangebildet* werden; solche Führer können aber herangebildet werden *ausschließlich* durch eine systematische, ständige Bewertung *aller* Seiten unseres politischen Lebens, *aller Versuche* zum Protest und Kampf, die von den verschiedenen Klassen und aus verschiedenen Anlässen unternommen werden. Darum ist es einfach lächerlich, wenn man von der „Heranbildung politischer Organisationen" spricht und, gleichzeitig die „papierne Arbeit" einer politischen Zeitung der „lebendigen politischen Arbeit an den einzelnen Orten" *entgegenstellt!* Die **Iskra** hat ja ihren „Plan" einer Zeitung eben auf den „Plan" eingestellt, eine solche „Kampfbereitschaft" zu schaffen, damit sowohl die Arbeitslosenbewegung als auch die Bauernrebellionen, die Unzufriedenheit der Semstwoleute, die „Empörung der Bevölkerung über die Schandtaten der zaristischen Schergen" usw. unterstützt werden. Jeder, der die Bewegung kennt, weiß ja sehr gut, daß die übergroße Mehrheit der lokalen Organisationen hieran *nicht einmal denkt*; daß ferner viele der hier angedeuteten Perspektiven einer „lebendigen politischen Arbeit" *noch niemals* von irgendeiner Organisation verwirklicht worden sind, daß z.B. der Versuch, die Aufmerksamkeit auf das Anwachsen der Unzufriedenheit und des Protestes unter den Semstwointellektuellen zu lenken, sowohl bei Nadeshdin („Herrgott, ist dieses Organ vielleicht für die Semstwoleute da?", **Der Vorabend der Revolution**, S.129) als auch bei den „Ökonomisten" (Brief in Nr.12 der **Iskra**) und bei vielen Praktikern ein Gefühl ratloser Verwunderung hervorgerufen hat. Unter diesen Bedingungen kann man *nur* damit „beginnen", daß man die Leute veranlaßt, über all das *nachzudenken*, daß man sie veranlaßt, die kleinsten Äußerungen der Gärung und des aktiven Kampfes zusammenzufassen und zu verallgemeinern. Die „lebendige politische Arbeit" kann man in unserer Zeit der Degradierung der sozialdemokratischen Aufgaben *ausschließlich* mit der lebendigen politischen Agitation *beginnen*, die ohne eine gesamtrussische, oft erscheinende und regelmäßig verbreitete Zeitung unmöglich ist.

Leute, die im „Plan" der **Iskra** einen Ausfluß des „Literatentums" erblicken, haben das eigentliche Wesen des Plans absolut nicht begriffen, weil sie das als Ziel ansahen, was für die Gegenwart als das passendste Mittel empfohlen wird. Diese Leute haben sich nicht die Mühe gegeben, über die beiden Vergleiche nachzudenken, durch die der vorgeschlagene Plan anschaulich illustriert wurde. Die Gründung einer gesamtrussischen politischen Zeitung, hieß es in der **Iskra**, muß die *wichtigste Richtschnur* sein, an Hand deren wir die Organisation (d.h. die revolutionäre Organisation, die stets bereit ist, jeden Protest und jedes Aufflackern der Empörung zu unterstützen) unbeirrt entwickeln, vertiefen und erweitern könnten. Sagt doch bitte: Wenn Maurer an verschiedenen Stellen die Steine für einen ungeheuer großen, noch nie dagewesenen Bau legen – ist es dann eine „papierne" Arbeit, wenn sie eine Schnur ziehen, die die richtige Stelle für das Legen der Steine anzeigt, die auf das Endziel der gemeinsamen Arbeit hinweist, die die Möglichkeit gibt, nicht nur jeden Stein, sondern auch jedes Stück Stein zu verwerten, das, sich dem vorhergehenden und dem folgenden. einfügend, die letzte Lücke in der vollendeten und allumfassenden Linie schließt? Und erleben wir denn nicht in unserem Parteileben gerade einen Augenblick, wo wir sowohl über Steine als auch Maurer verfügen, aber nur die allen sichtbare Schnur fehlt, an die sich alle halten könnten? Mag man schreien, daß wir durch das Ziehen der Schnur kommandieren wollen: Wollten wir kommandieren, meine Herren, so würden wir anstatt **Iskra** Nr.1 – **Rabotschaja Gaseta** Nr.3 geschrieben haben, wie es einige Genossen vorgeschlagen hatten und wozu wir nach den oben geschilderten Ereignissen *das volle Recht gehabt hätten*. Aber wir haben das nicht getan: wir wollten uns die Hände frei halten zum unversöhnlichen Kampf gegen alle Pseudosozialdemokraten; wir wollten, daß unsere Schnur, richtig gezogen, geachtet werde, weil sie richtig ist und nicht weil sie von einem offiziellen Organ gezogen worden ist.

„Die Frage der Vereinigung der lokalen Tätigkeit in zentralen Organen bewegt sich in einem fehlerhaften Kreis", belehrt uns L. Nadeshdin, „die Vereinigung erfordert eine Gleichartigkeit der Elemente, diese Gleichartigkeit aber kann nur durch etwas Vereinigendes geschaffen werden, dieses Vereinigende wiederum kann nur das Produkt starker lokaler Organisationen sein, die sich jetzt keineswegs durch einen gleichartigen Charakter auszeichnen." Eine ebenso achtbare und ebenso unwiderlegbare Wahrheit wie die, daß man starke politische Organisationen heranbilden muß. Eine Wahrheit, die ebenso fruchtlos ist wie jene. *Jede* Frage „bewegt sich in einem fehlerhaften Kreis", denn das ganze politische Leben ist eine endlose Kette aus einer endlosen Reihe von Gliedern. Die ganze Kunst des Politikers besteht eben darin, gerade jenes kleine Kettenglied herauszufinden und ganz fest zu packen, das ihm am wenigsten aus der Hand geschlagen werden kann, das im gegebenen Augenblick am wichtigsten ist, das dem Besitzer dieses Kettengliedes den Besitz der ganzen Kette am besten garantiert. [D] (127) Hätten wir einen Trupp erfahrener Maurer, die so gut aufeinander eingearbeitet sind, daß sie auch ohne Schnur die Steine gerade dort hinlegen könnten, wo es notwendig ist (das ist, abstrakt gesprochen, durchaus nicht unmöglich), dann könnten wir vielleicht auch nach einem anderen Kettenglied greifen. Aber das ist ja eben das Malheur, daß wir noch keine erfahrenen und gut aufeinander eingearbeiteten Maurer haben, daß die Steine oft ganz nutzlos gelegt werden, daß sie nicht nach einer gemeinsamen Schnur gelegt werden, sondern so verstreut, daß der Feind sie einfach fortbläst, als wären es nicht Steine, sondern Sandkörner.

Ein anderer Vergleich: „Die Zeitung ist nicht nur ein kollektiver Propagandist und kollektiver Agitator, sondern auch ein kollektiver Organisator. Was das letztere betrifft, kann *sie mit einem Gerüst verglichen werden*, das um ein im Bau befindliches Gebäude errichtet wird; es zeigt die Umrisse des Gebäudes an, erleichtert den Verkehr zwischen den einzelnen Bauarbeitern, hilft ihnen, die Arbeit zu verteilen und die durch die organisierte Arbeit erzielten gemeinsamen Resultate zu überblicken." [E] (127) Nicht wahr, wie ähnlich sieht das der Übertreibung der eigenen Rolle seitens eines Literaten, eines Mannes der Studierstube? Für die Wohnung selbst ist doch kein Baugerüst erforderlich, das Baugerüst wird aus minderwertigerem Material gemacht, es wird nur für kurze Zeit errichtet und verheizt, sobald wenigstens der Rohbau fertig ist. Was den Aufbau von revolutionären Organisationen betrifft, so zeigt die Erfahrung, daß sie manchmal auch ohne Baugerüst aufgebaut werden können – man denke an die siebziger Jahre. Aber jetzt kann man sich bei uns gar nicht vorstellen, daß es möglich sein soll, den für uns notwendigen Bau ohne Baugerüst zu errichten.

Nadeshdin ist damit nicht einverstanden und sagt: „Die **Iskra** glaubt, daß sich die Leute um die Zeitung und bei der Arbeit für sie sammeln und organisieren. *Es liegt ihnen aber viel näher*, sich um eine *konkretere* Sache zu sammeln und zu organisieren!" So, so: „... viel näher um eine konkretere Sache..." Ein russisches Sprichwort sagt: Spuck nicht in den Brunnen – vielleicht wirst du selbst aus ihm trinken müssen. Aber es gibt Leute, denen es nichts ausmacht, aus einem Brunnen zu trinken, in den schon hineingespuckt worden ist. Zu welchen Abscheulichkeiten haben sich unsere herrlichen legalen „Kritiker des Marxismus" und die illegalen Verehrer der **Rabotschaja Mysl** im Namen dieser größeren Konkretheit nicht schon verstiegen! Wie ist doch unsere gesamte Bewegung behindert durch unsere Enge, unseren Mangel an Initiative und unsere Schüchternheit, die mit den traditionellen Argumenten gerechtfertigt werden: „Viel näher um eine konkretere Sache!" Und Nadeshdin, der ein besonders feines Ohr fürs „Leben" zu haben glaubt, der die Männer der „Studierstube" besonders streng verurteilt, der (mit dem Anspruch, geistreich zu sein) der **Iskra** die Schwäche vorwirft, überall „Ökonomismus" zu sehen, der sich einbildet, turmhoch über dieser Teilung in Orthodoxe und Kritiker zu stehen, merkt nicht, daß er mit seinen Argumenten gerade die Enge, die ihn empört, fördert, daß er aus dem Brunnen trinkt, in den am meisten hineingespuckt worden ist! Ja, die aufrichtigste Empörung über Enge, der glühendste Wunsch, die Leute, die ihr huldigen, eines Besseren zu belehren, genügt noch nicht, wenn der Empörte sich ohne Steuer und ohne Segel treiben läßt und ebenso „spontan" zum „exzitierenden Terror", zum „Agrarterror", zum „Sturmläuten" usw. Zuflucht nimmt, wie es die Revolutionäre der siebziger Jahre taten. Man betrachte diese „konkretere Sache", um die sich zu sammeln und zu organisieren – wie er glaubt – „viel näher" liege; das sind: 1. die lokalen Zeitungen; 2. die Vorbereitungen zu Demonstrationen; 3. die Arbeit unter den Arbeitslosen. Auf den ersten Blick erkennt man, daß alle diese Dinge ganz zufällig, aufs Geratewohl herausgegriffen sind, nur um irgend etwas zu sagen, denn, wie wir sie auch betrachten mögen, es wäre absolut unsinnig, in ihnen irgend etwas besonders Geeignetes zu finden, um das man sich „sammeln und organisieren" könnte. Sagt doch derselbe Nadeshdin ein paar Seiten weiter: „Es wäre an der Zeit, einfach die Tatsache zu konstatieren: In den lokalen Organisationen wird eine ganz erbärmliche Arbeit geleistet, die Komitees tun auch nicht den zehnten Teil von dein, was sie tun könnten..., die vereinigenden Zentren, die wir jetzt haben, sind eine Fiktion, sind revolutionärer Kanzleibürokratismus, gegenseitige Ernennung zu Generalen, und so wird es sein, bis starke lokale Organisationen herangewachsen sind." Diese Worte enthalten zweifellos neben Übertreibungen auch viel bittere Wahrheit, und sieht denn Nadeshdin wirklich nicht den Zusammenhang zwischen der erbärmlichen Arbeit in den lokalen Organisationen und dem engen Gesichtskreis der Funktionäre, dem beschränkten Umfang ihrer Tätigkeit, die bei der mangelnden Schulung der sich in den lokalen Organisationen abkapselnden Funktionäre nicht zu vermeiden sind? Hat er ebenso wie der Verfasser des in der **Swoboda** erschienenen Artikels über die Organisation vergessen, wie der Übergang zu einer breiten lokalen Presse (seit 1898) von einem besonderen Erstarken des „Ökonomismus" und der „Handwerklerei" begleitet war? Ja selbst wenn eine halbwegs befriedigende Organisation einer „breiten lokalen Presse" möglich wäre (wir haben aber oben gezeigt, daß sie, mit Ausnahme ganz besonderer Fälle, unmöglich ist), so könnten auch dann die lokalen Organe nicht *alle* Kräfte der Revolutionäre zum *gemeinsamen* Ansturm gegen die Selbstherrschaft, zur Leitung des *einheitlichen* Kampfes „sammeln und organisieren". Man vergesse nicht, daß es sich hier *nur* um die „sammelnde", um die organisierende Bedeutung der Zeitung handelt, und da könnten wir Nadeshdin, der die Zersplitterung verteidigt, die von ihm selbst gestellte ironische Frage vorlegen: „Haben wir gar von irgendwoher 200 000 revolutionäre organisatorische Kräfte geerbt?" Weiter. Die „Vorbereitungen zu Demonstrationen" können dem Plan der **Iskra** schon deshalb nicht *entgegengestellt* werden, weil dieser Plan gerade die größten Demonstrationen *als eines seiner Ziele* vorsieht; es handelt sich aber um die Wahl des praktischen *Mittels*. Nadeshdin hat sich hier wieder verheddert und außer acht gelassen, daß Demonstrationen (die bisher in den meisten Fällen ganz spontan vor sich gingen) nur von einer bereits „gesammelten und organisierten" Armee „vorbereitet" werden können, daß wir es aber gerade *nicht verstehen*, zu sammeln und zu organisieren. Die „Arbeit unter den Arbeitslosen". Wieder die gleiche Konfusion, denn auch das ist eine der Kampfhandlungen der mobilisierten Truppen und nicht ein Plan zur Mobilisierung von Truppen. In welchem Maße Nadeshdin auch hier das Verderbliche unserer Zersplitterung. und den Umstand unterschätzt, daß wir die „200 000 Kräfte" nicht haben, geht aus folgendem hervor. Der **Iskra** ist von vielen (darunter auch von Nadeshdin) der Vorwurf gemacht worden, sie bringe zuwenig Meldungen über die Arbeitslosigkeit und nur zufällige Zuschriften über die alltäglichen Vorkommnisse im Leben des Dorfes. Der Vorwurf ist berechtigt, aber die **Iskra** ist hier „ohne Schuld schuldig". Wir sind bemüht, auch durch das Dorf unsere „Schnur zu ziehen", aber wir haben dort fast gar keine Maurer, und wir *müssen jeden* ermuntern, der auch nur eine alltägliche Tatsache mitteilt, in der Hoffnung, daß dies die Zahl der Mitarbeiter auf diesem Gebiet vermehren und *uns alle lehren wird*, schließlich die wirklich hervorstechenden Tatsachen herauszufinden. Doch es gibt so wenig Material, an dem man lernen könnte, daß ohne seine Verallgemeinerung für ganz Rußland überhaupt nichts zum Lernen da wäre. Zweifellos könnte ein Mensch, der auch nur annähernd so viel agitatorische Fähigkeit besitzt und das Leben des Paukers auch nur annähernd so gut kennt, wie es bei Nadeshdin der Fall ist, durch Agitation unter den Arbeitslosen der Bewegung unschätzbare Dienste leisten – aber ein solcher Mensch würde sein Licht unter den Scheffel stellen, wenn er nicht dafür Sorge tragen wollte, daß *alle* russischen Genossen von jedem Schritt seiner Arbeit in Kenntnis gesetzt werden, um eine Lehre und ein Beispiel für solche Leute zu geben, die zum größten Teil diese neue Arbeit noch nicht anzupacken verstehen.

Von der Wichtigkeit der Vereinigung, von der Notwendigkeit, „zu sammeln und zu organisieren", sprechen jetzt ausnahmslos alle, aber in den meisten Fällen fehlt eine bestimmte Vorstellung davon, womit man beginnen und wie diese Vereinigung durchgeführt werden soll. Alle werden sicherlich damit einverstanden sein, daß für die „Vereinigung" der einzelnen Zirkel, sagen wir der Bezirke einer Stadt, *gemeinsame Einrichtungen* notwendig sind, d.h. nicht nur die einheitliche Bezeichnung „Verband", sondern tatsächlich eine *gemeinsame* Arbeit, ein Austausch von Material, Erfahrungen und Kräften, eine Verteilung der Funktionen schon nicht nur nach Bezirken, sondern auch nach den Spezialgebieten der Arbeit in der ganzen Stadt. Jeder wird zugeben, daß ein solider konspirativer Apparat sich bei den „Mitteln" (sowohl materiellen wie personellen natürlich) eines Bezirks nicht rentiert (wenn man den kommerziellen Ausdruck gebrauchen darf), daß in einem so engen Arbeitsbereich das Talent eines Fachmanns nicht zur Entfaltung kommen kann. Dasselbe trifft aber auch für die Vereinigung verschiedener Städte zu, denn auch ein solcher Arbeitsbereich wie ein einzelnes Gebiet *erweist sich* und erwies sich schon in der Geschichte unserer sozialdemokratischen Bewegung als viel zu eng; wir haben das oben an einem Beispiel sowohl der politischen Agitation als auch der Organisationsarbeit eingehend nachgewiesen. Man muß, muß unbedingt und muß vor allem diesen Bereich erweitern, muß eine *tatsächliche* Verbindung zwischen den Städten durch *regelmäßige gemeinsame* Arbeit herstellen, denn die Zersplitterung entmutigt die Menschen, die (nach dem Ausdruck des Verfassers eines Briefes an die **Iskra**) „wie in einer Grube sitzen", ohne zu wissen, was in der weiten Welt vorgeht, von wem sie etwas lernen, wie sie Erfahrungen erwerben können, in welcher Weise der Wunsch nach einer umfassenden Tätigkeit zu befriedigen ist. Und ich bestehe nach wie vor darauf, daß man mit der Herstellung dieser *tatsächlichen* Verbindung nur *beginnen* kann auf der Grundlage einer gemeinsamen Zeitung, als des einzigen regelmäßigen gesamtrussischen Unternehmens, das die Ergebnisse der verschiedensten Arten der Tätigkeit summiert und dadurch die Leute *anspornt*, unermüdlich auf *all* den zahlreichen Wegen vorwärtszuschreiten, die zur Revolution führen, so, wie alle Wege nach Rom führen. Wollen wir nicht nur in Worten eine Vereinigung erreichen, so ist es notwendig, daß jeder lokale Zirkel *sofort*, sagen wir, ein Viertel seiner Kräfte der *aktiven* Arbeit für die *gemeinsame* Sache *zur Verfügung stellt*, und die Zeitung wird ihm [F] (127) sofort den allgemeinen Abriß, den Umfang und den Charakter dieser Sache anzeigen, sie wird ihm zeigen, welche Lücken es sind, die sich in der ganzen gesamtrussischen Tätigkeit am stärksten fühlbar machen, wo die Agitation fehlt, wo die Verbindungen schwach sind, welche Rädchen des gewaltigen Gesamtmechanismus der betreffende Zirkel reparieren oder durch bessere ersetzen könnte. Ein Zirkel, der noch nicht gearbeitet hat, sondern erst Arbeit sucht, könnte sie beginnen schon nicht mehr als Handwerker in einer einzelnen kleinen Werkstatt, der weder die vorangegangene Entwicklung der „Industrie" noch den allgemeinen Stand der gegebenen industriellen Produktionsmethoden kennt, sondern als Teilnehmer an einem großen Unternehmen, das den ganzen allgemein-revolutionären Ansturm gegen die Selbstherrschaft *widerspiegelt*. Und je vollkommener jedes einzelne Rädchen gearbeitet, je größer die Zahl der Teilarbeiter wäre, die an der gemeinsamen Sache mitarbeiten, um so dichter würde unser Netz sein, und eine um so geringere Verwirrung würden die unvermeidlichen Verhaftungen in den gemeinsamen Reihen hervorrufen.

Eine *tatsächliche* Verbindung würde schon allein durch die Verbreitung der Zeitung aufgenommen werden (falls diese den Namen Zeitung verdiente, d.h. regelmäßig, und nicht nur einmal im Monat, wie die literarisch-publizistischen Zeitschriften, sondern viermal monatlich erschiene). Jetzt sind Verbindungen zwischen den Städten zu revolutionären Zwecken größte Seltenheit und jedenfalls eine Ausnahme; dann aber würden diese Verbindungen zur Regel werden, sie würden natürlich nicht nur die Verbreitung der Zeitung, sondern auch (was viel wichtiger ist) den Austausch der Erfahrungen, des Materials, der Kräfte und Mittel sichern. Der Umfang der organisatorischen Arbeit würde sofort um ein vielfaches wachsen, und der Erfolg an einem

Ort würde ständig zur weiteren Vervollkommnung anregen, er würde den Wunsch wecken, die Erfahrungen zu verwerten, die schon ein in einem anderen Teil des Landes arbeitender Genosse gemacht hat. Die örtliche Arbeit würde bedeutend reicher und vielseitiger sein als jetzt: Die in ganz Rußland gesammelten politischen und ökonomischen Enthüllungen würden den Arbeitern aller Berufe und *aller Stufen der Entwicklung* geistige Nahrung bieten, sie würden Material und Anlaß geben zu Aussprachen und zum Nachlesen über die verschiedensten Fragen, die, sowohl durch Andeutungen der legalen Presse als auch durch Gespräche in der Gesellschaft und „verschämte" Regierungsmitteilungen aufgeworfen werden. Jedes Aufflammen der Empörung, jede Demonstration würde an allen Enden Rußlands von allen Seiten besprochen und erörtert werden und so den Wunsch hervorrufen, nicht hinter den anderen zurückzubleiben, es besser als die anderen zu machen (wir Sozialisten lehnen durchaus nicht jeden Wettbewerb, nicht jede „Konkurrenz" überhaupt ab!), bewußt das vorzubereiten, was das erstemal irgendwie spontan zustande gekommen ist, die günstigen Verhältnisse an einem bestimmten Ort oder in einem bestimmten Moment auszunutzen, um den Angriffsplan zu modifizieren usw. Zugleich würde diese Belebung der örtlichen Arbeit nicht zu der verzweifelten „letzten" Anstrengung *aller* Kräfte und zum Einsatz *aller* Leute führen, wie es jetzt häufig bei jeder Demonstration oder bei der Herausgabe jeder Nummer einer lokalen Zeitung der Fall ist: einerseits würde es der Polizei viel schwerer fallen, bis an die „Wurzeln" zu kommen, da sie ja nicht weiß, an welchem Ort sie sie zu suchen hat; anderseits würde die regelmäßige gemeinsame Arbeit die Leute daran gewöhnen, die Stärke eines *gegebenen* Angriffs dem gegebenen Zustand »der Kräfte eines bestimmten Truppenteils der Gesamtarmee anzupassen (jetzt denkt fast niemand an eine solche Anpassung, denn in neun von zehn Fällen erfolgen solche Angriffe spontan), und den „Transport" nicht nur von Literatur, sondern auch von revolutionären Kräften aus einem andern Ort erleichtern.

Jetzt ist es so, daß sich in den meisten Fällen diese Kräfte in der begrenzten örtlichen Arbeit verausgaben, dann aber wäre „die Möglichkeit gegeben und wäre immer Anlaß vorhanden, einen halbwegs fähigen Agitator oder Organisator von einem Teil des Landes in den anderen zu schicken. Die Genossen würden mit kleinen Reisen im Parteiauftrag auf Parteikosten beginnen und sich dann daran gewöhnen, gänzlich von der Partei erhalten zu werden, würden Berufsrevolutionäre werden und sich zu wirklichen politischen Führern heranbilden.

Und gelänge es uns, tatsächlich zu erreichen, daß alle oder eine beträchtliche Mehrheit der örtlichen Komitees, der lokalen Gruppen und Zirkel die gemeinsame Sache aktiv in Angriff nehmen, dann könnten wir in der nächsten Zukunft ein Wochenblatt herausgeben, das regelmäßig in Zehntausenden Exemplaren über ganz Rußland verbreitet wird. Diese Zeitung würde zu einem Teil des gewaltigen Blasebalgs werden, der jeden Funken des Klassenkampfes und der Volksempörung zu einem allgemeinen Brand anfacht. Um diese an und für sich noch sehr harmlose und noch sehr kleine, aber regelmäßige und im vollen Sinne des Wortes *gemeinsame* Sache könnte man eine ständige Armee von erprobten Kämpfern systematisch sammeln und schulen. Auf dem Gerüst dieses gemeinsamen organisatorischen Baus würden aus den Reihen unserer Revolutionäre bald sozialdemokratische Sheljabows, aus den Reihen unserer Arbeiter russische Bebels emporsteigen und» hervortreten, die sich an die Spitze der mobilisierten Armee stellen und das ganze Volk zur Abrechnung mit der Schmach und dem Fluche Rußlands führen würden.

Das ist es, wovon wir träumen müssen!

*

„Träumen müssen!" Ich schrieb diese Worte nieder und erschrak. Ich stellte mir vor, ich sitze in der „Vereinigungskonferenz", und mir gegenüber sitzen die Redakteure und Mitarbeiter des **Rabotscheje Delo**. Und nun steht Genosse Martynow auf und wendet sich drohend an mich: „Gestatten Sie, daß ich Sie frage: Hat eine autonome Redaktion überhaupt das Recht, ohne vorherige Befragung der Parteikomitees zu träumen?" Und nach ihm steht Genosse Kritschewski auf und fährt (den Genossen Martynow philosophisch vertiefend, der schon vor langem den Genossen Plechanow vertieft hat) noch drohender fort: „Ich gehe weiter. Ich frage, ob ein Marxist überhaupt das Recht hat zu träumen, wenn er nicht vergißt, daß sich die Menschheit nach Marx immer nur Aufgaben stellt, die sie lösen kann, und daß die Taktik ein Prozeß des Wachsens der Aufgaben ist, die zusammen mit der Partei wachsen?"

Bei dem bloßen Gedanken an diese drohenden Fragen überläuft es mich eiskalt, und ich überlege nur, wo ich mich verstecken könnte. Ich will versuchen, mich hinter Pissarew zu verstecken.

„Ein Zwiespalt gleicht dem anderen nicht", schrieb Pissarew über den Zwiespalt zwischen Traum und Wirklichkeit. „Meine Träume können dem natürlichen Gang der Ereignisse vorauseilen, oder sie können auch ganz auf Abwege geraten, auf Wege, die der natürliche Gang der Ereignisse nie beschreiten kann. Im ersten Fall ist das Träumen ganz unschädlich; es kann sogar die Tatkraft des arbeitenden Menschen fördern und stärken... Solche Träume haben nichts an sich, was die Schaffenskraft beeinträchtigt oder lähmt. Sogar ganz im Gegenteil. Wäre der Mensch aller Fähigkeit bar, in dieser Weise zu träumen, könnte er nicht dann und wann vorauseilen, um in seiner Phantasie als einheitliches und vollendetes Bild das Werk zu erblicken, das eben erst unter seinen Händen zu entstehen beginnt, dann kann ich mir absolut nicht vorstellen, welcher Beweggrund den Menschen zwingen würde, große und anstrengende Arbeiten auf dem Gebiet der Kunst, der Wissenschaft und des praktischen Lebens in Angriff zu nehmen und zu Ende zu führen... Der Zwiespalt zwischen Traum und Wirklichkeit ist nicht schädlich, wenn nur der Träumende ernstlich an seinen Traum glaubt, wenn er das Leben aufmerksam beobachtet, seine Beobachtungen mit seinen Luftschlössern vergleicht und überhaupt gewissenhaft an der Realisierung seines Traumgebildes arbeitet. Gibt es nur irgendeinen Berührungspunkt zwischen Traum und Leben, dann ist alles in bester Ordnung."

Träume solcher Art gibt es leider in unserer Bewegung allzuwenig. Und schuld daran sind hauptsächlich diejenigen, die sich damit brüsten, wie nüchtern sie seien und wie „nahe" sie dem „Konkreten" stünden, nämlich die Vertreter der legalen Kritik und der nichtlegalen „Nachtrabpolitik".

Fußnoten von Lenin

D. (122) Genosse Kritschewski und Genosse Martynow! Ich lenke Ihre Aufmerksamkeit auf diese empörende Äußerung von „Autokratie", von „unkontrollierbarem Autoritätsanspruch", von „oberster Regulierung" u.a. Man höre nur: Er will die ganze Kette *besitzen!!* Verfassen Sie rasch eine Beschwerde. Da haben Sie ein fertiges Thema für zwei Leitartikel in Nr.12 des **Rabotscheje Delo**!

E. (122) Martynow, der im **Rabotscheje Delo** den ersten Satz dieses Zitats angeführt hat (Nr.10, S.62), hat gerade den zweiten Satz weggelassen, als wollte er damit betonen, daß er auf den Kern der Frage nicht eingehen will oder daß er unfähig ist, diesen Kern zu verstehen.

F. (124) *Ein Vorbehalt:* Falls er mit der Richtung dieser Zeitung sympathisiert und es als nützlich für die Sache betrachtet, ihr Mitarbeiter zu werden, wobei darunter nicht nur literarische, sondern überhaupt jede revolutionäre Mitarbeit zu verstehen ist. *Anmerkung für das* **Rabotscheje Delo***:* Unter Revolutionären, die auf die Sache Wert legen und nicht auf Spielerei mit dem Demokratismus, die „Sympathisieren" nicht von der aktivsten und regsten Teilnahme trennen, versteht sich dieser Vorbehalt von selbst.

c) Welchen Organisationstypus brauchen wir?

Aus dem Vorhergehenden kann der Leser ersehen, daß unsere „Taktik als Plan" in der Ablehnung des sofortigen *Aufrufs* zum Sturmangriff besteht, in der Forderung, eine „regelrechte Belagerung der feindlichen Festung" zu organisieren, oder, mit andern Worten, in der Forderung, alle Anstrengungen darauf zu richten, daß eine reguläre Armee gesammelt, organisiert und *mobilisiert* werde. Als wir uns über das **Rabotscheje Delo** wegen seines Sprunges vom „Ökonomismus" zum Geschrei über einen Sturmangriff lustig gemacht haben (dieses Geschrei ertönte im *April* 1901 in Nr.6 des **Listok Rabotschewo Dela**), da ist es natürlich über uns hergefallen und hat uns des „Doktrinarismus" geziehen, hat uns vorgeworfen, wir verstünden unsere revolutionäre Pflicht nicht, wir forderten zur Vorsicht auf u.ä.m. Uns haben diese Vorwürfe aus dem Munde von Leuten, die keinerlei Grundsätze haben und die Sache mit der tiefgründigen „Taktik als Prozeß" abtun, keineswegs gewundert, ebenso wie wir uns nicht gewundert haben, daß diese Beschuldigungen von Nadeshdin wiederholt wurden, der überhaupt für alle festen Grundsätze im Programm und in der Taktik nur hoheitsvolle Verachtung übrig hat.

Man sagt, daß die Geschichte sich nicht wiederholt. Aber Nadeshdin ist aus allen Kräften bemüht, sie zu wiederholen, er kopiert eifrig Tkatschow, wettert gegen die „revolutionäre Kulturarbeit" und schreit vom „Sturmläuten der großen Ratsglocke", von einem besonderen „Standpunkt am Vorabend der Revolution" usw. Er vergißt anscheinend den bekannten Ausspruch: War das Original eines historischen Ereignisses eine Tragödie, so ist seine Wiederholung nur eine Farce. Vorbereitet durch die Propaganda Tkatschows und unternommen mit Hilfe des „einschüchternden" Terrors, der auch wirklich einschüchterte, war der Versuch, die Macht zu ergreifen, erhaben, der „exzitierende" Terror Tkatschows des Kleinen aber ist einfach lächerlich, und er ist besonders lächerlich, wenn man ihn durch die Idee der Organisation der Durchschnittsmenschen ergänzt.

„Hätte die **Iskra**„, schreibt Nadeshdin, „die Sphäre ihres Literatentums verlassen, so würde sie gesehen haben, daß dies (solche Erscheinungen wie der Brief des Arbeiters an die **Iskra** Nr.7 u.a.) Symptome dafür sind, daß der ‚Sturmangriff' sehr, sehr bald beginnt, und jetzt (sic!) von einer Organisation sprechen, die wie Fäden von einer gesamtrussischen Zeitung ausginge, hieße Studierstubenideen aushecken und die Studierstubenarbeit vermehren." Man betrachte nur dieses unglaubliche Durcheinander: einerseits der exzitierende Terror und die „Organisation der Durchschnittsmenschen", daneben die Ansicht, daß es „viel näher" liege, sich um eine „konkretere" Sache zu sammeln, z.B. um lokale Zeitungen, und anderseits: es hieße Studierstubenideen aushecken, wenn man „jetzt" von einer gesamtrussischen Organisation spricht, d.h. – direkter und einfacher gesagt –, „jetzt" sei es schon zu spät! Und die „breite Organisation von lokalen Zeitungen" – ist es dafür nicht zu spät, verehrtester L. Nadeshdin? Man vergleiche damit den Standpunkt und die Taktik der **Iskra**: Der exzitierende Terror ist Unsinn, von der Organisation gerade der Durchschnittsmenschen und einer *breiten* Organisation von lokalen Zeitungen sprechen heißt dem „Ökonomismus" Tür und Tor öffnen. Gesprochen werden muß von einer einheitlichen gesamtrussischen Organisation der Revolutionäre, und von ihr zu sprechen, ist es so lange nicht zu spät, bis in Wirklichkeit und nicht auf dem Papier der Sturmangriff begonnen hat.

> „Ja, was die Organisation betrifft, so sieht es damit bei uns ganz und gar nicht glänzend aus", fährt Nadeshdin fort. „Ja, die **Iskra** hat vollkommen recht, wenn sie sagt, daß die Hauptmasse unserer Streitkräfte aus Freiwilligen und Aufständischen besteht... Schön, daß ihr euch den Zustand unserer Kräfte nüchtern vorstellt, aber warum dabei vergessen, *daß die Menge gar nicht uns gehört* und daß *sie uns* darum *nicht fragen wird*, wann sie die Kampfhandlungen eröffnen soll, sondern ‚zu rebellieren' beginnen wird... Wenn die Menge selber in ihrer spontanen zerstörenden Kraft auftritt, dann *kann* sie doch die ‚reguläre Armee' überrennen und beiseite drängen, der man all die Zeit eine überaus systematische Organisation verleihen wollte, aber nie damit *zustande kam*." (Hervorgehoben von uns.)

Eine merkwürdige Logik! *Eben weil* „die Menge nicht uns gehört", ist es unvernünftig und unanständig, von sofortigem „Sturmangriff" zu schreien, denn der Sturmangriff ist der Angriff einer regulären Armee, nicht aber ein spontaner Ausbruch der Menge. Eben weil die Menge die reguläre Armee überrennen und beiseite drängen *kann*, müssen wir unbedingt mit dem spontanen Aufschwung Schritt halten und „zustande kommen" mit unserer Arbeit, der regulären Armee eine „überaus systematische Organisation zu verleihen", denn je eher wir damit „zustande kommen" und der regulären Armee diese Organisiertheit verleihen, um so wahrscheinlicher ist es, daß diese reguläre Armee von der Menge nicht überrannt wird, sondern in den vordersten Reihen und an der Spitze der Menge stehen wird. Nadeshdin vergaloppiert sich, weil er glaubt, daß diese systematisch zu organisierende Armee sich mit Dingen beschäftige, die sie von der Menge trennen, während sie sich in Wirklichkeit ausschließlich mit allseitiger und allumfassender politischer Agitation beschäftigt, d.h. gerade mit der Arbeit, die die spontane zerstörende Kraft der Menge und die bewußt zerstörende Kraft der Organisation der Revolutionäre *einander näherbringt und zu einem Ganzen verschmilzt.* Sie aber, meine Herren, wälzen Ihre Schuld auf die anderen ab, denn gerade die Gruppe **Swoboda**, die in ihr *Programm* den Terror aufnimmt, ruft damit zur Organisation der Terroristen auf, eine solche Organisation aber würde unsere Armee tatsächlich von einer Annäherung an die Menge abbringen, die leider noch nicht uns gehört, die uns leider noch nicht oder nur selten fragt, wann und wie sie ihre Kampfhandlungen eröffnen soll.

„Wir werden sogar die Revolution verpassen", fährt Nadeshdin fort, die **Iskra** zu schrecken, „so wie wir die jetzigen Ereignisse verpaßt haben, die uns wie ein Blitz aus heiterem Himmel trafen." Dieser Satz im Zusammenhang mit dem oben angeführten zeigt uns sehr anschaulich das Unsinnige des von der **Swoboda** erfundenen besonderen „Standpunkts am Vorabend der Revolution" [G] (132). Der besondere „Standpunkt" läuft, um es offen zu sagen, darauf hinaus, daß es „jetzt" bereits zu spät sei, Betrachtungen anzustellen und Vorbereitungen zu treffen. Wenn dem so ist, o verehrtester Feind des „Literatentums", warum war es dann notwendig, auf 132 Druckseiten „über Fragen der Theorie [H] (132) und Taktik" zu schreiben? Glauben Sie nicht, daß es sich für den „Standpunkt am Vorabend der Revolution" mehr geziemt hätte, 132 000 Flugblätter mit dem kurzen Aufruf „Schlagt sie!" herauszugeben?

Derjenige riskiert am wenigsten, die Revolution zu verpassen, der eine das ganze Volk erfassende politische Agitation zum Eckpfeiler seines Programms, seiner *Taktik und Organisationsarbeit* macht, wie es die **Iskra** tut. Die Leute, die in ganz Rußland damit beschäftigt sind, Fäden der Organisation zu spinnen, die von einer gesamtrussischen Zeitung ausgehen, haben die Frühjahrsereignisse nicht nur nicht verpaßt, sondern haben uns, im Gegenteil, die Möglichkeit gegeben, sie vorauszusagen. Sie haben auch die Demonstrationen nicht verpaßt, die in den Nummern 13 und 14 der **Iskra** geschildert sind: im Gegenteil, sie haben an ihnen teilgenommen, da sie lebhaft die Pflicht empfanden, dem spontanen Aufschwung der Menge zu Hilfe zu kommen, wobei sie außerdem durch die Zeitung allen russischen Genossen halfen, sich über diese Demonstrationen zu informieren und die aus ihnen gewonnene Erfahrung auszunutzen. Sie werden auch, wenn sie am Leben bleiben, die Revolution nicht verpassen, die von uns vor allem und zu allererst Erfahrung in der Agitation erfordert, die verlangt, daß wir es verstehen, jeden Protest zu unterstützen (auf sozialdemokratische Art zu unterstützen), es verstehen, die spontane Bewegung zu lenken und sie vor den Fehlern der Freunde und vor den Fallstricken der Feinde zu bewahren!

Wir sind somit bei dem letzten Argument angelangt, das uns veranlaßt, besonders auf dem Plan einer Organisation zu bestehen, die sich um eine gesamtrussische Zeitung gruppiert, die durch die gemeinsame Arbeit für diese Zeitung geschaffen wird. Nur eine solche Organisation wird die für eine sozialdemokratische Kampforganisation notwendige *Elastizität* gewährleisten, d.h. die Fähigkeit, sich den verschiedenen und rasch wechselnden Bedingungen des Kampfes sofort anzupassen, die Fähigkeit, „einerseits einer offenen Feldschlacht gegen einen an Kraft überlegenen Feind auszuweichen, wenn er alle seine Kräfte an einem Punkt gesammelt hat, und andererseits die Schwerfälligkeit dieses Feindes auszunutzen und ihn dann und dort anzugreifen, wo der Angriff am wenigsten erwartet wird" [I] (132). Es wäre der größte Fehler, wollte man die Parteiorganisation so aufbauen, daß man dabei nur auf einen Ausbruch und einen Straßenkampf oder nur auf die „Vorwärtsbewegung des unscheinbaren Tageskampfes" rechnet. Wir müssen unsere tägliche Arbeit *ständig* leisten und immer zu allem bereit sein, denn sehr oft ist es fast unmöglich, vorauszusehen, wann Perioden der Stille durch Perioden des Sturms abgelöst werden. In den Fällen aber, wo das möglich ist, könnte man sich diese Voraussicht nicht nutzbar machen, um die Organisation umzubauen, denn der Wechsel von Stille und Sturm erfolgt in einem autokratischen Lande ungeheuer rasch, da er zuweilen mit einem einzigen nächtlichen Überfall der zaristischen Janitscharen zusammenhängt. Auch die eigentliche Revolution darf man sich keineswegs in der Form eines einmaligen Aktes vorstellen (wie es offenbar Leuten mit den Auffassungen Nadeshdins vorschwebt), sondern in der Form eines rasch aufeinanderfolgenden Wechsels von mehr oder weniger starken Ausbrüchen und mehr oder weniger vollständiger Stille. Darum muß der Hauptinhalt der Tätigkeit unserer Parteiorganisation, der Brennpunkt dieser Tätigkeit, die Arbeit sein, die sowohl in der Periode des stärksten Ausbruchs als auch in der Periode der vollständigen Stille möglich und notwendig ist, und zwar: die politische Agitationsarbeit, die in ganz Rußland einheitlich zusammengefaßt sein muß, die alle Seiten des Lebens beleuchtet und in die breitesten Massen getragen wird. Diese Arbeit aber ist im heutigen Rußland ohne eine gesamtrussische, sehr oft erscheinende Zeitung *undenkbar*. Die Organisation, die sich von selbst um diese Zeitung bildet, die Organisation ihrer *Mitarbeiter* (im weiten Sinne des Wortes, d.h. aller, die für sie arbeiten), wird eben *zu allem* bereit sein, angefangen damit, daß sie die Ehre, das Ansehen und die Kontinuität der Partei in der Zeit der größten revolutionären „Depression" rettet, bis zu dem Moment, da sie den *allgemeinen bewaffneten Volksaufstand* vorbereitet, ansetzt und durchführt.

In der Tat, man stelle sich den bei uns sehr üblichen Fall vor, daß an einem oder an mehreren Orten die Organisation restlos auffliegt. Wenn es nicht *eine* regelmäßige gemeinsame Arbeit gibt, die *alle* örtlichen Organisationen verbindet, so wird in einem solchen Fall die Arbeit oft für viele Monate unterbrochen. Ist aber eine gemeinsame Sache da, so genügt, selbst wenn noch soviel aufgeflogen ist, die Arbeit von zwei, „drei energischen Menschen, um innerhalb von wenigen Wochen neue Zirkel von »Jugendlichen, die bekanntlich sogar jetzt sehr rasch entstehen, mit dem gemeinsamen Zentrum zu verbinden«; wenn aber diese gemeinsame Sache, die unter den Verhaftungen zu leiden hat, allen sichtbar ist, so können noch rascher neue Zirkel entstehen und die Verbindung mit dem Zentrum aufnehmen.

Man stelle sich anderseits einen Volksaufstand vor. In der heutigen Zeit werden wohl alle zugeben, daß wir an ihn denken und uns auf ihn vorbereiten müssen. Aber *wie* vorbereiten? Das Zentralkomitee kann doch nicht an allen Orten Agenten zur Vorbereitung des Aufstands ernennen! Selbst wenn wir ein Zentralkomitee hätten, so würde es unter den gegenwärtigen russischen Verhältnissen durch solche Ernennungen absolut nichts erreichen. Das Netz von Agenten [J] (132) hingegen, das sich bei der Arbeit für die Schaffung und Verbreitung der gemeinsamen Zeitung von selbst bildet, brauchte nicht „zu sitzen und zu warten", bis die Losung zum Aufstand ausgegeben wird, sondern es würde gerade eine solche regelmäßige Arbeit leisten, die ihm im Moment des Aufstands mit größter Wahrscheinlichkeit den Erfolg sichert. Gerade eine solche Arbeit würde unbedingt die Verbindung mit den breitesten Massen der Arbeiter und mit allen Schichten, die mit der Selbstherrschaft unzufrieden sind, festigen, was für den Aufstand von so großer Wichtigkeit ist. Gerade in einer solchen Arbeit würde sich die Fähigkeit herausbilden, die allgemeine politische Lage richtig einzuschätzen, und folglich auch die Fähigkeit, den für den Aufstand passenden Moment zu wählen. Gerade eine solche Arbeit würde *alle* lokalen Organisationen daran gewöhnen, gleichzeitig auf dieselben, ganz Rußland bewegenden politischen Fragen, Vorkommnisse und Vorfälle zu reagieren, auf diese „Vorfälle" möglichst energisch, möglichst einheitlich und zweckmäßig zu antworten – denn der Aufstand ist doch im Grunde genommen die energischste, die einheitlichste und zweckmäßigste „Antwort" des gesamten Volkes an die Regierung. Gerade eine solche Arbeit würde endlich alle revolutionären Organisationen an allen Ecken und Enden Rußlands dazu anhalten, ständige und gleichzeitig streng konspirative Verbindungen zu unterhalten, die die *faktische* Einheit der Partei schaffen – ohne diese Verbindungen aber ist es unmöglich, den Plan des Aufstands kollektiv zu beraten und am Vorabend des Aufstands die notwendigen Vorbereitungsmaßnahmen zu treffen, über die das strengste Geheimnis gewahrt werden muß.

Mit einem Wort, der „Plan der gesamtrussischen politischen Zeitung" ist nicht nur keine Frucht der Studierstubenarbeit von Personen, die von Doktrinarismus und Literatentum angesteckt sind (wie es Leuten schien, die nicht richtig über ihn nachgedacht haben), sondern ist, im Gegenteil, der praktischste Plan, um von allen Seiten und unverzüglich mit der Vorbereitung des Aufstands zu beginnen, ohne dabei auch nur für einen Augenblick die dringende Tagesarbeit zu vergessen.

Fußnoten von Lenin

G. (129) **Der Vorabend der Revolution**, S.62.

H. (129) Übrigens hat L. Nadeshdin in seiner *Übersicht über die Fragen der Theorie* in bezug auf theoretische Fragen fast nichts gebracht, wenn man den folgenden, vom „Standpunkt am Vorabend der Revolution" sehr interessanten Passus ausnimmt: „Die Bernsteiniade als Ganzes verliert für uns in diesem Augenblick ihren aktuellen Charakter, ebenso wie es gleichgültig ist, ob Herr Adamowitsch nachweist, daß Herr Struve bereits den ehrenvollen Abschied verdient hat, oder ob, umgekehrt, Herr Struve Herrn Adamowitsch widerlegt und nicht demissionieren will – das ist alles vollkommen gleichgültig, denn die Stunde der Revolution schlägt" (S.110). Es würde schwerfallen, die grenzenlose Sorglosigkeit L. Nadeshdins in Fragen der Theorie noch plastischer darzustellen. Wir haben „den Vorabend der Revolution" verkündet – *darum* „ist es vollkommen gleichgültig", ob es den Orthodoxen gelingt, die Kritiker endgültig aus ihren Positionen zu vertreiben!! Und unser Neunmalweiser merkt nicht, daß wir gerade während der Revolution die Resultate des theoretischen Kampfes gegen die Kritiker brauchen werden für den entscheidenden Kampf gegen ihre *praktischen* Positionen!

I. (130) **Iskra** Nr.4, *Womit beginnen?*. „Die revolutionären Kulturarbeiter, die nicht auf dem Standpunkt des Vorabends der Revolution stehen, lassen sich durch die lange Dauer der Arbeit durchaus nicht beirren", schreibt Nadeshdin (S.62). Hierzu wollen wir bemerken: Wenn wir es nicht verstehen, eine solche politische Taktik, einen solchen Organisationsplan auszuarbeiten, die unbedingt auf eine *sehr lange Arbeit* berechnet sind und gleichzeitig *durch den Prozeß dieser Arbeit selber* die Gewähr geben, daß unsere Partei bereit ist, auf ihrem Posten zu sein und bei jedem unerwarteten Zwischenfall, bei jeder Beschleunigung des Ganges der Ereignisse ihre Pflicht zu tun – so werden wir uns einfach als armselige politische Abenteurer erweisen. Nur ein Nadeshdin, der sich seit gestern Sozialdemokrat nennt, kann vergessen, daß das Ziel der Sozialdemokratie die radikale Umgestaltung der Lebensbedingungen der ganzen Menschheit ist, daß sich die Sozialdemokraten darum durch die Frage der Dauer ihrer Arbeit nicht „beirren" lassen dürfen.

J. (130) O weh! Wieder ist dieses furchtbare Wort „Agent", das das demokratische Ohr der Martynows so sehr verletzt, meinen Lippen entschlüpft! Es ist doch sonderbar: Warum bat dieses Wort die Koryphäen der siebziger Jahre nicht verletzt, verletzt aber die Handwerkler der neunziger Jahre? Mir gefällt dieses Wort, denn es betont klar und deutlich die *dgemeinsame Sache*, der alle Agenten ihre Vorhaben und Handlungen unterordnen, und müßte man dieses Wort durch ein anderes ersetzen, so könnte ich höchstens das Wort „Mitarbeiter" wählen, wenn es nicht ein wenig nach Literatentum röche und etwas verschwommen wäre. Wir aber brauchen eine militärische Organisation von Agenten. Übrigens, die (besonders im Ausland) zahlreichen Martynow, die es lieben, sich mit der „gegenseitigen Ernennung zu Generalen" zu beschäftigen, könnten ja anstatt „Agent für Paßangelegenheiten" sagen: „Oberkommandierender der besonderen Abteilung für die Versorgung der Revolutionäre mit Pässen" u.dgl.

www.ingramcontent.com/pod-product-compliance
Lightning Source LLC
Chambersburg PA
CBHW051749250726
48659CB00001B/326